本书得到"河北师范大学学术著作出版基金"资助
本书系"河北省高等学校创新团队领军人才培育计划"项目成果

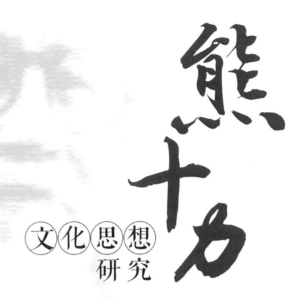

熊十力

文化思想
研究

牛军 ◎ 著

中国社会科学出版社

图书在版编目(CIP)数据

熊十力文化思想研究/牛军著. —北京:中国社会科学出版社,
2018.8

ISBN 978 - 7 - 5203 - 2903 - 3

Ⅰ.①熊… Ⅱ.①牛… Ⅲ.①熊十力(1885 - 1968)—文化思想—
研究 Ⅳ.①G0

中国版本图书馆 CIP 数据核字(2018)第 172979 号

出 版 人	赵剑英
选题策划	郭晓鸿
责任编辑	杨 康
责任校对	石春梅
责任印制	戴 宽

出 版	中国社会科学出版社
社 址	北京鼓楼西大街甲 158 号
邮 编	100720
网 址	http://www.csspw.cn
发 行 部	010 - 84083685
门 市 部	010 - 84029450
经 销	新华书店及其他书店

印 刷	北京明恒达印务有限公司
装 订	廊坊市广阳区广增装订厂
版 次	2018 年 8 月第 1 版
印 次	2018 年 8 月第 1 次印刷

开 本	710×1000 1/16
印 张	15.25
插 页	2
字 数	227 千字
定 价	66.00 元

凡购买中国社会科学出版社图书,如有质量问题请与本社营销中心联系调换
电话:010 - 84083683

"学术新视野"丛书出版说明

"学术新视野"丛书由河北师范大学文学院策划、编辑。河北师范大学的前身是 1902 年创办的顺天府高等学堂和 1906 年创办的北洋女子师范学堂,至今已有 110 多年的历史;文学院的前身是 1929 年由李何林先生等创建的河北省国立女子师范学院国文系,至今已有 80 余年的历史。燕赵之士,人称悲歌慷慨;燕赵故地,自古文采焕然。燕赵的风土物理、文化品格、人文精神,以及长期作为畿辅重镇的地缘环境为其培育了独具气质的学风、学术和学派。近年来,河北师范大学中国语言文学博士一级学科秉承燕赵学术传统,遵循现代学术理路,锐意创新,取得了无愧于先贤,不逊于左右的成绩。丛书的出版是学科建设新成绩的展示,其所收书稿无不体现着作者在其专业领域学术视野的创新性和开拓性,也为学界同好关注现代燕赵学术提供了可资参照的新视野。

丛书的出版得到了"河北师范大学学术著作出版基金"的资助,也得到了诸多友好人士与出版方的支持和帮助,在此一并致谢。

"学术新视野"丛书编委会

2013 年 6 月

目　录

导　论

　　在近代中国屈辱历史的背后是中西文化的冲突。中国文化向何处去成了当时探讨的焦点问题。当代新儒学的开创者之一熊十力是将中西文化之辨引向深微之处的重要思想家,其提出的富于远图创思的理论为"新唯识论"。"新唯识论"以"返本开新"为旨归:"返本"即是返回儒家的根本精神,以确定人生的意义,续接民族文化的传承。"开新"即是吸纳时代的价值,从传统儒学中开发出科学、民主,以回应中国面临的文化冲击。这一思路曾吸引了熊十力的学生唐君毅、牟宗三等,由此而形成当代新儒学思潮中重要的一脉。当代新儒学往往被看作是对五四思潮的一种反拨,人们也习惯于将梁漱溟、熊十力与胡适、陈独秀、鲁迅等五四主流知识分子视作对立的两派,却很少留心其对峙观念背后相通的时代价值趣向。熊十力并不能独立于时代的潮流之外,其对民族文化的认同,同样是在时代的精神烛照之下的。对科学、民主这一时代价值的肯定,是熊十力试图为传统儒学注入的新的人文性状。本书将沿着熊十力体用不二的致思线索,考察其如何通过"返本开新"的策略来融汇中西文化,以建构现代形态的新儒学;并就学界关于其后期思想的争论予以回应,提出自己的另一种见解。

　　中国的近代化面临着双重的时代脱序。当西方已经进入近代,中国仍处在近代之外。这是第一重的时代脱序。另一重脱序是:当我们积极向西方学习其近代思想的时候,西方已经进入了现代,他们已经开始反省其近代文化的局限——人的自由带来了物质财富的积累,但财富的积累反过来限制了人的自由发展。时代的双重脱序,使得我们民族在近代化中面临着两难的抉择。如果我们保持固有的文化,我们将落后于时代,我们需要近代的科学、民主。然而，如果我们效法西方去进行近代化，西方近代化的种种弊端我们也将无法躲避。我们还不曾真正理解西方的近代文化，又不得不接受西方现代文化的冲击。西方近代的理性启蒙和现代西方思潮对启蒙理性的重新估定，同时冲向中国，并伴随着救亡的迫切，中国人不得不在纷纭复杂的古今中西文化的比较中理清头绪，以瞩望可予期冀的未来。这正如熊十力所说："今日文化上最大问题，即在中西之辨。"熊十力的思想正是在这一背景下发生的。通过考察熊十力中西文化比较的思想，来发现其如何立足本民族文化应对近代中国文化难题，检讨其应对方略有何得失，以为今日之中国文化建设提供必要的借鉴。

一 熊十力思想研究状况概述

本人搜集了 1979 年至今研究熊十力思想的论文 196 篇，1999 年以来的博士学位论文 6 篇，硕士学位论文 12 篇，相关专著 41 部（见所附参考文献）。

1980 年至 1989 年，题名中含有"熊十力"的论文共 40 篇。研究主要集中在熊十力的思想体系阐释及其体用论思想的辨析方面。代表性的学者有黄克剑、郭齐勇、郑家栋、景海峰、陈来等。1990 年至 1999 年，题名中含有"熊十力"的论文共 37 篇。熊十力的本体论仍然被学者所关注，同时熊十力思想开始被放在中国近代化进程中去研究，一些学者还着力于熊十力思想与西方现象学、生命哲学、怀海德的机体论哲学的比较研究。代表性学者有郭齐勇、张庆熊、郑家栋、姜允明等。2000 年至今，题名中含有"熊十力"的论文共 119 篇。论文的数量大大增加，论题的范围也日益扩大，熊十力思想研究除了过去的研究论题外，还在下列新的论域展开：中国哲学的现代性问题、中西文化比较、科学观、民主观、诗学等。此外还有对熊十力书信等历史资料的发掘，以及亲朋对其逸闻趣事的回忆等。

博士硕士学位论文多集中于熊十力的本体论研究、心性论研究、易学思想研究、佛学思想研究等方面。专著集中于熊十力本体论研究、阐释思想研究、道德形而上学研究等方面。

　　1985 年 12 月 26 日至 29 日，纪念熊十力诞生一百周年学术讨论会在湖北黄州召开。此次会议由北京大学和武汉大学联合主办，就熊十力哲学的性质、熊十力哲学与中国传统文化的关系、熊十力的体用不二思想、辩证法思想、熊十力哲学的阶级基础、熊十力哲学与马克思主义哲学的关系等问题展开讨论。此次讨论会在今天看来，存在着浓厚的意识形态色彩，但不可否认的是，这次会议对熊十力思想研究的深入发展有着相当的推动作用。

　　2001 年 9 月 7 日至 9 日，"熊十力与中国传统文化国际学术研讨会"暨《熊十力全集》首发式在武汉大学举行。此次会议由武汉大学中国传统文化研究中心、武汉大学人文学院哲学系、湖北教育出版社联合主办。会议就熊十力思想的时代背景，熊十力思想体系内部的诸多问题，熊十力思想与佛学、西学的比较，以及对中国哲学尤其是新儒学发展现状及发展方向等问题展开讨论。

二　熊十力思想研究现状

　　学术界关于熊十力思想的研究主要关注如下几个大问题：

　　（一）熊氏思想产生的时代背景和思想资源

　　熊十力于 20 世纪 20 年代任教于北京大学，30 年代发表了《新唯识论》，此书的发表被认为是其学说"诞生"的标志。虽其学术思想成熟于"五四"之后，但其关注的核心问题依然是中西文化之辨。由此，一些学者认为"五四"是其思想诞生的重要时代背景。此外，由于其早年曾参加过辛亥革命，一些学者则将其学思与辛亥革命联系起来。因此，对于熊十力哲学思想产生的时代背景的认识，学术界大体有两种代表性的观点：一种观点认为熊十力学说是在为辛亥革命进行理论补课。郭齐勇、李明华在《试论熊十力哲学的性质》一文中较早地提出了此种观点："熊十力哲学是处于上升时期的中国资产阶级思想意识的升华物。熊十力虽身处于'五四'之后，然心却仍在辛亥革命之时，他埋头于东西方哲学的故纸中，闭门凝思，煞费苦心地为辛亥革命进行理论补课。"[①] 此后，李泽厚在《中国

---

① 　郭齐勇、李明华：《试论熊十力哲学的性质》，《江汉论坛》1983 年第 12 期。

现代思想史论》中对此观点表示赞同，他说："本文同意论者们（'论者们'指郭齐勇、李明华——引者注）所指出的，熊'为上升时期的资产阶级补造了更为完备却已经过时了的哲学体系'。"[1] 景海峰亦持此种观点："熊十力对传统文化所抱的'好自护持，勿令断绝'的心情，并非完全出自文化守成的意愿和欣赏历史传统的怀旧，更不仅仅是基于对激烈反传统主义极端主张的意气之愤，而是出于对近代资产阶级革命因理论根基薄弱而不能挺立自主，最后归于失败的切肤之痛，以及对残败不堪的中国传统文化如何适应世界思潮，完成现代转型的深深忧虑。"[2] 另一种观点则认为熊十力学说是对"五四"主流知识分子所代表的思潮的反拨和修正，但同时二者又有着相同的时代旨趣，其亦是"五四"运动的一部分。岛田虔次在《熊十力与新儒家哲学》中指出："我认为相对于过去只是用进步的、反封建主义的笔调来描写五四，现在应抓住与'五四'运动同时产生，而至今仍未承认其积极意义新动向的另一面，只有这样才能全面地把握'五四'运动的时代。……现在开始重视作为那种新动向先声的'新儒家哲学'，是很自然的。我认为，'五四'运动一方面是彻底反儒教主义、反传统主义、破坏偶像的运动；同时另一方面又形成了与以上相反的重新评价和继承传统的动向，这一点在今天已明确了。"[3] 黄克剑先生也认为新儒学是五四新文化运动的一部分，他说："在中国现代的边缘，新儒家同'五四'主流知识分子酷似一对孪生兄弟：当着历史把后来的探究者同眸顾盼的对象愈来愈大地拉开距离时，新儒家相对'五四'主流知识分子的较晚问世似乎已经可以忽略不计。但前者并不像后者那样把自己的孕育期追溯得更早。与其把它的结胎同保皇、保教甚至更早些的'中体西用'相连涉，不如径直归诸'五四'本身。"[4]

关于其思想资源，学界大多数学者认为熊十力的学说受到了王阳明、王船山思想的影响。郭齐勇在《熊十力及其哲学》中指出，熊氏本体论思

---

① 李泽厚：《中国现代思想史论》，生活·读书·新知三联书店 2008 年版，第 284 页。
② 景海峰：《熊十力哲学研究》，北京大学出版社 2010 年版，第 29 页。
③ ［日］岛田虔次：《熊十力与新儒家哲学》，徐水生译，（台北）明文书局 1992 年版，第7—8 页。
④ 黄克剑：《黄克剑自选集》，广西师范大学出版社 1998 年版，第 183 页。

想主要是扬弃《周易》和王船山思想而形成的，其认识论思想则融合了佛教唯识学思想。杨国荣在《王学通论——从王阳明到熊十力》中指出熊十力的体用不二说是对王阳明的心物一体论的借鉴和发展。他认为，熊十力反对本体与现象界割裂的观点以及体用关系论述中的辩证因素都与王阳明的思想一脉相承。与王阳明强调"即体而言用在体"不同，熊十力更强调"即用而言体在用"。这表现在熊十力以"翕辟成变"来阐释现象界，给予科学存在的基础，而在王阳明那里，现象界仅仅是为了达到先验心体而存在的。杨国荣指出熊十力"以心为体，本质上仍是在真正的物质实体之外去虚构一个超自然的本体"[①]，是唯心之论。此外，他还指出：熊十力接受了王阳明的知行合一说，提出性修不二的观点。熊氏同时吸取王夫之"性日生而日成"说中的某些思想因素，强调"天不人不成"，突出人的能动性，这是对王阳明思想的深化，但仍未摆脱复性说的弊端，没能看到社会实践在人的德性培养中的作用。姜允明则进一步将熊十力的学缘上溯到陈白沙。

（二）熊氏本体论和体用不二思想

体用不二的本体论，是熊十力学说的核心所在。学界对此研究颇为丰富。学者们从不同角度对此问题展开研究。陈来注重从熊十力哲学思想与西方哲学思想的比较中来阐明其本体论思想受到了西方学者较大的影响。他在《熊十力哲学的体用论》一文中指出："熊十力哲学，就其论精神物质的关系而言，唯心主义是很明显的，就其主张宇宙大生命而言，受叔本华、柏格森的影响也很突出。在论实体和功用的关系上，虽然他使用了中国传统哲学范畴'体''用'和印度佛教范畴'性''相'，而就其理论思维说，不能说不是受西方哲学关于本体、现象问题讨论的影响。还应指出，他的'实体即万有自身'与斯宾诺莎'实体（上帝）即自然'的思想在许多方面有类似处。"[②]

林安梧在《存有·意识与实践》一书中试图理解、诠释与重建熊十力的体用哲学。他将熊十力的举体成用的过程诠释为"活生生的实存而有"，

---

① 杨国荣：《王学通论——从王阳明到熊十力》，华东师范大学出版社 2003 年版，第 227 页。
② 陈来：《熊十力哲学的体用论》，《哲学研究》1986 年第 1 期。

具体从三重存有来诠释：存有的根源，无执着性、未对象化的存有，执着性、对象化的存有。存有的根源具有无限的可能性，是归本于寂的。无执着性、未对象化的存有是本体自然而然开显出来的。从存有的根源显现为无执着性、未对象化的存有是一纵贯的道德之创生。由无执着性、未对象化的存有到执着性、对象化的存有，是横向的概念之执定。并认为"这是当代新儒学所开启的基本模型"①。

张庆熊在《熊十力和胡塞尔的本体论学说》② 一文中围绕意识如何区分出或说明客观对象而展开论述，指出了熊十力、胡塞尔思想的局限性。但未明确予以新的切实的结论。

张光成在《中国哲学的创生原点——熊十力体用思想研究》一书中从熊十力为学"不依门径""贵在己出"注重原创的特点出发，避开新儒家的研究视野，"从哲学学科、从完整哲学体系的视角"③ 研究熊十力的体用思想。以体用不二观为熊十力思想体系创生的原点，着力于研究其哲学的原创性和内发性，阐发其哲学体系的纵向的形成及其严整精深的特点。

郭美华在《熊十力本体论哲学研究》④ 一书中从中国哲学的现代化进程来审视熊十力思想产生的时代背景。指出熊十力哲学的体系性建构方法不同于冯友兰、金岳霖的以西方逻辑结构来建立自己哲学体系的方法，并将熊十力的思想看作是对科玄论战的回应，指出科玄论战的核心在于对个体性和普遍性的关系的处理上，由此展开对熊十力学术脉络的梳理。指出其早期《心学》主张轮回说，坚持人的灵魂的个体性和不灭性。后来《尊闻录》有所改变，到《新唯识论》转变完成，注重个体性和普遍性的同一，但终究侧重于普遍性的一面。

黄克剑先生在《返本体仁的玄览之路》⑤ 一文中超越了唯心、唯物这

---

① 林安梧：《存有·意识与实践》，（台北）东大图书公司 1993 年版，第 21 页。
② 张庆熊：《熊十力和胡塞尔的本体论学说》，《复旦学报》1994 年第 2 期。
③ 张光成：《中国哲学的创生原点——熊十力体用思想研究》，上海人民出版社 2002 年版，第 8 页。
④ 郭美华：《熊十力本体论哲学研究》，巴蜀书社 2004 年版，第 18—122 页。
⑤ 黄克剑：《返本体仁的玄览之路》，载《百年新儒林》，中国青年出版社 2000 年版，第 37—75 页。

一框架的局囿，着重于熊十力学说本身的阐发，指出"体用不二"是其学思的核心一环，并依照熊十力自述其学说的逻辑：由"体用不二"的本体论进一步展开为"天人不二"的人生论，再进而展开为"道器不二"的治化论，详细地探究了熊氏"返本开新"的主张，指出了其学说内在的逻辑缺失。此文精当地阐释了熊氏的学思，又能跳出熊氏思想，以更高的视角予以中肯的评判，颇为令人信服。

（三）熊十力后期思想的评价

详见本书研究熊十力后期思想部分。

（四）熊十力中西文化比较思想研究

此部分研究包括了对熊十力中西文化观的考察，熊十力哲学与中国哲学现代性研究，以及对熊十力科学、民主思想的研究。

1. 熊十力中西文化观的比较

多数学者都注意到了熊十力关于中西学术之辨的论述，并从其如何进行中西文化的比较、试图进行怎样的融合等方面展开对熊十力中西文化观的探讨。郭齐勇在《论熊十力的中国文化观——〈读经示要〉、〈原儒〉读后》一文中指出，熊十力在对中西印之精髓有深刻理解的基础上，对中西文化进行融合，超越了国粹派和完全西化派的简单思维模式。熊氏仿效西方文艺复兴运动，提出了复兴晚周文化的主张，有目的地着力发掘晚周和晚明学术思想中的科学、民主的萌芽。并通过儒、释、道和中西文化的比较发掘中国文化的特殊价值。指出其"在反思文化的时代性和民族性问题上，忽略了传统与近代之间的价值系统转化问题，低估了中国文化近代化和现代化道路上已经或将要遇到的重重困难"[①]。

陈赟在《熊十力对哲学与科学的区分及其文化蕴含》一文中指出，哲学和科学在熊十力的思想体系中分别是中国文化与西方文化的代称。西方文化注重理性思维和因果思维，具有构造性。中国文化不由逻辑而从体证出发，具有非构造性，注重的是文化的运用性。熊十力以西方科学为参照系构建了一个新儒学体系，其文化建设的理路缺失也在于此，"熊十力对

---

① 郭齐勇：《论熊十力的中国文化观——〈读经示要〉、〈原儒〉读后》，《孔子研究》1987 年第 3 期。

儒学不取运用原则，而代以建构的态度，这是应该辨析的"①。

吴雁南在《立本·"改造"·成新——熊十力复兴中华文化的探索》②一文中从政治、文化、历史观等方面对其学说进行了梳理，指出熊十力以复兴中华文化为己任，融合中西文化，强调民族独立与民主，表现出天地一体的博大胸襟。

戴明玺在《新儒家文化观的嬗变历程：从熊十力到杜维明》一文中论述了新儒家三代代表性人物的中西文化观，"熊十力是以中学排拒西学，牟宗三是以儒学融化西学，杜维明则是以西学融化儒学"，"在体用关系上，熊主体用不二，牟主体上开用，杜则避体谈用"③。论文对三人的中西文化观作了概括性说明，但不够深入。其"熊十力是以中学排拒西学"的说法则明显有失偏颇。

薛其林在《五四时期的东方文化中心与融合创新——以梁漱溟、熊十力为例》④一文中首先从梁漱溟对直觉和理智两种方法的分辨入手，考察了梁氏对唯科学主义的批判和对中西文化差异的论述，以及梁氏的文化三路向说。剖析了梁漱溟坚持孔子"刚"的人生态度，以吸收西方的科学、民主精神，复兴中国文化的思路。论文接着对熊十力的立足性智、量智来分辨和融合中西文化做了分析，并指出熊十力的分析较梁漱溟的分析更进一步，但未能详细展开。

刘俊哲、段吉福、唐代兴所著《熊十力、唐君毅道德与文化思想研究》⑤一书指出：熊十力从性智和量智的不同处着手进行中西之辨，并且认为性智高于量智，即中国文化优于西方文化。并提出性智统驭量智，即由中国文化统驭西方文化，来进行中西文化融合的方案。作者认为，熊十力关于中国文化认知方式是性智的认识是有问题的，因为只能说以之为

---

① 陈赟：《熊十力对哲学与科学的区分及其文化蕴含》，《江汉论坛》1998 年第 2 期。
② 吴雁南：《立本·"改造"·成新——熊十力复兴中华文化探索》，《史学月刊》1999 年第 5 期。
③ 戴明玺：《新儒家文化观的嬗变历程：从熊十力到杜维明》，《山东社会科学》2002 年第 5 期。
④ 薛其林：《五四时期的东方文化中心与融合创新——以梁漱溟、熊十力为例》，《长沙大学学报》2006 年第 6 期。
⑤ 刘俊哲、段吉福、唐代兴：《熊十力、唐君毅道德与文化思想研究》，巴蜀书社 2008 年版。

主。同时也不能排斥西方文化绝无性智的认识方式。还指出，熊十力的融合中西文化方案是立足于中学之上吸纳西学，而其弟子唐君毅则试图立足西学以吸收中学。

如上所述，学界对熊十力的中西文化比较思想的研究多是从熊氏学说的核心概念——如科学、哲学、性智、量智——来展开的，这难免显得有些粗率和简约，而未能从熊氏思想的整体出发，遵循其学说的内在逻辑来深入研究。

2. 熊十力对科学的思考

熊十力试图将西方科学吸纳进自己所建构的新儒学体系之中，以适应时代的需要。学界对于其科学观的研究，从知识论、知智之辨等不同方面来予以展开。胡军在《知识论与哲学——评熊十力对西方哲学中知识论的误解》[①] 一文中指出，西方哲学中的知识论是对知识如何可能问题的追问，考察的是主客二分的认识过程中主体认识外部世界如何可能的问题。知识论不等于科学。他指出，熊十力对西方知识论的误解，同时赞同熊十力提出的知识论解析的方法无法洞彻本体的观点。他还指出西方知识论的初衷是为了洞彻实体而服务的，但在发展中手段取代了目的。此外，他还分析了熊十力之"量论"未做出的原因：其哲学是生命哲学或价值哲学，主要依靠信念而非思辨；其哲学主要内容在于主客不分的本体论；其未受过知识论方面的学术训练，轻视思辨。

胡伟希在《从康德到熊十力："知智之辨"》[②] 一文中分别论述了康德和熊十力对知识和美德（智）之间关系的看法，指出康德将现象界与本体界分开之后，使得知识和美德的联系断裂。熊十力则从体用不二的本体论出发论证了"转识成智"和"转智成识"的可能，从而将知识和价值联系在一起。但是熊十力未能说明体用不二的原因，有独断论的味道。该论文在论述熊十力的转识成智的观点时，存在置换概念的嫌疑，其引用文字实为"习染"，他将习染径直等同于知识，而未作说明。

① 胡军：《知识论与哲学——评熊十力对西方哲学中知识论的误解》，《北京大学学报》（哲学社会科学版）2002 年第 2 期。
② 胡伟希：《从康德到熊十力："知智之辨"》，《文史哲》2002 年第 2 期。

贡华南在《试论熊十力、牟宗三的科学观》① 一文中指出，熊十力将学问分为两类：科学和玄学，把"知"也分为量智、性智两类。熊十力以玄学为根据和参照来审视科学，将科学归于情识妄见，从根本上否定了科学知识。但熊十力将知识论和生存论联系在一起的思路是有启发意义的，牟宗三进一步发展和超越了熊十力，但是囿于传统心性论的立场，仍不能真切地定位科学知识和人的存在之间的关系。

张学智在《从熊十力的本体观看其量论未造出之由》② 一文中指出，熊十力哲学的特点是本体论和价值论的合一，体认本体只能通过证悟，这些都使得其哲学带有强烈的美学特性、宗教特性，从而使得知识论的路向大大减弱。知识和价值的缠杂不分，是其量论未能造出的根本原因。论文未能深入于性智和量智关系的更深微处予以论述。

赵卫东在《分判与融通——当代新儒家德性与知识关系研究》一书中指出："熊十力先生通过王阳明的'致良知'打通了由德性到知识的道路，又通过朱熹的'格物穷理'实现了由知识到德性的超越，使德性与知识得以贯通，较为合理地处理了德性与知识的关系。"③ 不足之处在于：他认同熊十力关于道德和知识是体用不二的关系的说法，未能看到道德和知识并不存在必然的因果关联。他对熊十力关于德性和知识之间相互沟通的途径的描述也不够具体。

丁为祥在《熊十力的科学观》④ 一文中考察了熊十力有关科学的论说，尤其是科学真理与玄学真理的关系，指出熊十力对科学与玄学关系的探讨，其实也是中西文化关系的探讨。并指出熊十力本着"儒家道德理性精神"，将传统的道德理性扩充于科学认知之间。

如上所述，学界关于熊十力科学观的研究，多从道德与知识（科学）的关系入手来予以考察，但却未能真正地说明二者的关系如何，未能清

---

① 贡华南：《试论熊十力、牟宗三的科学观》，《孔子研究》2004 年第 1 期。

② 张学智：《从熊十力的本体观看其量论未造出之由》，《国际儒学研究》第十四辑，第 434 页。

③ 赵卫东：《分判与融通——当代新儒家德性与知识关系研究》，齐鲁书社 2006 年版，第 290 页。

④ 丁为祥：《熊十力的科学观》，《光明日报》2009 年 8 月 24 日第 12 版。

晰地言明熊十力科学观所存在的问题。本书将以此为突破点予以进一步的探究。

　　3. 熊十力对民主的思考

　　学界对熊十力民主思想的研究还较为薄弱，仅有少数学者曾进行过此方面的研究。何信全在《儒学与现代民主——当代新儒家政治哲学研究》一书中指出："熊十力论儒家哲学，乃是以仁为体。仁者以天地万物为一体，故儒家外王学之哲学基础，在弘扬物我同体之量。就此而言，熊十力所阐述的儒家新外王理论，并非以个人为基石，而是以群体为基石。……此一理论出发点，决定了熊十力所阐述的儒家外王理论，乃是一种社会主义式的民主，而不是资本主义的民主。"[①]

　　高秀昌在《晚年熊十力先生的"外王"论》[②] 一文中论述了熊十力对民主、平等、国家等观念的独特理解，检讨其从"人性"角度出发的相关理解的局限性，并指出其将德治、礼治视为至治，将法治视为权宜之计的前现代性和片面性。

　　高秀昌还在《论熊十力对儒家民主思想的阐扬》一文中从熊十力主要著作中将其谈及民主的主要观点辑录出来，并以现代民主理论为背景予以梳理评判。此文较为集中地对熊十力民主思想进行了研究。然而，其未能将熊十力的民主思想与其整体学说相联系予以阐发，就民主而阐发民主，居然得出了"他的自由平等的社会理想仍然是封建式的、乌托邦式的空想"[③] 的结论。

　　学界关于熊氏民主思想的研究还不充分，现有的研究成果仍处于简单与西方民主观相比较的阶段，未能深入探究熊氏民主观的思想资源，也未能说明其独特的儒家式民主的特性，对其所做的检讨亦显得有些空泛。本书着手厘清熊氏民主思想之原委，在深入探究其民主观的特点的同时，予以恰当的评价。

---

　　① 何信全：《儒学与现代民主——当代新儒家政治哲学研究》，中国社会科学出版社 2001 年版，第 58—59 页。

　　② 高秀昌：《晚年熊十力先生的"外王"论》，《天津社会科学》2006 年第 6 期。

　　③ 高秀昌：《熊十力对儒家民主思想的阐扬》，《学习论坛》2008 年第 8 期。

4. 由熊十力哲学引发的中国哲学现代性的思考

熊十力劈空立论，其思想颇富原创性；其身处近代中西学术冲突、融合之际，而其"新唯识论"学思体系能自成一体，独树一帜。这引发了学者以其为例来深入思考中国哲学现代化进程中所遇到的问题，试图由此寻找到成功的解决之道。张汝伦是此方面研究的代表。他在《现代中国哲学之身份认同和自我批判——以熊十力为个案的研究》[①]一文中从当下中国哲学合法性受到质疑的窘境出发，在探究中国哲学向何处去的问题时，将熊十力的哲学建构作为个案予以研究。指出熊十力将哲学研究定位于本体研究，是基于自己对本体的体验，同时也是在回应当时的西方哲学问题——本体是什么，因此具有活泼的生命力。熊十力试图用西方话语体系表述中国哲学的想法也得到肯定。其认为这些都是目前中国哲学界应该从熊十力身上汲取的东西。

张汝伦在《察异以求会通——熊十力与西方哲学》[②]一文中指出熊十力强调哲学的民族性，同时又能够不局限于本民族的哲学，察异会通于西方哲学。熊十力在融合中西哲学时，既保持了哲学民族性，又能够面对普遍的哲学问题，并对西方的现代性有所批判，这些都是值得肯定的，但熊十力融合中西哲学的缺陷在于有附会之嫌和本质主义化约论之弊。

综上所述，可见目前关于熊十力思想的研究已经较为全面。但对于熊十力中西比较思想研究还停留在较为浅近的层面上，其或者仅侧重于其科学观、民主观的某一方面来予以研究，或者讨论其本土文化的立场，较少有人结合其思想体系去探究其整体的中西文化观，及其融合中西文化构建新儒学的内在理路和策略。所以从探究熊十力中西文化比较思想的角度来考察熊氏思想，更能将其学说的内在理路揭示出来，从而推进熊十力思想研究的深化。值得注意的是，关于熊十力的科学、民主思想较为专门的研究，是近几年来才刚刚开始的，论者较少，仍有空间予以更为深入的阐释。此外，目前对熊十力后期思想的研究还未能找到他后期思想变化的真

---

① 张汝伦：《现代中国哲学之身份认同和自我批判——以熊十力为个案的研究》，《人文杂志》2009 年第 4 期。

② 张汝伦：《察异以求会通——熊十力与西方哲学》，《文史哲》2009 年第 4 期。

正原因：从意识形态方面所做的种种分析和判断，仍是外在的；而有的研究者出于对熊氏的维护对翟志成诘难熊氏观点的反驳亦未能深入到问题本身。本书从熊氏致思的内在理路出发，指出熊十力后期其实是转换了思考问题的始点和终点，即由"举体成用"转变为"摄体归用"，以更好地回答其前期未能很好解决的问题，即如何实现"返本开新"的问题。其后期思想的变化并非对当时意识形态的依阿。

第一章 "中西之辨"

——近代中国文化的难题

第一节 "今日文化上最大问题在中西之辨"

当代新儒学是继先秦儒学、宋明儒学之后，在西学东渐背景下所取的富有时代特征的形态。一如宋明儒学的产生在于回应西来的佛学，当代新儒学的产生，则在于回应东渐的"西学"。然而，此时之"西学"已经远不同于催生宋明儒学的佛学，它是指西方的近现代文化。而这从更远的西方传来的文化，引发了对中国传统文化由"技"而"政"、由"政"而"教"的深刻反省。当代新儒学的开创者之一熊十力曾明确指出："今日文化上最大问题，即在中西之辨。"① 中西文化之辨，乃是近代以来中国人所直面的文化上的核心问题。熊十力的"新唯识论"就是在这样的背景下孕育而生的。

鸦片战争被认为是中国近代史的开端，这段以屈辱肇始的历史所宣示给我们的是中西文化的冲突。在异质的西方文化的冲击之下，放眼看世界的中国学人逐步开始反省自己的文化。这是中国传统文化在面临新时代的挑战时，所进行的渐次深入的自我批判。魏源编纂的《海国图志》，使国人了解到华夏神州之外还有一个偌大的世界。表面上看此书是在向国人介绍世界的人文地理状况，但魏源的真正目的却是"师夷长技以制夷"②。冯桂芬在其所撰的《校邠庐抗议》一书中则明确提出这样的主

---

① 熊十力：《十力语要》，《熊十力全集》第四卷，湖北教育出版社 2001 年版，第 439 页。
② 魏源：《海国图志·原叙》。

张："采西学""制洋器""善取夷"；"以中国之伦常名教为原本，辅以诸国富强之术"。他其实依然是在强调"师夷长技以制夷"。"技"的自觉，在今日看来略显浅薄了些，但在当时，这却是极其痛切而颇富悲剧感的。"技"正是中西文化校雠的起点，原本自足的中国传统文化由此露出了一个不小的缺口。此后的洋务运动似乎在实践"师夷长技以制夷"的主张，但较之于魏源等人革除时弊的初衷，引导"洋务"以"尊朝廷卫社稷为第一义"①的李鸿章、左宗棠、张之洞等人则更多地出于维持当下时局的考虑。"技"的觉醒并未能改变"政"的痼疾，洋务运动反倒成了当时某些逞欲而为的官员们钻营的捷径。有感于此，有识之士开始以西方社会之治制为参照，反省中国固有政治制度的种种弊端，并就此提出自己的政治主张。郑观应在《盛世危言》中说："君主者，权偏于上；民主者，权偏于下；君民共主者，权得其平。"②王韬也曾说："君民共治，上下相通，民隐得以上达，君惠得以下逮，都俞吁咈，犹有中国三代以上之遗意焉。"③这种所谓君民共主的主张，实际上已经突破了"三纲"的樊篱，把先前视为大逆不道的质疑投向了"天子"的神圣地位和绝对威权。这是更深层次的文化觉醒，但是，从王韬所言"万世不变者，孔子之道也，儒道也，亦人道也"④可看出，当时对"政"有所反省的人们还不曾对"教"有所反省。而中国传统社会是政教合一的，对"政"的反省必致引出对"教"的批判，而这则是在时势的催逼下国人所作文化反省的更深层次。康有为在《新学伪经考》中径直以"伪经"相称千余年来一直为人们所崇奉的儒家经典（所谓"古文经"），在《孔子改制考》中又借孔子改制来为他所筹划的政治维新张目，从而将政治变革和"教"的变革相联系，将文化反省引入到"教"的层面。然而此时他对"教"的反省，终是为其政论做文饰的。真正从文化的价值层面较早对"教"进行反省的是严复。严复所做的不无偏颇的文化批判是富于颠覆性的，他认为中国"今日之政，非西洋莫

① 张之洞：《劝学篇·同心》。
② 郑观应：《盛世危言·议院》。
③ 王韬：《弢园文录外编·重民下》。
④ 王韬：《弢园文录外编·杞忧生易言跋》。

与师"①，并明确提出其主张："以自由为体，以民主为用。"②

由"技"而"政"、由"政"而"教"的文化反省，一步步逼近中国传统文化的内核，这是我们中国人在西学东渐背景下所做的一种渐次深入的自我批判。与救亡图强祈向下民族出路的一次次抉择相应，中西文化之辨下的文化思考亦一步步走向深入。然而，历史的道路要曲折得多，当中国还不曾真正步入近代，西方的某些先觉者已经开始了对以西方为典型代表的近代化进程的批判性反思。中国再次陷入时代脱序的难堪。

第二节　时代的双重脱序

对传统文化反省的过程是不断深入了解西方文化的过程。西方近代的启蒙思想，亦是中国启蒙思想家所借重的思想资源。然而不同于西方自发的近代化过程，中国的近代化是被迫的，这一份被动使它面临时代的双重脱序③。

文艺复兴是西方启蒙运动的发端。文艺复兴最重要的意义可以说是"人的发现"，它确立了个人的价值主体地位。人道和人的个性的高扬，使人们长久以来被压抑的创造力和灵性发挥了出来，由此带来了西方近代科学的萌生和文学艺术的繁荣。但同时，人们在失去了神性的约束后，在道

---

① 严复：《原强》，《严复集》第一册，中华书局 1986 年版，第 26 页。

② 同上书，第 23 页。

③ 黄克剑先生在《东方文化——两难中的抉择》一书中指出近代中国处于时代的双重脱序之中。他说："中国人还不曾真正熟悉 18 世纪前后的西方近代文化，却不得不在又一个准备不足的时刻迎受西方更新的文化思潮的冲击。20 世纪开始不久，现代西方思潮破门而入来到中国。近代的理性启蒙和现代西方思潮对启蒙理性的重新估定在这里隆起一个褶皱，落在东方固有文化的背景下。"（黄克剑：《东方文化——两难中的抉择》，江西人民出版社 1992 年版，第 21 页。）

韦政通先生在《中国思想传统的创造转化——韦政通自选集》中也指出，"一战"后，中国陷入二重文化危机。他说："当民国初年中国知识分子正深刻地感受到自身文化危机，而发动新文化运动时，以欧洲为主要战场的第一次世界大战方殷。这次大战，把 19 世纪由科学和工业高度发展带来的普遍乐观气氛一扫而空，心灵和物质上双重痛苦，使欧洲人几乎丧失自救的信心，跌入悲观主义的深渊。……以上种种，遂使中国陷入二重的文化危机。中国经过七八十年的忧患，刚开始彻底觉悟悟欲自救，而所以自救之道，则寄望于西方文化，西方文化在这时却因战争而一蹶不振。战后的悲观主义和混乱的气氛，很快就搅乱了中国思想革命者的脚步。"（韦政通：《中国思想传统的创造转化——韦政通自选集》，云南人民出版社 2002 年版，第 210 页。）

德方面开始沉沦,于是宗教改革构成了对文艺复兴的补正。教徒不必通过教会就可以个体的身份与神相沟通,这是宗教改革对文艺复兴提倡的个人价值主体地位在宗教领域的肯定。与此同时,宗教改革也以神的名义,赋予了人的生命冲动以新的价值规范。新教对禁欲的强调,已经不同于中世纪,它被纳入了另一价值系统而赋予了新的内涵。劳动被视为最好的禁欲手段,而关联着劳动的"天职"观念的确立,则被认为是俗世中的信徒"增耀神的荣光"① 的方式。韦伯认为:"在'天职'的概念里表达出了所有基督新教教派的中心教义,那就是摒弃天主教将道德诫命区分为'命令'与'劝告'的做法,转而认为,经营为神所喜的生活的唯一手段并不是借着修道僧的禁欲来超越俗世的道德,反而是端赖切实履行各人生活岗位所带来的俗世义务,这于是也就成了各人的'天职'。"② "天职"的观念使得对财富的追求有了神的赞许的意味在其中。韦伯说:"基督新教的入世禁欲举其全力抵制财产的自由享乐,勒紧消费,特别是奢侈消费。反之,在心理效果上,将财货的取得从传统主义的伦理屏障中解放出来,解开利得追求的枷锁,不止使之合法化,而且直接视为神的旨意。除了清教徒,伟大的教友派辩护者巴克莱也明白证言,对抗肉体欲望与外物执着的斗争,绝非针对理性营利的斗争,而是对抗财产之非理性使用的斗争。"③ 由"禁欲"而强调"劳动"的重要性,由"劳动"而强调每人应尽其全力以完成其"天职",由"天职"而赞许对"财富"的追求,而对"财富"的追求所要肯定的是"理性的营利",所要反对的则是"非理性的使用"财产。这样,新教所建立起来新的伦理,就将个人的主体价值地位和"天职""理性的营利"等观念关联在了一起。

在文艺复兴唤醒了个人的价值主体意识之后,个人价值本位的思想逐渐同理性主义结合产生了新的政治秩序和经济秩序。在政治领域,西方近代自然法学派以个人的价值主体地位的设定为前提,强调人人具有"自然

---

① ［德］韦伯:《新教伦理与资本主义精神》,康乐、简惠美译,广西师范大学出版社 2007年版,第 151 页。

② 同上书,第 54 页。

③ 同上书,第 173 页。

权利",并通过"社会契约"这一中心环节,使他们各自预设的"自然状态"得以过渡到"公民社会"。"社会契约"是多数自然法学派学者所认可的,它被认为是由"自然状态"进入"公民社会"的必由之路。在对此的论证中,"个人的价值主体地位和其理性的要求是相互说明的"①。独立而自由的各个个体,为了求得共同的利益而联合起来组成国家,共同遵守法律以获得利益的保障。每一个人在契约中都是主体,国家的形成被关联于人之理性。个人的自由和价值主体地位被看作是评判国家合理与否的价值尺度,于是君主立宪制和民主共和制作为新的政治制度在西方产生了。在经济领域,"个人主义同理性主义结合见之于经济,是以威廉·配第为奠基者的古典经济学在亚当·斯密那里的体系化和在大卫·李嘉图那里的完成"②。只是,经济新秩序的形成晚于政治新秩序的确立。

由此我们可以梳理出西方近代化的一条线索,即由人的价值主体地位的确立,进而形成新的政治秩序和经济秩序,随之而生的是科学和文学艺术的繁荣以及物质财富的剧增。与之不同,被迫进入近代的中国是另一种情形,其步入近代与西方完全是逆向(由"技"而"政",由"政"而"教")的。然而,中国还没来得及走完自己近代化的路,19世纪中叶产生的西方现代思潮又涌入了中国,中国人遂再次陷入了迷惘。

正如有的学者指出的那样:"西方自19世纪中叶以来出现的种种思潮,几乎毫无例外地表现出对作为价值主体的个人的命运的关切。这里有对十七、十八世纪以来的理性主义的叛逆,有对悬着'永恒正义'名义在'合理化(合于理性)'中建构起来的现实社会的批判,有对历史客观主义的无情的嘲弄或对本质主义为特征的传统形上学的彻底的决绝,但个人自由的价值取向却并不违拗先前的启蒙思想家的初衷。"③ 西方现代思潮依然是出于对个人价值主体地位的关切,然而耐人寻味的是,它所反对的近代思潮亦曾拥有同样的初衷。西方近代文化产生了有违初衷的意想不到的异化后果,这用马尔库塞的话说即是所谓的"成就否定了前提"。西方近代文

---

① 黄克剑:《东方文化——两难中的抉择》,江西人民出版社1992年版,第15页。
② 同上书,第17页。
③ 同上书,第19页。

化使得人的个性、创造力、灵性获得了解放，随之产生了丰富的物质成果，然而出乎意想的是，为人所创造的物质成果反过来开始桎梏人的心灵。人们在基于理性原则建立起来的社会中，感觉到自己无足轻重。社会仿佛是一架运转不息的机械，每个个体只是其中可以随时替代的零件。个人的价值主体地位被消解了。这正如穆勒所说："到现在，个人却消失在人群之中了。"① 西方现代思潮和西方近代思潮有着共同的立场，即是对个人价值主体地位的捍卫。西方现代思潮中的叔本华的生命意志论、马克思的异化论、尼采的权力意志论、美国的实用主义、弗洛伊德的精神分析学说，都是在从不同的角度来强调个人的主体地位。西方现代思潮的传入其实宣告了中国和时代的又一重脱序。当中国还没有真正走入她的近代，西方已经进入了另一个时代，它开始批判为中国效仿的西方近代文化。中西文化的时空错位再次加剧了，中西文化之辨的问题愈益变得纷繁复杂。

第三节 "中西之辨"的复杂境域

中西文化之辨，处于极其复杂的境域中。首先是时代的双重脱序。在这双重的时代脱序中，中国面临着两难的抉择。"如果现代财富增殖的代价是人对自己产物的屈从，那么这种'现代化'是否值得选择？倘使经济毕竟需要发展，我们能否找到一条既能收到'现代化'效益却又不致落入它的陷阱的途径呢？拒绝'现代化'是容易的，但这等于自外于一个时代的世界文化；既能获取'现代'的经济成果乃至社会治制上的民主成就，又能保持人的个性的完整，当然是再好不过的事，但这又难说不是'要么全有，要么全无'的勃兰特式的心曲。"② 这悖论式的纠结，困扰着中西文化的研究者们。

其次是救亡和启蒙的交错。时代的双重脱序带来的是救亡和启蒙之间巨大的张力。救亡和启蒙是当时中国面临的两大问题，而这二者之间却有很大的差异。正如黄克剑先生所指出的那样，救亡和启蒙的性向有很大的不同："救亡当然是以民族或民族文化为本位的，启蒙则更多地以新的时

---

① ［英］约翰·穆勒：《论自由》，程崇华译，商务印书馆 1959 年版，第 70 页。
② 黄克剑：《东方文化——两难中的抉择》，江西人民出版社 1992 年版，第 24 页。

代或时代文化为期许；救亡需要切实的功利或当下的效率，启蒙则更多地寻问新的人生意义或存在价值；救亡多以团体或族类统属个体，以求力量的一致，启蒙则在唤起个我的自由意识，以个人为根本的价值主体。救亡并不必一定借重启蒙，启蒙在中国却始终把救亡视为逻辑中的当然之义。"①在救亡和启蒙之间，不得不作中西之辨的中国学人踽踽而行。在第一代的启蒙思想家（他们尚处在时代的单重脱序中）那里，如严复，启蒙是救亡的必由之路。而在辛亥革命前后的启蒙思想家那里，由于他们已或多或少意识到中国所处时代的双重脱序的境遇，启蒙和救亡在他们这里显现出更大的张力。他们要在启蒙和救亡的张力之下，寻找东方文化新的生长点。

再次是时代精神和民族特性之间的张力。严复将西方进化论引入了中国，并将其用于解释社会的发展，从而改变了中国人的历史循环论的历史观，厚古薄今的观念为厚今薄古的观念所代替，时代的意识由此产生，而无疑西方的文化代表了时代的强音，中国文化则在历程表上被排在落后于西方文化的位置。此后，西方多种社会发展论先后传入中国，如孔德的神学阶段、玄学阶段和科学阶段的三阶段论，马克思主义按生产方式对社会阶段的划分等，时代遂成了评判中西文化的一个坐标。早年严复就曾指出："夫天下之群众矣，夷考进化之阶段，莫不始于图腾，继以宗法，而成于国家。"② 后来，瞿秋白亦曾说："东西文化的差异，其实不过是时间上的。……西方文化，现已经资本主义而至帝国主义，而东方文化还停滞于宗法社会及封建制度之间。"③ 如何在中西之辨中，处置时代精神和民族特性之间的关系，成了不可回避的问题。因此，时代和民族的交错成了中西之辨的又一个纽结。

第四节　东西文化论战中的思想"坐标"

当时处在种种纠结中的思想界，使文化问题的探讨呈现出纷繁复杂的

---

① 黄克剑：《东方文化——两难中的抉择》，江西人民出版社 1992 年版，第 26 页。
② 严复：《社会通诠自序》，《严复集》第一册，中华书局 1986 年版，第 135 页。
③ 瞿秋白：《东方文化与世界革命》，《瞿秋白选集》，人民出版社 1985 年版，第 9 页。

局面。倘若我们根据思想的总体倾向性来做分判，当时的种种思潮可以大体分为三系：东方文化派、自由主义派和唯物史观派。三者形成了鼎立之势，代表了诸多学说中的总体倾向。（尽管有些学者的学说可能很难纳入三者中的任何一系，但这三系大体代表了当时各种学说的总体走向。）东方文化派以先秦儒学为本根，并采纳融合了西方的生命意志论、生命哲学，乃至起自康德的德国古典理想主义及东方佛学等思想。科学方法派则与进化论及实验主义、马赫主义等有着更深的缘契。唯物史观派主要是指经由俄国传到中国而被中国化了的马克思主义[①]。"在'东方文化派'中最引人注目的是梁漱溟，'科学方法派'的代表则要推胡适之。'唯物史观派'的人们大都在直接的政治战线上奋战，只有瞿秋白对时代的文化变迁和民族的文化命运有过较多的论说，——诚然他所把握的唯物史观也许称作一种经济决定论更确切些。"[②]

殷海光在《自由主义的趋向》中所说的一段话，可以说透露出三系之间的微妙关系。他说："约近五十年来，自由主义在中国受到两种思想的夹攻。来自右方的攻击是右倾保守主义。来自左方的攻击是左倾的波尔希维克主义。就我所知，直到目前为止，自由主义者在思想上很少能够应付左右夹攻而始终屹立如山的。"[③] 其实不仅自由主义处在左右夹击之下，三系中的任何一系都同样处在另外二者的攻击之下。诚如黄克剑先生所说："在自由主义派看来，'东方文化派'是'古典主义'，马克思主义则是'新典主义'（胡适语），唯自己得了五四新文化运动——'中国的文艺复兴'（胡适语）——的正脉。在马克思主义派看来，'新传统派'或'东方文化派'是'封建复古'派，而自由主义或'科学方法派'是'全盘西化'派，唯自己代表了同最新阶级关联着的时代精神。在东方文化派看来，'科学方法派'或自由主义派是'西化'派，马克思主义一派则是'反西方的西方派'，唯独自己才是中华民族文化的当代传人。"[④] 三者各以

---

① 参考黄克剑《东方文化——两难中的抉择》，江西人民出版社1992年版，第32—33页。
② 同上书，第209页。
③ 殷海光：《自由主义的趋向》，《近代中国思想人物论——自由主义》，（台北）台湾时报文化出版事业有限公司1980年版，第19—20页。
④ 黄克剑：《东方文化——两难中的抉择》，江西人民出版社1992年版，第34—35页。

自己为中心，保持着与另外二者相互驳诘的关系。

倘若从熊十力投身学术的时间去考察，1918 年《心书》的发表是其"决志学术一途"的标志，而真正使他获得学界声誉的著作则是其运思十年而于 1932 年发表的文言文本的《新唯识论》。此书亦为五四以后屡遭厄运的儒学赢得了声誉。而此时他所身处的时代，正是这纷纭复杂的中西之辨的时期。熊十力被视为东方文化派的一员，他在中西文化的比勘中，建构了"新唯识论"，提出了"返本开新"的主张，"返本"即是返回先秦儒家的根本精神，"开新"即是从儒家的人文致思中开出符合时代精神的科学和民主。他以中国传统文化为本位，融合西方文化，开出中国传统文化的时代之维。他着力于挺立个体道德主体性，以此达到振扬民族精神、实现富国强民的目的。熊十力的中西文化之考辨，正是在此种历史语境中不无悲剧感地展开的。

熊十力的思想正如他所说可以分为三个部分：宇宙论、人生论、治化论。他曾说："于宇宙论中，悟得体用不二。而推之人生论，则天人为一。……推之治化论，则道器为一。"① 而"体用不二"是贯穿于其整个思想的逻辑主脉。

---

① 熊十力：《体用论》，《熊十力全集》第七卷，湖北教育出版社 2001 年版，第 95 页。

第二章 "体用不二"的宇宙论

熊十力对本体的思考，源自对人生和宇宙之"真"的探寻和追问。熊十力于十三岁那年秋，面对自然生机的萧瑟，顿感万有如幻，于是他开始思考安身立命的根据。在《船山学自记》中，他追问道："如无真者，觉幻是谁？……果幻相为多事者，云何依真起幻？既依真起幻，云何断幻求真？舍幻有真者，是真幻不相干，云何求真？"① 对真幻纠结的思考，显现出熊十力对生命之真的深深困惑和对世间如幻万物存在意义的疑问。在这提问话语之中，其实已经蕴含了一种朦胧答案：真幻不是完全可以分离的。在《新唯识论》中，我们已经可以找到熊十力对真幻问题所做的系统而明确的回答。那即是"体用不二"。本体显现为大用流行，此即森然万有。体不在用之外，即体即用。万有生灭不住，如幻如化。用无自体，即用即体。体用之相即亦可说为真幻之相即。体即是真，用即是幻。体和用，真和幻，不是截然割裂的两重世界。

第一节　本体之真

熊十力将本体视为宇宙之真源。本体之"真"，具有六义：

"一、本体是备万理、含万德、肇万化、法尔清净本然。……二、本体是绝对的，若有所待，便不名为一切行的本体了。三、本体是幽隐的，无形相的，即是没有空间性的。四、本体是恒久的，无始无终的，即是没

---

① 熊十力：《心书》，《熊十力全集》第一卷，湖北教育出版社 2001 年版，第 5 页。

有时间性的。五、本体是全的，圆满无缺的，不可剖割的。六、若说本体是不变易的，便已涵着变易了，若说本体是变易的，便已涵着不变易了，他是很难说的。"①

熊十力对本体的六条界说，我们可以进一步将其归纳为两点：一、本体是无待的；二、本体是整全的。

首先，熊十力认为本体是无待的。熊氏对本体的界说之第二点、第三点、第四点、第六点，都从不同角度对本体的无待特性作了描述。第二点总说本体是无待的，是绝对的。第三点和第四点分别说明本体没有时间性和空间性，意即本体不受时空的局限。时间和空间的概念在熊十力看来只适用于现实物质世界，本体作为无待的存在，是超越时空的。第六点则说明了本体无待特性的复杂性和具体表现。本体是无待的，却并非凌驾于现实世界之上的另一个世界。本体是变易着的万物的不变易的自性，是表现于相对事物之中的绝对。我们可以用 A 和非 A 这看似矛盾却又互涵的语词去描述本体，如：本体是不变易的又是显现于变易的，亦即不变易的本体显现为变易中的大用流行。熊十力以一种类似佛家"中道"的言说方式，来表明本体无待之性是通过有待之用显现出来的。本体不同于相对的现象界中的具体事物，它是绝待的。既是 A，又是非 A 的言说方式，应用于现象界是矛盾的，应用于对本体的形容，则是以一种辨证的言说方式表达本体的无待特性。无待之本体称体成用，显现为大用流行，此用是为有待。正是有待之功用显现着本体的无待之性。在熊十力这里，本体之无待性是与森然万象之有待性不相对立的，本体无待之性是通过森然万象之有待之相显现出来的。其体用不二之论所要说明的，即是有待之用与无待之体，相即相融为一，而非截然对立的两重世界。

其次，熊十力认为本体具有整全性。第一点和第五点均是在表明此意。第一点重在说明本体自身是涵备万德的，无有亏缺的，是自然如此，亘古不变的。本体本然清净，无有恶的因素。第五点在于说明圆满无缺的本体，显现为森然万象时，万物各个都得其全体。熊十力指出："大全

① 熊十力：《新唯识论》，《熊十力全集》第三卷，湖北教育出版社 2001 年版，第 94 页。

（大全，即谓本体。此中大字，不与小对）不碍显现为一切分，而每一分又各各都是大全的。"① 在他看来，本体显现为世间万象，如月映万川，各个事物均得本体之全，而无多寡之别，因此万物在本性上是平等的。同时，这一点也在于说明本体不离万物而独在，一如大海水显现为众沤，每一沤都是大海水整全之性的显现，离开众沤我们无法找到大海水，大海水并不存在于众沤之外。

熊十力对本体整全之性的强调，是与本体之无待性相关联着的。在他看来，本体作为无待之体，必然是一元的，若本体是二元或多元的，那便会有对，本体则将不是无对的绝待之体。因此，作为一元无待之体，必然是具有整全之性的，是无有亏缺、备万德、涵万理的。

熊十力在具体说明本体的整全性时，首先强调此种整全浑一之性不是"一合相"。他认为，与"一合相"无有分化不同，整全之体显现为许许多多的功能，即浑全之体显现为无量功能，否则本体无由发起变化。他指出，本体显现为至健至神的力用，是为浑全之大一，大一不是一合相，它凝以成多，即分化为众多的小一，所以说"一不碍多"。而各个小一，均有大一本来力用遍运于其中，并为之主，而大一是无有减损的，其凝为众多小一以为自己显发的资具，因此各个小一，均得大一整全之性，譬如月印万川，所以说"多即是一"。熊十力通过"一不碍多""多即是一"所要阐明的是，即小即大，即大即小；即一即多，即多即一。在小大、一多相即之中，显现出本体整全不可剖割而又非一合相的特点。

其次，熊十力还指出各个功能是互相"依持""涵摄"的，而非如佛家大乘有宗所认为的那样功能犹如一颗颗种子是"粒子性"的。他认为本体显发为大用流行，即森然万象，离此森然万象无有本体，因此自然万物其实即是本体不容已之动。这就决定了于本体之大用流行上设立的自然万物是一个整体，而非一个一个孤立的部分。所以自然万物是相互贯通，相互依持的。他说："自然为一整体故，其间各部分，互相通贯，而亦互为依持。此一部分，望彼彼部分而为能持，即彼彼皆为此作依属。彼彼部

---

① 熊十力：《新唯识论》，《熊十力全集》第三卷，湖北教育出版社 2001 年版，第 13 页。注：熊十力行文有自己作注的习惯，本书引用时，注文如无需要即不引，如引则加括号以表明。

分，亦复望此而为能持，即此通为彼彼作依属。彼彼相望，互为能持，互为依属。故一切即一，一即一切。"① 熊十力在此强调的是万物互相连属，不可作一粒一粒毫无关联的粒子看。因万物互相依持之故，随举万物中之一，则一切皆为此属、不相离异，亦可说是此一切不可剖分的一部分②，即"一切即一"。同时，由于此一与一切互为依属故，故当说一切时，此一不与一切相离异，是为一切不可剖分的一部分，此一即一切，即"一即一切"。"此一"相对于"一切"而言，"此一"是为小，"一切"是为大，因此据"一即一切""一切即一"，可知"小即大""大即小"，小大之相由此遮拨，归于玄同。熊十力在此通过"一即一切""一切即一"，"全即是分""分即是全"的阐释，终是为了消除小大、一多等相对之相，以入于无待之境。

从熊十力对本体之"真"的界定，我们可以看出，他对"体"的言说是不与"用"相离的。熊十力通过本体的无待性、整全性，所要说明的是相对即绝对，绝对即相对，即体即用，即用即体。体用不二，是他在其本体论中所要阐明的根本要义。上述对本体的分析还是静态的。本体是无待的，是无形无相的，是不可凑泊的，对本体特性的把握须通过对其发而为"用"的动态过程的认识来实现。

第二节 "体用不二"

熊十力在《新唯识论》中对"体"和"用"曾作过如下的解释：

> 用者，作用或功用之谓。这种作用或功用的本身只是一种动势，（亦名势用。）而不是具有实在性或固定性的东西。③

> 体者，对用而得名。但体是举其全身全现为分殊的大用，所以说

---

① 熊十力：《新唯识论》，《熊十力全集》第三卷，湖北教育出版社 2001 年版，第 13 页。
② 此处所用"一部分"是为了言说的方便，其实万物一一皆得本体之全，并无整体与部分之别，这里意在说明万物各个相互依属，非独立相对的存在。
③ 熊十力：《新唯识论》，《熊十力全集》第三卷，湖北教育出版社 2001 年版，第 151 页。

他是用的本体，绝不是超脱于用之外而独存的东西。因为体就是用底本体，所以不可离用去觅体。[①]

熊十力指出，本体是无待的，是绝对的，同时本体又显现为大用流行，而用则是有待的、相对的。体和用又不是截然二分的，用是本体显发的势用，本无自体；体是用之体，它并不存在于用之外。本体是绝对的真实，万物则无有自性，是大用流行的迹象。哲学所研究的是绝对而真实的本体，科学所研究的是设定为实有的事物，其实这些所谓的实有的事物仅仅是大用流行的迹象而已，本非实有。从哲学的角度来看，万物"只都见为神用不测了"[②]。"体"的无待、整全等诸种特点显现着本体是绝对的真实，"用"的有待、相对、变易则显现着用自身没有自性，因此体和用的关系其实就是真和幻的关系。在《新唯识论》中，熊十力以体用不二来阐释真幻不二。

何谓体用不二？熊十力通过举体成用来予以解释。

熊十力常常用"一"来描述和形容本体，值得注意的是，其所说之"一"并非数量之一，而是绝对之义，无待之义。他说："《易》曰：'天下之动，贞夫一者也。'老子'天得一以清'章善发斯旨。数立于一。一者，绝待也，虚无也，无在无不在也。自一而二，以之于三，皆称体起用之征符，至无而妙有也，至虚而善动也，是故拟之以象。自此以往，而数不胜纪，则有待之域，不可以见玄也。"[③] 在熊十力看来，由一而二，由二而三，即是从无待之域到有待之域的转化过程，一是无待的形而上境地，二、三是其分化，这一过程即是"举体成用"的过程，是本体显现为大用流行的过程。具体而言，此即是翕辟成变的过程。

一 "翕辟成变"

熊十力认为，健动不息的本体显现为大用流行，而这一过程是从不停

---

① 熊十力：《新唯识论》，《熊十力全集》第三卷，湖北教育出版社 2001 年版，第 151 页。
② 同上书，第 40 页。
③ 同上书，第 10—11 页。

歇的。所以他又称本体为"恒转",以表明其恒处于"举体成用"的动态过程之中,而此一过程是"非断""非常"的。"非断",强调本体显发为大用是时时刻刻在进行着的,无有断灭的。"非常",则强调本体非是无变动的"恒常",而是恒处于"举体成用"的变动不居之中,且此种变动是无有片刻停滞的。他指出,本体片刻无息的显现过程即是由无待向有待的分化过程,这一而二、二而三的分化,其中蕴含着变化的根本法则,那就是相反相成。他说:"大易谈变化的法则,实不外相反相成。……每卦列三爻,就是一生二,二生三的意思,这正表示相反相成。……因为有了一,便有二,这二就是与一相反的。同时,又有个三,此三却是根据一,而与二相反的。因为有相反,才得完成其发展,否则只是单纯的事情,那便无变动和发展可说了。"① 而本体显现的过程,即是翕辟成变的过程。翕辟成变的过程,亦是这种相反相成的变化过程。

熊十力指出,本体作为无待的绝对的"一"是无形相的,是刚健不息的,其要显现为大用流行,犹必须显现为一种凝聚的势用,如果没有凝聚的一方面,那本体显现出来的用,还仅仅是莽荡无物、浮游无据的。翕,即是本体显发的凝聚的势用。而翕作为一种凝聚的势用是与本体刚健不息的性质相反的,因此翕是"二",是"反"。翕的势用,恒是凝聚,显现出凝成形质的倾向,物质宇宙就是从翕的凝聚势用上去设定的。这样,无形无相的本体显现为翕,从而趋向于有形有质,趋向于封闭,而违反本体刚健之性,恒是如此,将有物化之虞。与翕同时而起的另一种势用"辟",则是打破翕的一味凝聚的势用,它显现的是本体之刚健之性。辟的势用在性质上是与本体相一致的,但它毕竟是与翕相对的,是相对而有待的,无有翕便无有辟。辟还是有为的,辟是为了转翕以从己,因此辟与无为之本体又是有分别的。辟作为翕之反,同时又是翕之合,转翕从己,使翕恒不堕入物化,与己一起升进。因此辟是"三",是"合"。无待的本体在翕辟两种势用的相反相成中,显现为有待之用,即世间森然万象。

在此要指出的是,熊十力认为翕和辟作为两种相反的势用,其实是一

_____

① 熊十力:《新唯识论》,《熊十力全集》第三卷,湖北教育出版社 2001 年版,第 97 页。

体的。翕辟都无自体，都是依据本体而起之势用。翕是辟显现的资具，也是本体显现为大用流行的资具，如果没有凝聚的翕的势用，那便会莽荡无物，无有大用流行可以显现。辟作为翕之相反的势用，是要转翕从己的，否则翕的势用一味地物化，便也只是形成凝固的死物，无有大化流行可言。翕终于要顺从于辟，与辟一起升进的，所以翕辟成变的结果不是如矛盾对立的双方在争斗中你亡我存，而是归于太和。翕辟本为一体，而非截然相反的物事，相反相合而成就大用流行，终又归于和同。所以翕和辟是一个整体的两个方面，而非截然分离的两件对立的物事。熊十力还将翕辟和心物联系在一起，以说明心物本是一体的道理。翕之物化倾向，为物质宇宙的存在提供了根据。辟之刚健不息，又与心灵之特性相符合，因此熊十力于翕上说为物，于辟上说为心。他指出："实则所谓心者，确是依着向上的、开发的、不肯物化的、刚健的一种势用即所谓辟，而说名为心。若离开这种势用还有什么叫作心呢？"[①] 他又指出："所谓物者，并非实在的东西，只是依着大用流行中之一种收凝的势用所诈现之迹象，而假说名物。若离开收凝的势用，又有什么叫作物呢？"[②] 在熊十力看来，心即是一种不物于物而又恒处于不断打破滞碍、升进不已状态之中的势用；物亦不是坚凝的死物，是收凝的势用所诈现的迹象。这样在熊十力这里，心与物都是处于流变之中的势用而已，都不是坚凝、滞积的"死物"，它们都无自体，都是本体显现的用。一如翕辟同据本体而起，而终归于和同，心和物亦是如此，心物本是一体，但是，辟和心相对于翕和物则更具有主动性，用熊十力的话讲，即更具"殊胜"义。在他看来，辟相对于翕而言具有主宰义，辟毕竟是与本体一样刚健不息的，它转翕以从己，一起升进。同理，心也是物的主宰。在熊十力看来，心物一体，翕辟一体，而心、辟更可以显发本体之性质。总之，熊十力认为，翕辟是相反相成的两种势用，是一体之两面，而不是对立的二元。他说："翕和辟不可析为二片，近似二元论者所为。但于整体之中，而有两方面的势用可说，这是不容矫

---

① 熊十力：《新唯识论》，《熊十力全集》第三卷，湖北教育出版社 2001 年版，第 110 页。
② 同上书，第 111 页。

乱的。一切事物，均不能逃出相反相成的法则。"① 这样熊十力便否定了唯物论和唯心论，在他看来，心和物仅仅是本体显发的两种势用而已，唯心论、唯物论各偏执本体之一面，而都未曾真正识得真正的本体。

熊十力通过翕辟成变描述了本体由无待之域走向有待之域的过程，即本体显现为大用流行的过程。其旨在说明宇宙不是空无所有的，而是由活泼的势用运作其中以成物而又不为既成之物所累的那种存在。他于翕辟成变着重说明的是无相之体如何显现为森然万有的，然而那森然万有又是如何体现本体虚寂之性的呢？为了说明这一点，他提出了所谓"生灭不住"的观点。

在此要指出的是，有的学者在阐释熊十力的体用不二观点时，虽然看到了翕辟成变是"体"和"用"之重要的中介，却忽视了"生灭不住"一环的重要性。如景海峰在其《熊十力哲学研究》一书中就指出："熊十力认为，翕之凝聚势用和其'幻成乎物'是一致的，故假说翕为物；辟之开发升进势用和其'健而神'的生命力是相结合的，故假说辟为心。这样，翕辟便成为体用关系的中介，在本体中，它是流行的两种势用；在现象界，它就成为大用的两个方面。从逻辑上说，不论是体向用的过渡，还是体和用的相合，都在'翕辟成变'中实现。"② 其实，翕辟成变仅仅是无待的本体显现为有待之大用流行的一个方面，大用流行如何显现出本体的无待之性，还有另一个重要的环节即是刹那生灭。景海峰仅仅强调翕辟成变在沟通体用的中介性质是不够的，这无法说明有待之现象界如何显现本体的虚寂之性。

二 "生灭不住"

熊十力首先对"生灭"做了如下的界定："凡法（佛教用语，相当于物，包括具体事物和心中所思之境。引者按）本来无有，而今突起，便名为生。……凡法生已，绝不留住，还复成无，名之为灭。"③ 熊十力对于生

① 熊十力：《新唯识论》，《熊十力全集》第三卷，湖北教育出版社 2001 年版，第 106 页。
② 景海峰：《熊十力哲学研究》，北京大学出版社 2010 年版，第 178 页。
③ 熊十力：《新唯识论》，《熊十力全集》第三卷，湖北教育出版社 2001 年版，第 118 页。

灭有不同于常人的理解，他更认同佛家的观点：生灭是同时的。他说："我是赞同印度佛家的见解，主张一切法都是刹那灭。……即凡法于此一刹那顷才生，即于此一刹那顷便灭，所以说，生时即是灭时。"① 熊十力在此表明其所说之生灭不是一期生灭，即不是一个物体从存有到消亡的过程，而是所谓刹那生灭。刹那作为佛家的用语，其并非指时间单位。因为无论怎样小的时间单位，都意味着是一段有跨度的时间。佛家用心念的起灭迅疾来说明刹那，正是要摆脱世俗的时间观念；而刹那生灭，意在表明生灭变化是不囿于时间的局限的，是神妙莫测的。我们可以在方便的意味上，将刹那理解为没有丝毫时间跨度的时间单位，这样刹那生灭所指称的，即是生灭同时。事物恒处于刹那生灭之中，那也便意味着其恒处于生灭不已之中。

　　熊十力对生灭不住的论述包含如下两个要点：灭不待因和生灭互涵。

　　（一）灭不待因，法尔自然。熊十力说："克就物言，则凡物不能无因而生。（即以物的本身自有力用现起，假说为因。）但是，凡物之灭，却不待有坏因而始灭，只是法尔自灭。"② 他认为，生是需要力用现起的，而灭则不需要任何的因，是自然而灭，这也就意味着事物生时便是灭时。灭不待因，因此即生即灭，没有任何死板的东西滞留着。倘若灭不是自然而然的，而是需要别的力用为因来实现的，那么宇宙蜕故生新的化机便有可能停滞，本体也便不可说是"恒转"了。翕辟作为两种势用，是恒处于生灭不住的流行中的，无论是凝聚的翕，还是健动的辟，均是无有滞积的，均是刹那生灭的。本体虽显现为翕辟两种势用，而翕辟即生即灭，无有任何物事留滞，所以本体依然是虚寂的。正是这无因的灭成全了大用流行不住，成全了本体的生而不有，也显现出本体的至动而静之性。对灭的强调，毕竟更倾向于佛家的归于寂灭的价值取向，而这却是不符合熊十力的本意的。所以，熊十力还指出，生灭是互涵的。

　　（二）生灭互涵。熊十力指出："刹那刹那灭灭不住，即是刹那刹那生生不息。生和灭本是互相涵的。说生便涵着灭，说灭便涵着生。"③ 在他看

---

① 熊十力：《新唯识论》，《熊十力全集》第三卷，湖北教育出版社 2001 年版，第 119 页。
② 同上书，第 121 页。
③ 同上书，第 124 页。

来，生灭是同时而互相涵的。刹那正如我们前文所说不是时间的单位，但我们可以方便地将其理解为没有丝毫跨度的最小时间。在这没有跨度的时间里，生灭可以说是同时发生的。生灭同时发生，犹如天平之两端，低和昂是同时发生。因此灭灭不住，即是生生不息；生生不息，即是灭灭不住。此外，熊十力还指出，生灭灭生，亦如翕辟成变，遵循着一而二、二而三的相反相成的变化法则。他说道："如前一刹那，新有所生，就是一。而此新生法，即此刹那顷顿灭，此灭就是二。二是与一相反的。后一刹那顷，又新有所生，此便是三。这三，不即是一，却是根据一而起的，而与二相反。但是，到了三的时候，也还如前之一，亦自有个相反的，如前所谓二，乃复有反，如同此三。"① 这也就意味着生和灭恒是相对而又相互成全的，谈生即有灭在，谈灭即有生在，生灭是互相涵的。不同于佛家对"灭"的看重，熊十力更看重"生"。佛家因对"灭"的看重，将生灭不已视为世事"无常"之因，从而有出离之想。熊十力因对"生"的看重，则重在凸显化机蜕故生新的一面，在他看来"灭灭不住"正是"生生不已"，从而彰显出一种生生不息的刚健精神，即儒家之"仁"。

与翕辟成变一样，生灭不住，是熊十力彰显变化之神妙不测的重要一环。正因为灭不待因，即生即灭，所以无物留滞；正因为生灭是互相涵的，即灭即生，从而将生之刚健不息的特点凸显出来。正因生灭不住，所以生而不有，万物是时时处于蜕故生新的创化之中的。也正因熊十力对生之作用的看重，本体才不是空寂之体，而显现为善动不息的大用流行。生灭不住将本体之发用——翕和辟，还归于虚寂，这样本体因翕辟成变而涌现万有，也因生灭不住而归于虚寂。至此，本体之至无而善动之特性得以说明，我们也从中体会到"空空寂寂的即是生生化化的，生生化化的即是空空寂寂的"② 之玄妙。由此我们可以看出，熊十力的本体是融合了佛家本体之空寂和儒家本体之生化不息的特点的。正如他所说："凡谈生化者必须真正见到空寂，乃为深知生化。性体离一切相故说为空，离一切染故

---

① 熊十力：《新唯识论》，《熊十力全集》第三卷，湖北教育出版社 2001 年版，第 124 页。
② 同上书，第 180 页。

说为寂。于其寂而可识神化之真也,于其空而可识生生化化之妙也。"① 刹那生灭是融合本体与大用流行的关键之所在。正因为刹那灭灭不留,所以没有实在的物质世界,"物质只是由生化诈现的迹象,实际上并无所谓物质"②。于现象界不作实体观,才可以于现象界上去体悟本体虚寂无染之性。正如熊十力所说:"生化的本体元自空寂。其生也,本无生,其化也,本无化。"③ 我们由此可以理解熊十力所说的体用不二。

本体至寂而善动。至寂是本体之本然,善动即是本体之发用。善动而生灭不住,终归于至寂。于善动之处正显本体恒常不易之德性。本体是绝对的真实,不可以理智诘问。本体之发用已落于有对之域,可于"用"处追索本体之德性。正如熊十力所说:"寂无则说为体之本然,动有亦名为体之妙用,本然不可致诘,妙用有可形容,是故显体必于其用。诚知动有,元无留迹,则于动有而知其本自寂无矣。故夫即用而显体者,正以即用即体故也。"④ 他认为,本体至寂之特性显现了本体本然之备万理、涵万德之无待性质。本体之善动之特性正显现出本体非用外之体。刹那生灭则融通了善动与至寂,显现出体用虽是有别,即体是无对的、用是有对的,其实是为一体的。绝对与相对、有与无其实一体。刹那生灭将玄冥之乡和现实世界融合为一,将真和幻融合为一。

刹那生灭在熊十力论证体用不二的过程中,是不可或缺的关键一环。刹那生灭正如熊十力所说是佛家的观点。然而无论是大乘空宗,还是大乘有宗,熊十力均不信服。其原因即在二者之理论均无法说明体用不二。大乘空宗,扫相证体,本体只是空寂,而无善动之一面,本体只是死体。大乘有宗,以种子界为现行界之根据,有本体与现象界割裂为二之弊端。所以,熊十力虽受启发于佛家而终归于儒家,其关键即在于对体用不二之观点的坚信。体用不二之观点,正可以彰显出儒家之刚健不息之精神。

因体用不二,本体举体成用,而非空寂无为之死体,所以本体具有健

---

① 熊十力:《新唯识论》,《熊十力全集》第三卷,湖北教育出版社 2001 年版,第 192 页。
② 同上书,第 192—193 页。
③ 同上书,第 192 页。
④ 同上书,第 239 页。

动不息之德，本体之刚健不息之德性是体用不二之前提。灭灭不住则保证了本体的至寂的特性，不至于落于物质世界而不守自性。

因体用不二，所以可以于用显体。本体举体成用，而非空寂无为之死体，所以本体具有健动不息之德。于用显体，即是生生不息之现象界，或者说灭灭不住之现象界，正显现出本体之舍故生新、生而不有之健动不息。

在熊十力看来，生即是灭，灭即是生。本可以于灭灭不住的现象界作空寂之想，然由于灭灭不住即生生不息，所以凸显出本体的刚健不息之性。灭的存在，一方面促成生的不断现起；一方面又促成生的生而不有，即不留恋于物质世界之积累盛大，而恒处于健动不息之中。由此，熊十力透过生灭不住彰显出本体发用之动势恒是不已，从而显现出本体之善动的特性，于生灭不住中，熊十力认取的是刚健不息的精神。

总之，本体是至寂而善动的，所以本体现发为大用流行。本体又是善动而至寂的，大用流行是生灭不住的，终是无所留滞的，显现着体之至寂之性。这双向而一体的论证过程，正说明了体用不二。这用熊十力的话说，即是"摄动有归寂无，泊然无对；会寂无归动有，宛尔万殊。故若不一。然寂无未尝不动有，全体成大用故；动有未尝不寂无，大用即全体故。故知体用毕竟不二"①。然而，本体所具的无待之性才是真常不易之性，所以在有待与无待的一体不二之中，无待之性才是根本之性。而无待之性在熊十力看来，即是道德所具之性，无待外物而成。有待的用是无法真正回复无待之体的，因为体已经显发为有待的用之中，而对无待之体的觉解，亦只有通过有待之用显现出的无待之性才可以实现。

值得我们注意的是，熊十力在论述"举体成用""即用显体"的双向互证时，还有着更为深刻的目的，即以此来安顿哲学和科学于同一个体系之中。在他看来，无待之体显现为有待之用，于是有了世间万象，科学也有了立足的处所。有待之用又是生灭不住的，显现出本体的刚健不息的德性。无待之体和有待之用是相即而不二的，同时又是有差别的，体用有分而终是一体。这正说明了哲学和科学的区别，亦将科学和哲学联系在了一

---

① 熊十力：《新唯识论》，《熊十力全集》第三卷，湖北教育出版社 2001 年版，第 240 页。

起。然而，熊十力在论述科学真理和哲学真理关系时，始终未能说得十分清楚透彻，也显现出其体用关系存在着一种模棱两可的弊端，而这一矛盾在宇宙论中的集中体现就是物质世界的真实与否的两可之说。熊十力后期修正了早期本体论的这一不足，肯定本体具有物质性，也说明其后期对此问题有所认识和反省。由此亦可见，其后期思想的变化并非受外在意识形态影响使然，而是从学理上对其早期学说不足的修正。对此后文将予以详述。

三 "恒常者，言其德也"

熊十力在《新唯识论》中关于体用关系的分析还有重要的一点是：体用有分，有分仍不二。他说："体与用本不二而究有分，虽分而仍不二，故喻如大海水与众沤。大海水全成众沤，非一一沤各别有自体。故众沤与大海水本不二。然虽不二，而有一一沤相可说，故众沤与大海水毕竟有分。体与用本不二而究有分，义亦犹是。沤相，虽宛尔万殊，而一一沤皆揽大海水为体故，故众沤与大海水仍自不二。体与用虽分而仍不二，义亦犹是。"① 在熊十力看来，体用虽是一体的，但体和用还是有所分别的。绝待的本体是恒常的，是不变易的，是无方所，无形相的；用则是有待而相对的，是变易的，是有方所，有形相的，所以体用究是有分的。同时，他也指出用毕竟无有自体，而以本体为体，所以体用虽分而又仍是不二的。在这里，熊十力通过"体用有分"来强调的是，本体毕竟和现象界是有分别的，本体是无论如何不可将其视作具体的物事；又通过"体用有分而仍不二"来强调本体和现象界终是一体的，是相通的，而这相通是"德性"上的相通。正如熊十力所说："不能把本体底自体看做是个恒常的物事。而恒常者，言其德也。"② 他意在指出，本体是无待的，所以不可以将其看作是有待的事物，因此对本体的把握，只能从其显现于用的德性来把握。他还对"德"之内涵作了解说："德字义训曰：德者得也。若言白物具白德，则以白者，物之所以得成为是物也。今于本体而言真常等等万德，则

---

① 熊十力：《新唯识论》，《熊十力全集》第三卷，湖北教育出版社 2001 年版，第 277 页。
② 同上书，第 279 页。

真常等等者，是乃本体之所以得成为宇宙本体者也。"① 熊十力以"德"去理解本体，正是出于对体用一体而有分的这一认识，指出了理解无待本体的应有的方式，也显现出其对本体的关照所采取的道德形而上学的视域。在他看来，无待的本体如大海水显现为众沤，亦显现自身为大用流行，即有待的世间万象，于是对无待本体的真常之性的领悟只有通过对大用流行的观察来实现。他强调："真常等义，以本体之德言，而非以本体之自体言，此宜深究。"② 在他看来，因本体是无待的，又是显现为大用流行的，所以本体不可以具体的物事去猜想。我们只好从本体成其为本体的"德"去理解本体之真常无待。德，指称的是一事物之所以成其为此的根据，我们可以将其理解为事物的根本性质。当然，事物在这里是为言说的方便，并不仅仅指具体的事物，还指无待之本体。在熊十力看来，本体之德是本体之所以成为本体的根本性质。他还认为宇宙万物即是本体显发的大用流行，即用即体，所以宇宙万物便也具有本体真实不虚的恒常之德。人作为宇宙中的万物之一，亦是如此。这样人之道德便也具有了本体论的依据，其不再仅仅是一种人之内在的自我约束，而成了人之所以为人的根据。人之道德也就成了人的最重要、最根本的属性。因此在熊十力看来，人之道德才是人的生命之本真。被视为"成德之教"的儒家之所以重视德性，由此得到了本体论意义上的说明。同时，儒家天人不二的主张（此也是熊十力的主张），亦由"德"贯通天人而得以说明。人之德与本体之德是相通而一体的，人之德与万物之德亦是相通而一体的。这样，我们又可以以人之德去体会本体之德。也便可以理解熊十力所说：本体不是外在于我们而独在的形上实体，其内在于我们的生命。熊十力体用不二的本体论最终的命意即是：道德即是宇宙本体之根本性质，又是内在于我们的真实不虚的人之为人的性质。我们可以结合孟子关于人禽之辨的话语，由体会人之德而去体会本体之德的意味。人区别于禽兽成为人的那点良知即是人之德，即人之为人的根据，而且人之德正如本体之德是无待外求的。梁漱溟曾在《朝话》中说道："'德者得也'，正谓有得于己，正谓有以自得。自得之

---

① 熊十力：《新唯识论》，《熊十力全集》第三卷，湖北教育出版社 2001 年版，第 279 页。
② 同上书，第 280 页。

乐，无待于外面的什么条件，所以其味永，其味深。"① 由此我们可以看出，作为具体的人之道德，其端倪是生而即有的，是非由外铄的。这为以德言无待本体提供了一个意味相通的说明。熊十力的弟子牟宗三提出道德形而上学以称说儒家之学，亦为我们理解熊十力学说的性质提供了佐证。如此，熊十力以德言无待本体之性，显现出其所说之本体是无待的道德形而上学之本体。

本体之道德形而上之属性为天人不二之人生论提供了很好的切入点。或者更确切地说，熊十力在致思的开始便是怀着安顿人生的目的，去体悟那无可言说的真实的本体的。

第三节　刚健不息的宇宙精神

熊十力的本体论是直接与宇宙论相关联的。宇宙论的要义即在体用不二。上面关于翕辟成变和生灭不住的解说亦是熊十力对宇宙的解释。熊十力将大用流行称之为宇宙。他说："我们虽不承认有客观独存的宇宙，但在逻辑上，不妨把自我所赅备的一切行或万有，推出去假说为宇宙。"② 对于他说来，宇宙即是对心行、物行的假说而已。心行、物行是佛教用语，熊十力肯定其中包含的过程性思想，即将心、物看作是迁流变化中的存在，但他同时也指出佛家对宇宙持此变化无常的观点是与其出世的人生态度相关联的，且含有否弃宇宙万物的思想。与佛家不同，熊十力借心行、物行来予以说明的宇宙，则是充满了生生不息的健进精神的宇宙，他由此要引申出的是"精进""向上"的人生态度。熊十力显然更认同中国传统的宇宙观，即宇宙是一个过程性的存在，而非是实体性的存在。他曾赞扬道："我国的易学家，也都把宇宙看作是一个动荡不已的进程。这种看法是很精审的。"③ 在他看来，宇宙即是由翕辟两种势用相反相成之运作所造成的生灭无已的变化过程。此过程，即是大用流行。不过，熊十力指出俗谛

---

① 梁漱溟：《朝话》，《梁漱溟全集》第二卷，山东人民出版社 2005 年版，第 90 页。
② 熊十力：《新唯识论》，《熊十力全集》第三卷，湖北教育出版社 2001 年版，第 86 页。
③ 同上书，第 115 页。

中的宇宙是将大用流行的迹象予以实体化后得到的，已非大用流行本身。

在熊十力这里，宇宙的形成是起于"小一"的凝聚的，这不可破析的"小一"其实是包含翕辟两种动势的最小单位。熊十力认为：至一的本体如大海水现起众沤，不能不有所收凝，动而凝敛，有成物的趋向。凝敛即有分化，形成无数的小一。因凝敛而似将成物，小一又名形向。翕辟是同时现起的，小一包含翕辟两种动势，又凝敛而成最小的单位，所以又名动圈。健进之势乃依据本体而起，虽运乎凝以成多的每一小一之中，而说为无量小一，但其周流遍运，是无所不在的，毕竟是无有封畛的，不失为浑全，又可名为大一。因此大一含小一，于小一可识大一。依他的看法，"因为小一，即是大一之凝以成多。而大一本来力用，周流遍运于其所内含的无量小一中者，虽随小一成多，即于全中有分。然大一自身毕竟无有封畛，无有限量。故全不碍分，而分即是全。一不碍多，而多即是一"①。而此大一即是宇宙的心。于是他说："其实，小一虽从凝得名，而凝者其幻象耳。其所以成乎此凝，而即以运于凝之中而为其主宰者，只是至健至神的力用而已。自至健至神的力用之为浑全或大一而言，则曰宇宙的心，亦曰大心。"② 由此可见，熊十力更为看重的是作为健进之势的辟，小一是包含着翕和辟的两种势用的最小单位，其所以为小一，其实在于翕的凝敛，运乎其中的辟，是得了宇宙大精神之全的，并非仅得其之一部分。大一本身，周流遍运于一切物，虽分而为多，运行于一切小一之内，然而小一所含之辟仍是大一之整全，因此它是即一即多、即多即一的。辟的无所不在，以及其与本体在德性上的相通，使得其成为运行于宇宙万物之中的主宰，因此熊十力以宇宙的心、大心等名称来相称。而翕作为凝聚的势用，其仅仅是本体显发为大用的一种资具。在他看来，翕的作用不过是：因其之凝聚，具有本体刚健不息之德性的辟才可以显发自己，宇宙万象也正是由其之凝聚才得以权设。

无量的小一相摩相荡，或因时位之相值适当而互相亲比，形成一系，或因其值不当而相乖违，而别成他系。同理，系与系或相亲比或相乖违，

----

① 熊十力：《新唯识论》，《熊十力全集》第三卷，湖北教育出版社 2001 年版，第 305 页。
② 同上书，第 304 页。

得成多个系群。迹象渐渐由微而著,显似万物,宇宙万象由此而成。在熊十力看来,宇宙是不可执为实有的,因为翕辟的势用是生灭不住的,只是显似有物而已。而且无有封畛的健进的势用才是大用之本然,是主宰乎物的,是弥漫于宇宙之中的大心。依熊氏的逻辑,大一含小一,小一之健进势用即是大一之整体,换句话说,世间的每一事物的心即是宇宙的心。在熊十力这里,宇宙是一个有机的整体。大一与小一"即多即一""即一即多"的关系,显示出依据本体而起的辟的势用无所不在而又遍入一切物而为其主宰。辟即是宇宙之大心,而各物之心均得宇宙大心之全体,这样宇宙便是以辟为底据的有机整体。由此,万物的真实性亦得以说明,宇宙大心与一一事物的心相通并为其主宰,在此意味上万物的心是真实无妄的,由此推论,我们可以得出万物因涵具此心亦应是真实的。熊十力在此将刚健不息的宇宙精神予以凸显,同时也显示出万物平等的观念。就众多小一皆得大一之浑全而言,熊十力认为万物自性圆满,当下圆成,没有超越于万物之上的宰制者,万物本性齐一而平等。

但是,熊氏的宇宙论毕竟有其自相矛盾之处。

一 宇宙论的矛盾

熊十力在驳斥空洞的无的观念时,曾强调"宇宙全是真实的弥满。真实是恒久的、不息的,那有空洞的无呢"[1],其意在指出宇宙不是从空无中生出来的,而是有其存在的依据的,这即是说宇宙由本体称体起用而有。在此意味上,当然可以说宇宙处处是真实的弥满。然而在不可执着于大用流行之迹象的意味上,他却又说:"宇宙万象,唯依大用流行而假施设。故一切物但有假名,都非实有。"[2] 这样一来,在他的眼里,宇宙万象都无自性,仅是假说而已,宇宙万象便是虚幻不真的。那么,宇宙到底真实与否?

熊十力认为,翕辟成变,本体显现为大用流行,宇宙亦因此得以说明。宇宙万物亦皆是从大用流行之迹象上来认取的,因而终是幻相,然而

---

① 熊十力:《新唯识论》,《熊十力全集》第三卷,湖北教育出版社 2001 年版,第 91 页。
② 同上书,第 275 页。

主宰乎宇宙万物的毕竟是辟——一种宇宙精神，所以万物又皆是真实无妄的。这两种出自不同角度的说法显然不无矛盾。一方面，宇宙万物作为物质性的存在是幻而非真，仅仅被认为是大用流行的迹象；一方面，熊十力又说万物皆是对本体的整全之性的显现，如月映万川，在与本体相通的精神性方面，宇宙又是真实的。熊十力在驳斥唯物论者时曾说："彼所谓物质宇宙，（亦省言物）但从迹象上执取，殊不知此等迹象之本身，只可说为流行不住的功用，而不当执为实物。"① 他认为，翕和辟作为两种功用，翕是收凝的势用，由此幻现为物，唯物论者正是局限于此，将翕之迹象视为实有的物。而他们却未曾看到与翕同时而起的无形无相而又主宰乎翕的辟的势用。并指出，唯物论者眼中的物质宇宙其实是虚假的幻化之相。由此可见，熊十力认为物质宇宙是翕的迹象而已，仅仅执着于翕之迹象，毕竟不能体悟本体之性，因此物质宇宙是虚假的，真实与否的评判标准在于是否能够体现本体之真实性。在他看来，物质宇宙因不能体现本体的刚健之性，所以是虚假的。唯有与本体之性相同的宇宙精神才是真实不虚的。

熊十力认为，宇宙是包括心行和物行两个方面的，而心具有主宰的意味。心即是辟的势用，物即是翕的势用，心和物均无自体，只是两种势用而已。所以，宇宙从根本上说不是物质性的存在。他也从翕的势用方面来说明俗谛中的物质宇宙何以被误认为是存在的。他指出，物质宇宙的建立是与翕的势用密切相关的。翕的凝聚势用是生灭不住的，无有任何东西留滞，其生灭不住的迹象犹如电光是一闪一闪的，但这一闪一闪，虽是幻象，却也不是空无所有，由于其势迅猛，而显现出仿佛是坚凝的物象。然而本体在称体起用时，翕辟的势用是同时现起的，而且翕和辟是一体之两面，是互相涵纳的，说到翕时，已经包含了辟的存在，而且辟是主宰翕的。他提醒人们注意他的翕辟成变的逻辑："当其辟时决定有个翕，即为辟作运用之具，若无其具，则辟亦不可见了。又复应知，如果只有翕而没有辟，那便是完全物化，宇宙只是顽固坚凝的死物。"② 在他看来，翕是凝聚成形的势用，是与本体的性质相反的。辟是无形无相的，却是运乎翕之

---

① 熊十力：《新唯识论》，《熊十力全集》第三卷，湖北教育出版社 2001 年版，第 342 页。
② 同上书，第 103 页。

中的，它无所不在，显现出突破物化的特性。由此，宇宙不仅仅是纯然的物质性存在，更有一种精神性的辟为其主宰。他说："泰初有翕，泰初即已有辟。我们把这个辟，说名宇宙的心。"① 熊十力认为，唯物论者的错误即在于将宇宙完全视为机械的物质性存在，而将与翕相反相成而又互相涵纳的辟的势用收摄到翕的一方，将精神看作是有机体进化发展带来的产物。与此相对立，唯心论者的错误则在于将翕的势用消纳于辟的一方，为万物寻得个共同的精神性起源。不同于唯物论，也不同于唯心论，熊十力认为自己很好地处理了翕与辟的关系（即物质和精神的关系），认识到翕辟一体而又有分化，在矛盾中相反相成促成大用流行不息。他强调："一切事物，均不能逃出相反相成的法则。我们对于心物问题，何独忘却这个法则。"② 一如唯心论或唯物论，熊十力仍然是一元论者，只是他将心、物视作本体所发起的两种相反相成的势用。不过，这两种势用并非平等的并列关系，心的方面更为主动和特殊。翕的收凝势用为辟提供了运作的资具，辟则通过翕显现为一种不局限于某种现状的向上的精神。辟是主动的施动者，翕是顺承者。在熊十力看来，作为相反两种势用在一顺一施中，归于融合，而相互成全。辟主施，翕顺承。翕为辟提供资具，而辟终不物化，并转翕从己而相融合。辟已包含翕，翕亦顺从辟。于此可见，宇宙作为大用流行，是包含着翕和辟两方面的，而宇宙本身亦可看作两面，一是由翕之迹象上假设的物质宇宙，一是由辟之势用上透现出来的宇宙精神。根据翕辟之相反相成、辟施翕顺的关系，无疑熊十力于宇宙论中要凸显一种宇宙精神。这也是为什么其说物质宇宙只是随顺俗谛的假设，有其不真实性，而辟作为宇宙精神则运乎其中，是真实无妄的，万物亦因有其运行其中而具有真实性。

熊十力对辟的特殊地位的凸显，正是依据了其体用不二的根本原理。他认为，宇宙作为大用流行，正如麻绳以绳之相显现出麻之本性，犹如冰以坚凝之相显现出水之本性，亦是可以凸显出宇宙本体之德性的，而辟之用在显现本体方面具有至关重要的作用。体不是脱离用而超越于其之上的

---

① 熊十力：《新唯识论》，《熊十力全集》第三卷，湖北教育出版社 2001 年版，第 109 页。
② 同上书，第 106 页。

存在，用即是体之显现，而真正能显现本体之性的用，只是辟。翕作为用，只是本体显发大用时的资具，而其物化之性是与本体之性相反的。因此，翕之势用仅仅是成就大用流行的一面，只是物化，于此不可识大用之全体，亦不可识本体之性。辟，则是依据本体而起，刚健而不物化，突破翕之局限，而又转翕从己，一起升进，终归于融合。

不仅如此，熊十力还进一步径直将辟称为体，他说："于三（指辟，引者按）而识全体大用。我们即于三而说之为体，也是可以的，假若离了三，便无可见体。"① 由此可见，在熊十力看来，辟是即用显体的重要一环，辟之于大用流行中之特殊地位亦因此而定。熊十力亦曾表达过这样的意思：举体成用，即是举体成辟。他说："辟虽不即是本体，却是不物化的，是依据本体而起的。他之所以为无形，为无所不在，为向上等等者，这正是本体底自性的显现。易言之，即是本体举体成用。"② 在熊十力看来，辟作为宇宙精神，才是宇宙之真实所在，才是幻相所依之真。

不可否认，熊十力的宇宙论中是有自相矛盾之处的：物质宇宙是幻相，宇宙精神才是真实的，然而宇宙精神是运乎万物之中为之主宰的，依此逻辑，万物究竟为幻，还是为真？翕和辟是一体的势用，肯定整体之一面辟之真实，否定另一面翕之真实，那么我们不禁要问：整体到底是真实的呢，还是虚假的呢？而且正如熊十力所说，翕与辟是一体之两面，是相反而相成的。那么虚假的翕与真实的辟如何和合为一呢？它们又如何成为一体之两面呢？难道真实不虚的本体会同时具有真实和虚假的两面？倘若我们仔细分析熊十力对翕辟关系的论述，就会发现，他认为翕仅仅是辟显现自身的资具，其存在意义不在于自身，而是为了显发辟。而且在早期熊十力不曾把物说为实有，亦是为了保证本体的单纯性，即本体是纯洁至善而无有杂染的。在他看来，翕辟是同据本体而起的不同势用。他反对将物说为实有，从而将物看作是翕之凝聚的迹象。他甚至还表示翕即是辟的意思。他说："翕的本身即是辟，不过为显发辟的力用之故，不得不有资具。所以，本体之动自然会有许许多多的收凝的势用，才收凝便有成形的倾

---

① 熊十力：《新唯识论》，《熊十力全集》第三卷，湖北教育出版社 2001 年版，第 100 页。
② 同上书，第 103 页。

向，即此谓之翕。"① 翕作为本体的发用，其本身仅仅是一个本体显发自身不可或缺的环节，它并不能如辟那样因性质和本体相同而被肯定。因性质和本体相反，它甚至不能被称为真正的用。因此，从本体的角度来审视翕，从某种意义可以说它并不具有真实性，"凝者其幻象耳，其所以成乎此凝，而即以运于凝之中而为其主宰者，只是至健至神的力用而已"②。在此，熊十力所说的是翕为辟的一种权设的意思。翕是无有自体的，其自体即是辟，而之所以有此凝聚的势用，亦是由辟为主宰的。作为翕之迹象的物，更是虚幻不实。对于物质宇宙的否定，显现出在熊十力前期思想中依然存在着对物的轻视，这也是为什么他在前期论述"理"与"欲"关系时，始终对由"物"引发的"欲"不能予以积极肯定的原因之所在。虽然在后期熊十力从本体的层面肯定了物质的真实性，但物质与心灵相较，其依然处于被动的地位。心物的一体，是心对物的统御的一体，而非平等并列的一体。"唯识"之论③，是熊十力前后期始终坚守的。

有的学者也注意到了熊十力宇宙论中存在的问题，如景海峰就指出：熊十力仅仅在俗谛意味上承认宇宙万物是真实不虚的，而在真谛意义上来看，宇宙万物又仅仅是幻象而已。但是他将这种矛盾归结于熊十力"脱胎换骨"的不彻底④，还未能看到熊十力此种做法背后更深层的用意。熊十力其实试图利用佛家的真俗二谛之义，来融合中西文化。在他看来，中国学术侧重于哲学，西方学术侧重于科学。而哲学和科学的区别，在于其研究对象的不同。哲学研究本体，科学研究的是具体的事物。熊十力提出的体用不二，可以整合哲学和科学于一体，即以中国学术为体来融合西方的科学。他对真俗二谛义的借取，一方面为科学的存在领域做解说，一方面也是为了融合中西学术而做的解释。

---

① 熊十力：《新唯识论》，《熊十力全集》第三卷，湖北教育出版社 2001 年版，第 256 页。
② 同上书，第 304 页。
③ 此处指熊十力对心物关系的主张，即心物一体，而心又是主宰物的。
④ 景海峰曾说："熊十力虽反对佛道二氏的耽空滞无，在相当程度上肯定现实世界的真实存在，但他过分强调生化对空寂的依赖性，对宗教的虚无主义表现出了一定的妥协。他承袭佛教的'二谛'义，有所谓'顺俗'、'证真'之分，常常在抉择处为宗教神学弥缝缺失，做一种生硬的调和，表现出了其'脱胎换骨'的不彻底性。"（景海峰：《熊十力哲学研究》，北京大学出版社 2010 年版，第 166 页。）

此外，熊十力将宇宙说成是翕辟两种势用的生灭不已，否定物质存在的真实性，是有所针对的。他反对将宇宙说成物质性的存在，这当然是为了凸显宇宙精神，避免物化。但是他又要肯定物质为科学提供立足之处，这样他的体用不二就难免有矛盾处。体是无待之体，显现为有待之用，有待之用在刹那生灭中显现出本体的刚健不息之性，但是有待之用却是有别于无待之体的。有待之用和本体的一体而又相异，而对相异一面的强调其实显现出用具有不真实性的一面。而用的不真实性，正是物质的不真实性的根据，这样，熊十力通过真俗二谛想要贯通哲学和科学的努力，便也陷入一种难堪的境地。科学在本体的意味上是不真实的，而这与熊十力试图肯定西方科学的价值，进而予以融合的初衷不能不说是相悖的。

二 乾元即仁体

对于熊十力宇宙论中的矛盾，如果我们从另一个角度来审视，它则表明了熊十力对辟的宇宙精神特殊性的彰显。作为宇宙精神的辟，是统御宇宙中的一切物的，然而辟要显现自己则要转翕从己，这是一个相当困难的过程，辟亦只有在与翕的对抗中，才能显现自己不物于物的势用，宇宙精神亦才得以显现。辟与翕的奋战过程，是生命突破险陷，转翕从己的过程，熊十力大体将此过程描述为"无机物—有机物—人"这样三个阶段。他说："生命以奋战故，始从无机物中，逐渐显发其力用。于是而能改造重浊之物质，以构成有机物，及从有机物渐次创进，至于人类，则其神经系特别发达。而生命乃凭之以益显其物物而不物于物之胜能。"[1] 此过程亦是辟由隐至显的过程，他这样描述道："当有机物如动物和人类尚未出现以前，这种势用，好似潜伏在万仞的深渊里，是隐而未现的，好像没有他了。乃到有机物发展的阶段，这种势用便盛显起来，才见他是主宰乎物的。"[2] 熊十力认为，辟与翕是同时而有的，然而，最初翕之浊重是明显的，辟之阳明是隐微的，只有到了有机物出现，尤其是人类的出现，辟的势用才盛显起来，这种不物于物的宇宙精神才益显其光辉。辟在与翕的抗

---

[1] 熊十力：《新唯识论》，《熊十力全集》第三卷，湖北教育出版社 2001 年版，第 350 页。
[2] 同上书，第 109 页。

争中,逐渐显发,逐渐盛大。在熊十力对此过程的描述中,无机物、有机物、人类均是显发宇宙精神的资具,而人类是目前显现宇宙精神的最好资具。无机物、有机物、人类的物质性存在即是翕的势用的体现,资具的日益完善则是辟不断转翕从己的结果,亦是辟显现自身日益光大的结果。对人类作为资具的首出地位的肯定,其实包含着深刻的人文精神,或者说在对宇宙精神的显发过程的描述中,其蕴含的是对人生意义的深情眷注。然而在熊十力这里,无机物、有机物、人类的存在意义并不是从其自身来贞定的,而是依据于宇宙精神,依据于本体。

熊十力将这种宇宙精神——"辟"——称为"生命",而且这依辟而名的"生命"一词,既可指称辟之势用,亦可指称无相之本体。他说:"严格言用,唯辟是用。辟具刚健、升进、虚寂、清净、灵明或生化不息及诸美德。此本体自性之显也。故于用而识体,即可于辟说为体。故生命一词,虽以名辟,亦即为本体之名。"① 由此可见,"生命""辟""本体"意味是相贯通的。辟亦由"生命"这一称谓,而贯通本体与大用,显现着熊十力体用不二的根本旨趣。而我们从熊十力对生命的解释中,更可以感受到由此称谓而将宇宙论和人生论、本体论相贯通的潜在意蕴。他说:"夫生命云者,恒创恒新之谓生,自本自根之谓命。二义互通,生即是命,命亦即是生故,故生命非一空泛的名词。吾人识得自家生命即是宇宙本体,故不得内吾身而外宇宙。"② 人类作为宇宙之一部分,作为大用流行中的一部分,亦是本体之显现,而熊十力将本体径直称为生命,透现出其立论的目的在于人生之安顿,在于对不物于物、刚健不息之宇宙精神的肯定。正是这不可破析而为各个万物得其全体的"宇宙大心"将万物贯通为一整体,将人之生命与宇宙之生命贯通为一,人之生命意义亦由此得以安顿。熊十力整体的宇宙观,所要凸显的是宇宙之大生命,而宇宙之大生命即是本体,即是万物一体之仁。他由此开始推演其天人不二之人生论。

熊十力于语体文本的《新唯识论》中以乾元指称辟,亦以乾元指称本体,而乾元的最后意义在于仁。他说:

---

① 熊十力:《新唯识论》,《熊十力全集》第三卷,湖北教育出版社 2001 年版,第 358 页。

② 同上书,第 357—358 页。

《易》于乾元言统天，亦此义也。乾元，阳也，即辟也。①

《易》以乾元为万物之本体，坤元仍是乾元，非坤别有元也。……元在人而名为仁，即是本心。②

夫《易》之乾元，即是仁体，万物所资识也。③

依据上述熊十力对乾元的称说，我们可以做出这样的推论：乾元是辟，亦是翕和辟两种势用之本体，此本体即仁体。由体用不二推演出来的宇宙论的最终秘密即在于此。在对宇宙万象是真是幻的追问中，熊十力体悟到体用不二的根本道理，由此对宇宙之真幻相依做了解释，而彰显大用流行中足以显现本体之性的势用——"辟"，即是对宇宙精神的张扬，而这终是为了人类生命之安顿。对此恒创恒新、自本自根之体的肯认，终是为困惑中的人类寻得一片生命的价值皋地——而这即是仁。熊十力学说的道德形而上学的性质遂由此得以彰显。

要之，熊十力的体用不二之论，其实包含了两个论证的环节：一是无待之体如何显现为有待之用；一是有待之用如何显现出无待之体的德性。体用不二所言说的就是有待之用和无待之体不一不异。熊十力早期在宇宙论中对物质世界的权设，显现出其更为重视的是有待之用显现出的无待之性。而无待之性，又非独立自在，超脱于物质世界之外的。这正显现出儒家不舍世间，而又积极进取的特性。无待之性，即是德性，即是仁。于此最终彰显出了熊十力本体论和宇宙论的中心命意。

第四节　与黑格尔"正反合"的比较

在此还要说明的一点是，熊十力宇宙论的一而二、二而三的论证逻辑和黑格尔的正、反、合很是相像。他们二人的观点有何异同呢？在熊十力这里，恒转是一，是正。翕是恒转之反，是二。翕是聚集成物的势用。但

---

① 熊十力：《新唯识论》，《熊十力全集》第三卷，湖北教育出版社 2001 年版，第 349 页。

② 同上书，第 398 页。

③ 同上书，第 400 页。

恒转不会只是收摄凝聚，还要突破局限，显现自己的本性。辟的势用与翕同时兴起，辟即是三。辟与翕相反，而终于转翕以从己，是合。熊十力对此"一、二、三"的论述似乎可以与黑格尔辩证哲学中的正、反、合一一对应。但是二者又有着不同之处。

首先，黑格尔借着正、反、合的节奏要把一个世界创造出来。从自然世界到精神世界，精神世界又从客观精神阶段发展到绝对精神阶段。通过这样的节奏不断运转，使得整个的物质世界和精神世界呈现出一个被产生出来的趋势。依着正、反、合的节奏，世界像滚雪球一样是越滚越大的。但是熊十力所讲的翕辟之变，其目的在于凸显辟之不物于物的创新精神。如果说黑格尔的宇宙论是要通过正反合来演绎宇宙之逐渐走向盛大的过程的话，熊十力的宇宙论则是要强调一种恒创恒新、不断打破现有状态的虚灵精神。正如我们上面所说，在熊十力的宇宙论中有个隐喻，他要由宇宙论讲到人生上去，他提倡一种虚灵的精神，这种精神要不断地打破停滞僵化的状态，创新不已。所以熊十力特别强调辟，即"合""三"，是宇宙的心，是和人类相通的大生命。

其次，熊十力讲正、反、合的目的不同于黑格尔。他说："当有机物如动物和人类尚未出现以前，这种势用，好似潜伏在万仞的深渊里，是隐而未显的，好像没有他了。乃到有机发展的阶段，这种势用便盛显起来，才见他是主宰乎物的。"① 从上面这段话中，我们可以看出熊十力关于宇宙精神的论说和黑格尔绝对精神理论很相像，都是从逻辑阶段讲起，然后是自然世界的出现，再是精神世界如何扬弃这个自然世界。但是，黑格尔关于绝对精神的学说，最后落在了泛逻辑的意义上，他以理性的秩序安排宇宙间的一切事物以显现理性链条的环环相扣。而熊十力关于宇宙精神的论说则落到了泛道德主义上，他赋予宇宙间的一切事物以道德精神。正如他所说："由心即是体，故能宰物而不随物转，所以消逝矛盾，而复其太和之本然。……孔子所谓仁，即太和是也。……西哲如黑格尔之徒，只识得矛盾的意义，而终无由窥此仁体。"② "于反动而识冲和"是熊十力与黑格

---

① 熊十力：《新唯识论》，《熊十力全集》第三卷，湖北教育出版社 2001 年版，第 109 页。
② 同上书，第 181—182 页。

尔最大的不同，冲和即是仁，而仁主要是从道德维度来厘定的。

再次，黑格尔的正反合的逻辑显示给人们的是一种玫瑰色的命运感，似乎依着绝对精神的发展，世界就会趋向越来越光明美好的未来。而熊十力正反合的推演，显现出来的却是一种为仁由己的责任感，未来境遇如何不是必然的，其取决于人们自己的努力程度和精神境界所达到的程度。

最后，黑格尔的绝对精神是具有民族偏见的，而熊十力所提倡的性体，则是不囿于任一民族的，是每一个人都具有的。正如他在《读经示要》中所说："绝对精神即是浑全之性。此唯证到天地万物一体者，乃识此精神耳。黑格尔言绝对精神，而犹有德国民族优越之私见，非真能识得绝对精神者也。希特勒辈之狂驰，亦误受其影响也。"[1] 民族的观念在中国人这里，原不是一个种族的概念，其所突现的乃是文化的分野。夏夷之别，在于是否崇尚礼义，而且夏夷是可以互相转换的。如果夷人崇尚礼义，则变化为夏。如果夏人背弃礼义，亦变化为夷。熊十力在解释《春秋》时便提到此点："原夫《春秋》之言民族，不以种类为分别，而实以文野为分别。今世以同种类者，为同一民族。其不同种类者，即为异族。此实最狭陋之观念。而与《春秋》之所以分别民族者，其意义绝无相似处也。"[2] 在他看来，性体或者说绝对精神，是本体在人身上的显现，天地万物本是一体，更何须在人类这里以种族相区别。

---

① 熊十力：《读经示要》，《熊十力全集》第三卷，湖北教育出版社 2001 年版，第 1069—1070 页。
② 同上书，第 1068 页。

第三章 "天人不二"的人生论

第一节 "返本以体仁"

体用不二是熊十力思想的根荄所在。从宇宙论方面来看,体用不二阐释了现实世界虽幻灭不住而也是本体之流行,从而说明了幻与真是一体的。从人生论方面来看,人同万物一样是本体呈现的大用流行的一部分,人之"本心"即是本体,因此护持本心不为私欲所夺,即是与天合一,亦即所谓天人不二。

一如万物都是翕辟成变的势用流行,人作为宇宙中的存在,亦复如此。人作为宇宙中之一物,他也是具有本体之全的。人所具之大全本体,熊十力称之为"本心"。他于《新唯识论》中倡导,本体即是本心。他认为本体不是离人而独在的。正如每一沤都直接显现着大海水的全体之性,每一个人也都蕴含着整全的本体之性。万物的本源即是人之本性。正如其宇宙论中所说,本体不是超然存在于宇宙万物之上的,万物即是本体的发用,是本体的呈现。熊十力曾说:"本心即是性,但随义异名耳。以其主乎身,曰心;以其为吾人所以生之理,曰性;以其为万有之大原,曰天。故'尽心则知性知天',以三名所表,实是一事,但取义不一而名有三耳。"① 在他看来,"心""性""天"虽因取义之侧重点不同而有三名,其实三名所指称的是一,即本体。"心"与"性"的称谓取义侧重于本体在人类身上的显现,"天"称说的则是人之本心与万物之本原其实是一。

---

① 熊十力:《新唯识论》,《熊十力全集》第三卷,湖北教育出版社 2001 年版,第 19 页。

"心""性""天"异名而一体，道出了天人不二的最终理据。人是宇宙中的存在，人同万物一样都具有整全的宇宙精神，人是与宇宙大生命相通的。熊十力以仁称本心，显现出其人生论的儒家底色。他说："元在人而名为仁，即是本心。"① "仁者本心也，即吾人与天地万物所同具之本体也。"② 在熊十力看来，仁是天地万物与人共具的本体。他在宇宙论中倡导的"体用不二"，于人生论中呈现为仁心贯通其中的"天人不二"。人生的意义也因此可以确立为仁体（即本心）的充量显发。

恒转之动是辟，是心，而恒转才是本体。所以这里就存在着一个问题，本心是恒转之动，如何可说本心即为本体呢？熊十力的回答是这样的："言心即本体者，即用而显其体也。夫曰恒转之动而辟者，此动即是举体成用，非体在用外也。离用不可觅体，故乃即用而识体。"③ 熊十力是在即用即体的意味上称本心为本体的。本心恒主于内，有宰物之功，此是用。离用不可得体，因此吾人与宇宙万有之本体只可从本心而识，不可徒向外索。熊十力晚年，不再以仁称体，认为仁是用。这是与早期熊十力以本心说体不相矛盾的。因为熊十力以本心称说本体，依然延续着宇宙论中的体用不二的逻辑，他这里强调的是即用显体（熊十力前后期关于本体论的认识是有所不同的，这是另一个问题，后文将予以详述）。本心即是人所具之辟或者说宇宙精神。本心内在于每一个体的人，本心即是大全之本体，所以追求生命之真是不待外求的。唯一的途径即是返己自识。

熊十力还以心、意、识三名来发明本心，意在从不同的侧面显示本心的特性。他指出："本心是绝待的全体。然依其发现有差别义故，不得不多为之名。一名为心。心者主宰义……不物化故，谓之恒如其性。以恒如其性故，对物而名主宰。二曰意。意者有定向义。……定向云何？谓恒顺其生生不息之本性以发展，而不肯物化者是也。故此有定向者，即生命也，即独体也。依此而立自我，虽万变而贞于一，有主宰之谓也。三曰

① 熊十力：《新唯识论》，《熊十力全集》第三卷，湖北教育出版社 2001 年版，第 398 页。
② 同上书，第 397 页。
③ 同上书，第 377 页。

识。夫心、意二名，皆即体而目之。复言识者，则言乎体之发用也。渊寂之体，感而遂通，资乎官能以了境者，是名感识。动而愈出，不倚官能，独起筹度者，是名意识，眼所不见，耳所不闻，乃至身所不触，而意识得独起思维筹度。"① 熊十力在此指出心、意是体，识是用。心侧重于本心，是万物之本体而言。意侧重于本心，为人之生命之本体而言。识则侧重于本心之发用而言。与本心之体用相对应的分别是德性的修养和对外物的"感识"及依过去之经验而现起的"意识"。德性修养是体，"感识"和"意识"是用。从这里可以看出他试图以道德修养统御人生的努力。熊十力以本心和习心之辨来阐明德性的修养应如何成就，又以性智和量智之辨来阐明其所主张的认识论，而这两者都是人生论中的重要内容。正如他所说："伟哉人生，功莫大于裁成天地，道莫大于辅相万物。裁成天地，惟赖知识技能；辅相万物，要重道德智慧。"② 熊十力在《新唯识论》的序言中也曾写道："原本拟为二部：曰《境论》，曰《量论》。（《量论》，相当俗云知识论或认识论。……）只成《境论》一部分，《量论》犹未及作。"③ 熊十力虽终生而未能作出《量论》，但其关于认识论的言说在其著述中却屡屡出现。然而在他看来，没有本心的明睿，就没有知识可言。知识是源自本心之明对外物的感应和认知。知识终究是要统御于道德之下的。因此，他强调："悟道，即知识亦不离道。不悟道，则知识只是知识。"④ 熊十力最终还是认为，对无待之本体——道的体认是需要关闭知见之门，而求诸反已默识的。在实现对道的体认之后，知识才是道体之流行，否则知识只是凌乱的知识而已。于此可见，熊十力的人生论的核心仍在于返本以体仁。

一 "本心"与"习心"

熊十力依据佛家的法性心、依他心和道家的道心、人心之分，于人生

---

① 熊十力：《新唯识论》，《熊十力全集》第三卷，湖北教育出版社 2001 年版，第 429—431 页。
② 熊十力：《乾坤衍》，上海书店出版社 2008 年版，第 87 页。
③ 熊十力：《新唯识论》，《熊十力全集》第三卷，湖北教育出版社 2001 年版，第 6 页。
④ 熊十力：《明心篇》，《熊十力全集》第七卷，湖北教育出版社 2001 年版，第 245 页。

论中提出了本心和习心两个相对的概念，以说明人生的意义在于充分显现自足之本体：

> 本心无对，先形气而自存。先者，谓其超越乎形气也，非时间义。自存者，非依他而存故，本绝待故。是其至无而妙有也，则常遍现为一切物，而遂凭物以显。由本无形相，说为至无。其成用也，即遍现为一切物，而遂凭之以显，是谓至无妙有。夐然无待，体物而不物于物者也。①

> 习心者，原于形气之灵。由本心之发用，不能不凭官能以显，而官能即得假借之，以成为官能之灵明，故云形气之灵，非谓形气为本原，而灵明是其发现也。②

熊十力指出，本心即是无待而自足的本体。它超越形气，御物而能不为物役。它恒如其性，是至真之理体。无形无相的本心要依凭官能以显现自己，本心发用而为官能假借，于是形成了形气之灵。形气之灵发而成习，此习与形气之灵合一，追逐物境，是为后起之习心。习心追逐物境，与物相待相需，是为有对。本心和习心，一如佛家之法性心、依他心以及道家的道心、人心，二者不是同一层级的并列关系。法性心、道心、本心都是指本体。依他心、人心、习心都是指后起之妄心。而依据体用不二的逻辑，习心应该是本心的发用。然而从熊十力的有关论述中，却看不到他如此称说二者的关系。相反，熊十力在说明识是本心之用时，特别强调："此中识字意义，与佛教中所谈识，绝不相同。彼所云识，实吾所谓习也。此则以本体之发用说为识。"③ 由此可见，他明确表示不能将习心说为本心之发用。体用不二的逻辑，不适用于本心与习心。这里显现出其思想体系中存在着逻辑的裂隙。

在熊十力看来要，本心作为绝待的本体，是至无而妙有的。它要显

---

① 熊十力：《新唯识论》，《熊十力全集》第三卷，湖北教育出版社 2001 年版，第 20—21 页。
② 同上书，第 20 页。
③ 同上书，第 430 页。

现自己就需有所凭借。"根"是其显发的资具。"根"本是佛教用语。佛家自小乘以来，都认为人具有五根，即眼根、耳根、鼻根、舌根、身根。五根又名根身。佛家所说之五根，不可理解为肉眼、肉鼻乃至肉身。根不是物质性的器官，它具有自己微妙的相用。佛家说为清净色①。熊十力对根做出了自己的解释："此本非心，亦复非物，却是介乎心和物之间的一种东西。如果把他作宽泛的解释，就说为生活机能，自无不可。但不如说他是生命力之健进所构成的一种机括。古者弓箭有机括，以司发动者也。今所谓根者，乃生命力所自构之资具，而藉之以发现自力。故根可以机括喻之。也可说生命力健进，隐然具有目的。因为欲达其目的，遂形成了这种机括。"②

由此看来，根其实是指感官得以感知外物的那种机体作用，它非是纯物质性的，也不是纯精神性的，但终究是属于形气一类的，正如熊十力所说："盖根非可离肉体而存在，只是肉体中最精粹的一种生活机能而已。根虽不同于具有拘碍性的物质，然究属形物。"③ 熊十力将根纳入自己的理论体系，将其视作生命力（即本心）显发的资具。他认为，无机物生命力之所以不得显发，即是由于它们尚未形成根以作为资具。

犹如宇宙论中本体显现自身必须翕以成物，而物成则自有权能，不顺本体之性，根亦如是。根常假借本心力用，形成自己的形气之灵。熊十力强调，人们通常认为见闻觉知等作用即是心，其实这些作用不即是本心，只是根门假借本心的力用而形成的一种灵明。此种灵明追逐物境，与本心不必相同。他说："但克就根言，则根自有其权能。而心之力用之发乎根也，根即假之，以自成其灵明。这种灵明，恒与其无待之本然，不必相似，而每习于物化。"④ 他强调"不必"二字，以说明"根之灵明"不是与本心之德性定然不同而是极易不同而已。于此处，熊十力为净习的形成留

---

① 熊十力对"清净色"的解释如下："清净者，显其相用微妙，故云清净。云何微妙？微者精微，非目所见故。妙者神妙，其力用不可测故。"（熊十力：《新唯识论》，《熊十力全集》第三卷，湖北教育出版社 2001 年版，第 386 页。）

② 熊十力：《新唯识论》，《熊十力全集》第三卷，湖北教育出版社 2001 年版，第 386 页。

③ 同上书，第 427 页。

④ 同上书，第 387—388 页。

下了余地。根门这种惯习于物化的势力，熊十力称之为"习气"。他说："习者，犹云常常如此为之，谓其惯习于物化而不知反也。由此，遂有习气等流。言等流者，根之灵明，现起趣境，以习于物化时，即此刹那顷，便造成了一种惯性。此云惯性，并不是泛泛的说法，而是谓此刹那顷之习便成功一种势力叫做习气。"① 他指出，此种习气，亦是前生后灭，刹那不已的。而且它随逐根身，常常乘机现起。他还指出："习心，则习气之现起者也。其潜伏而不现起时，但名习气。"② 熊十力认为习气是一种类似于潜意识的潜在性心理性势用，当其显现发挥自身势用时，即名为习心。习气现起而成为习心。他所称说的习心，如无特殊说明往往指的就是染习的现起。他曾说："染习千条万绪，潜伏深渊。乘机而现起者，则与根之灵明，叶合为一，是称心所，亦得泛言习心。故习心者，形物之流类，显非本有。此不可不知也。"③ 另外他还强调，染习依靠根之灵明而现起，与根明一类，恒逐境物，妄分内外，于是本心之力用不得显现。但根明毕竟是假借心之力用而现起的，所以根明虽可以不似本心，但毕竟不改其性。熊十力认为："所谓根明者，从根之一方面而言，是根假于心之力用，而自成其明。但如从心之一方面而言，却是心之力用发现于根门。此心之力用行乎根门，虽缘根之假藉以成其明，驯至物化，但此心之力用，毕竟不缘根之假以成明，而改其性。譬如明镜，为客尘所锢，而镜本性及所谓鉴照者，终不随客尘迁改。"④ 这样，他便从根本性质上肯定了习心，习心和本心亦由此可见不是截然对立、不可贯通的。于是熊十力强调应该如同佛家守护根门那样，必须恒持正智、正念，即于本心力用现发时常常留意，敬以持之，防止根门假借而成逐物之明。这样，我们常常保任本心，使其恒主宰于内，则根也只是本心显发的资具而已，不得障蔽本心而逐物。顺人之本心而起的修为，熊十力称之为净习。人之本性运行于净习之中。待修为纯熟后，净习便浑化与性为一。

---

① 熊十力：《新唯识论》，《熊十力全集》第三卷，湖北教育出版社 2001 年版，第 388 页。

② 同上书，第 374 页。

③ 同上书，第 427—428 页。

④ 同上书，第 389 页。

为了更为准确地说明本心和习心的关系，在此我们有必要辨析几个重要的概念：习心、习气、染习、净习。

熊十力认为："凡人意念乍动之微，与发动身语或事为之著者，通名造作，亦名为业。一切造作，不唐捐故，必皆有余势续起而成为潜存的势力，是名习气。"① 他强调习气主要是指人之作业会有等流不绝的势力存留下去，以作为"奔赴茫茫不测之当来"② 之资具。依照佛家的观点，业可分为三种——意业、语业和身业。后两种，均是由意业发展而来，意业转强，表现为口语，即是语业；显发为身体上的动作即是身业。可见意业是其根本。熊十力认为人类造作时，恒有隐微的欲念，即为储留过去的一切作业以为将来所用。他说："这千条万绪的习气，所以各各等流不绝者，就因为人生有储留过去一切作业，以利将来之欲。这个欲虽不显著，而确是凡有情识的生类所同有的。"③ 由此他指出，后起之习恒是有为的。如上文所述，习气现起，是为习心。可见习心和习气并无根本不同，只是所处的状态不同而已。习气处于潜伏的状态，习心则是习气的显发。

熊十力又指出："吾人本来的生命。必藉好的习气，为其显发之资具，如儒者所谓操存涵养，或居敬思诚种种工夫，皆是净习。生命之显发，必由乎是。然亦以有坏的习气，遂至侵蚀生命，且直取而代之。（谓染习为主，是直取生命而代之也。）不幸人生恒与坏习为缘，当陷入可悲之境。"④ 在他看来，净习是随顺本体之性的余势，染习则是随顺形躯之私的余势。他分辨道："染净之分，其几甚微，而其流则相差极远。染习之所以成乎染者，唯当其作业时，稍循形骸之私便与本来的生命相违碍，此等作业之余势潜存，恒有使吾人生活日究乎污下的倾向，此染习之所以迥异乎净也。"⑤ 在熊十力看来，染习和净习之分其实存乎于一念之间，但其作用却迥然不同。他指出，染习使我们的人生拘囿于形体，使我们的生活日益污下。净习则使我们本来的生命得以显现，即本心恒赖净习为资具才得以显

① 熊十力：《新唯识论》，《熊十力全集》第三卷，湖北教育出版社 2001 年版，第 258 页。
② 同上。
③ 同上。
④ 同上书，第 259 页。
⑤ 同上书，第 263 页。

发。然而我们往往陷入形骸之私，从而遮蔽了本有的生命。因此他强调，慎其所习至关重要。

熊十力对其人生论的阐述，依然延续了宇宙论中的思路。一如本体是要通过翕来作为自己显现的资具，本心亦是如此，它需要根的形气之灵为自己做显发的资具。比宇宙论复杂些的是，根仅仅是犹如机括那样的引发资具，更为具体的资具则是习气。习气有染净之分，而净习与染习的分别恰如辟与翕的分别。净习犹如辟，是本心的直接显发，它是不物于物的。染习则是受动于形骸之私的，是有物化倾向的。本心的显发最终还是要依靠净习的作用，去冲破染习的束缚。净习和染习是相对立的，净习多一分，染习即被克除一分。反之亦然，染习多一分，净习即少一分。二者的此消彼长，意味着净习是要通过冲破染习来显现自己的。而天人不二的深层意蕴亦在于此——强调净习的那份主动性和突破性，换句话说即是为仁由己。值得注意的是，熊十力在多数情况下，其习气的含义都是偏指染习的。这从对习心的定义就可以看出来。这除了是对东方哲学神思——东方哲学是以去除染习为旨归的——的延续外，更多的是要阐明儒家的染习终是后起，本心唯善。与此同时熊十力又时时强调，染习与本心性质不异，只是一种变态而已。因此，染习亦是可以引发本心的。他说："夫染虽障本，而亦是引发本来之因。由有染故，觉不自在。不自在故，希欲改造，遂有净习创生。由净力故，得以引发本来而克成性。性虽固有，若障蔽不显即不成乎性矣。故人能自创净力以复性者，即此固有之性无异自人新成之也。"[①] 这似乎对应着翕终是要随辟而转，归于太和的。逻辑上的对应，可以说明熊十力的致思线索是一贯相承的。更为重要的是，逻辑背后所要强调的是人应该时刻保持主动性和创新性，不为物化，与宇宙的大生命同一。

在此要指出的是：本心和习心的关系，熊十力往往以太空和浮云的关系来说明。他说："习心非本心，而依本心之作用故有，譬如浮云非太空，要依太空故有。"[②] 然而浮云和太空的这种相依而有的关系却是不同于体用

---

① 熊十力：《新唯识论》，《熊十力全集》第三卷，湖北教育出版社 2001 年版，第 465—466 页。

② 同上书，第 375 页。

不二的，熊十力认为习心是依本心而有，并指出它是根假借本心之明而逐物不返所形成的一种物化的势用，毕竟不同于本心。而且熊十力一方面说识是本心之用，而又强调识不是习心；另一方面又说净习是本心势用显发的资具，这显然是自相矛盾的。此外，后期熊十力在谈知识何以可能时，对习气予以相当的肯定，认为习气即是记忆，从而强调记忆对于知识的形成是必不可少的。熊十力在《明心篇》中指出："凡过去的一切经验都是习染，一切习染的余势都潜伏在习藏中成为种子，其从习藏中出现则为记忆。思维作用起时，若没有记忆，即无所据以作推论，亦无所凭以起想像等。推论固须有已往经验为据，想像亦不是凭空幻想，必有过去经验为凭依。故记忆的活动在思维活动中实居重要地位。"[1] 这种对习心的态度的变化，亦是一种矛盾。当出于人生论的考虑，他指出习心是恶，并要予以否弃。然而在认识论中，习气又有其不可或缺的意义，他又不得不予以肯定。体用不二的逻辑在此不得彰显，指示着熊十力学说体系存在着某种乖张不妥之处。而这种不协调在其治化论中则更为显明。

熊十力对本心与习心关系的说明，最终是为了将儒家学脉中的心性修养之学予以突出，阐明人生的根本意义在于对仁体的充分显发。在儒家看来，人生悲剧的根源在于将习海认作自己的生命，从而障蔽了本性，使之不得显现。熊十力说："孔门的克己，印度佛家的断惑或破执，都是去坏习。东方哲学的精神，只在教人去坏习。坏习去，然后真性显。"[2] 他指出，儒学与佛学等东方哲学一样，都是要去除染习，以显现本真之性，即彰显内在于我们的不物于物之宇宙精神。在东方的哲学中，熏习亦是修为的重要一环。好的熏习可以使人向上，坏的熏习则使人堕落。因此熊十力也非常重视熏习在修为中的作用。但不同于佛家于众生分上不得说有"自性涅槃与自性菩提"[3]，纯粹依靠后天善习的熏染来改善自性的观点，他指出："仁体，即冲寂明觉之自性也。自性本无可增减，故学者无限功修，只是不违之功所施。否则茫然无主于中，从何说不违？闻熏，吾亦不谓其

---

① 熊十力：《明心篇》，《体用论》，上海书店出版社 2009 年版，第 173 页。
② 熊十力：《新唯识论》，《熊十力全集》第三卷，湖北教育出版社 2001 年版，第 259 页。
③ 同上书，第 426 页。

可废，要知闻熏但为不违仁的工夫作一种参验而已。"[1] 在此我们可以看出熊十力的修养论是以发显本心为根据的，即人人均有成圣的本心，只要充分显发本心，人生的修为即可完成。净习亦是自性的显现，不待外铄。这显然不同于佛家"专恃后起与外铄之闻熏"[2] 以显发净习的无本之学。净习毕竟是本体显发的资具，所以熏习作为工夫之一方面终是离不开对本体的亲证的。

二 "即工夫即本体"

依熊十力的看法，工夫修养的首要条件即在于认清真正的本心，而勿将习心当作本心。本心超越形气，是万物之所以生之理，所以又称作"天"。他说："天者，非如宗教家所谓造物主，乃即人物之所以生之理而言也。易言之，即一切物的本体，说名为天。"[3] 而习气、习心是本心显发的资具，是后起而有为的造作余势，亦是人储留作业之余势以应付将来之生活的资具，所以熊十力将其称作"人"。他指出："人者，谓众生自无始有生以来，凡所自成其能而储留之，以自造而成其为一己之生命者，于此言之，则谓之人耳。"[4] 熊十力认为，天人之辨是工夫论的首要内容，切不可误将后起之坏习认作天性之本然，从而丧失复性之可能。

熊十力在《新唯识论·功能章》中对功能和习气做了分辨。功能是本体的显现和发用，由"即用即体"，可知功能即本体，因此功能和习气的不同，可以看作是本心和习心的不同。功能和习气的不同有三："一曰，功能即活力，习气但为资具。……二曰，功能唯无漏，习气亦有漏。……三曰，功能不断，习气可断。"[5] 由此我们可以归纳出，熊十力认为本心和习心的不同之处大致有如下三点：

首先，本心即本体，是超越于时空的，我们不可以猜测其什么时候开始，什么时候结束。它是无始无终的。习气（无论是净习还是染习），均

---

① 熊十力：《新唯识论》，《熊十力全集》第三卷，湖北教育出版社 2001 年版，第 426 页。
② 同上。
③ 同上书，第 259 页。
④ 同上。
⑤ 同上书，第 260—270 页。

是始于形生神发的,都只是生命显发的资具而已。习气无论染净,皆有左右将来生活的倾向,只不过净习恒有使人生命向上的倾向,染习恒有使人生活污下的倾向。人生的通患在于常常把生命的资具(习气)当作了本来的生命。不仅染习如此,净习亦然。净习毕竟是后起人为的惯习,如果将之视为生命,也是以人力妨碍了生命之本然天机。所以儒家先哲在克制染习后,还要将净习归于浑化,以达本体完全呈露之境地。

其次,本心是纯净无染的,而习心是有染、净分别的。染习,随顺躯壳起念,一心为此身打算,妄计内外分别。净习,随顺天性本然之善,不役于形骸之私,不以己身与万物相对。

最后,本心无始无终,永无断绝。染习、净习则彼消此长,不可并茂。而染习终究是可以断绝的,净习则只会近于断绝。

本心和习心的差别是明显的,熊十力对它们所做的区分除了避免将习与性混同外,还特别说明不要贵性而贱习。性是真实的存在,习却是依性而幻现的幻象。但习依性而起,现起势用,不可轻视。而且如果能够反身而诚,即使是染习也能够引发本心势用,使我们亲证本心。可见习心与本心并不是截然对立的,习心亦是可以克除杂染以随顺本心的。所以,本心是天然本善的,习心亦是可以通过我们的觉悟而显发本心的,而人生的价值和意义就在于自己的坚守本心。熊十力强调:"坠退固不由人,战胜还凭自己。人生价值,如是如是。"[1] 他还说:"孔子曰:'道不远人。人之为道而远人,不可以为道。'此是儒家法印,不可易也。"[2] 在他看来,本心是内在于己的,道亦不是外在于人的。这些都向我们昭示着熊十力的本心说是继承了儒家为仁由己的传统的。我们自己具有的本心即是天命,即是万有之真源,即是道。人生的价值就在于对此本心的保任和推扩不已。人生的功过需自己承担,是不可以任何借口予以推诿的。

熊十力曾说:"本来性净为天,后起净习为人。故曰人不天不因,天不人不成。故吾人必以精进力创起净习,以随顺乎固有之性,而引令显

---

① 熊十力:《新唯识论》,《熊十力全集》第三卷,湖北教育出版社 2001 年版,第 273 页。
② 同上书,第 405 页。

发。"① 从上面的话语中我们可以看到，熊十力在论说"天人不二"之时，寄予人以更大的主动性。"人不天不因"是说天性是内在于每个人的，此为人生的修为奠定了基础。天性是人之所以为人的根本所在，本心即天性，所以人生的修为始于对本心至善地位的肯定。此种肯定其实即已暗含着对人之后天努力的期冀。人人皆具有至善之本性，只要充分使其显发，即可完善自己的生命，无待他求。"天"毕竟无法不借助人力而自显，所以使道宏大的责任必须由人来承担。所谓"天不人不成"，乃更多地表达了对人后天修习在"复性"过程中的无可替代作用的看重。

在熊十力看来，本心为"天"、为"性"，净习为"人"、为"修"。本心显发要靠净习现起，消除染习的障蔽。所以天人本不二，性修亦为一，即工夫即本体。他说："善夫阳明学派之言曰：'即工夫即本体。'一言而抉天人之蕴。"② 在此，熊十力所说的工夫即指的是本体的发用，即是净习。所以他也说："净习现起，为善性心所，此即工夫，亦即于此识自性。"③ 他认为工夫即是本体的显发，而不是离本体之外另有别的工夫。此外，他还强调："无工夫而言本体，只是想象卜度而已，非可实证本体也。唯真切下过工夫者，方实证得本体即自本心，无待外索。无工夫，则于此终不自见，不自承当，唯以一向逐物的知见去猜测本体，是直以本体为外在的物事，如何得实证。"④ 熊十力盛赞王阳明的"知行合一"论"实已抉发中国学问之骨髓"⑤，乃至认为"知行合一之论，虽张于阳明，乃若其义，则千圣相传，皆此旨也"⑥。事实上，王阳明之"知"非认识论之知，而是与孟子之"良知"意味相通的道德本体（本心、性、天）向度上的良善之知。其"知行合一"说明的是"良知"只有在道德践履中才会日益显发，离开践履没有别的途径可以显发"良知"。熊十力深谙阳明之道，其"即工夫即本体"之论说的就是"仁体"与"工夫"的合一。保任本心不

---

① 熊十力：《新唯识论》，《熊十力全集》第三卷，湖北教育出版社 2001 年版，第 465 页。

② 同上书，第 395 页。

③ 同上书，第 462 页。

④ 同上书，第 397 页。

⑤ 熊十力：《十力语要》，《熊十力全集》第四卷，湖北教育出版社 2001 年版，第 112 页。

⑥ 同上书，第 29 页。

为形躯之欲所蒙蔽即是净习，即是工夫。恒久于此用工，即是于践履中不断体验本心发用，从而返己自识本心。他指出："知善知恶、知是知非之知为良知。无论如何陷溺的人，他虽良知障蔽已久，然他若对人说一句欺心的话，他底本心总知道他是欺了人，此一个知，便是知是非、知善恶之知，便是他的良知，这是根本的，自明的，不待推求的，非由外铄的。他是本来明明朗朗的，不能瞒昧的。人底生命就是这一点，除却这个还有什么叫做生命？只是一块死物质而已。"[①] 在他看来，良知即是仁体，是人之所以为人之理，即是我们每一个人的生命本体。良知是生而即有不待外求的。然而此良知却常常为私欲所障蔽而不得显现。所以，他又强调："良知在人，不患他不自识，而人之患只是分明自识，却不肯致其良知。先儒云，人有知道事父当孝却不孝。此何故？缘他知孝的良知被私欲起来作障，他不能用力将他底良知推致出来，所以顺从私欲而陷于不孝。《大学》说个知就是良知，此是人人本有而且自识的东西，但是工夫吃紧在一'致'字。"[②] 熊十力在此强调"致"的重要性，良知显现重在"致"，识而不"致"，终是不识，终是顺从私欲，而未致良知。他于此处指出，致即是行，致即是知。他认为："这个要用力去致才识得。不致便无法识得。故致字即是工夫。才知道要廉洁，即将这一知推致出来，不为私欲所阻碍，便是即知即行，便谓之致。"[③] "工夫做到一分，即是仁体呈露一分。工夫做到十分，即是仁体呈露十分。"[④] 在熊十力看来，本体的显露，不是仅仅靠认知就可以实现的，它需要一种担当意识、载道意识，更需要将良知推致出来，即需要在践履中去实现。

熊十力还指出，具体而言，工夫在人伦日用中不外恭、敬、忠。他说："凡是人，于日用间总不外居处、执事、与人这些生活情况。居处时便恭，执事时便敬，与人时便忠。此本体即工夫。学者求仁，居处而恭，仁就在居处。执事而敬，仁就在执事。与人而忠，仁就在与人。此工夫即

---

① 熊十力：《十力语要》，《熊十力全集》第四卷，湖北教育出版社2001年版，第118—119页。

② 同上书，第119页。

③ 同上。

④ 熊十力：《新唯识论》，《熊十力全集》第三卷，湖北教育出版社2001年版，第402页。

本体。仁体与恭、敬、忠，分析不开。"① 他认为，恭、敬、忠即是本体在
人伦日用中的发用，而绝不是外在的束缚和规约。恭、敬、忠是本心自然
之则，不顺从此，心便不得安宁，必顺此乃安。切不可以为本心是恭、
敬、忠之外独存的本体，即工夫即本体，仁体即在恭、敬、忠的显发处。
在此需要指出的是，熊十力倡导恭、敬、忠，已经注意到这些词语在历史
的进程中沾染了过多的污渍。比如忠，就常常让人想起迂腐的忠君思想，
和类似于奴隶身份的隶属地位。对恭、敬、忠的强调需要给予符合时代进
程的新的诠释。熊十力在《读经示要》中说明忠、信与诚同义时就曾指
出："虽忠信分言，而详其义界，则信者，以其所执守者真实而坚固言。
忠者，以其公以体物，立事不偷言。（体物者，如在国则视国事为己事，
在天下则视天下事为己事，是通万物为一体也。汉以后儒者言忠只谓忠
君，于是夷狄与盗贼为君者，皆忠事之。甚违古义。）合言之，则一诚而
已矣。（信之为执守真实，忠之为公以体物，皆诚也。）故曰德体是一。"②
他明确反对忠君思想，并且我们可以看出他所说之忠、信等皆是从性体上
而言，是信守和忠于自己真实不虚的良知。这样，恭、敬、忠等便都是性
体的发用，都是发自内在的良知，而不是忠、信于外在于己的威权，从而
扫除了忠君等糟粕之见。

第二节 "性智"与"量智"

熊十力亦是从"致良知"的意味上去说明孔门之学乃为求仁之学。他
说："儒家则远自孔子已揭求仁之旨。仁者本心也，即吾人与天地万物所
同具之本体也。至孟子提出四端，只就本心发用处而分说之耳。实则四端
统是一个仁体。"③ 在他看来，儒家之学的旨趣即在于"求仁"。熊十力还
进一步以"觉"来说求仁之学的"学"，如他说："学者觉义，于觉而识仁

① 熊十力：《新唯识论》，《熊十力全集》第三卷，湖北教育出版社 2001 年版，第 403 页。
② 熊十力：《读经示要》，《熊十力全集》第三卷，湖北教育出版社 2001 年版，第 588 页。
③ 同上书，第 397 页。

体焉。学之究竟在是也。不仁谓之麻木。麻木者,不觉也。不觉即仁体梏亡。"① "觉"意味着心灵有所省察、触动,是对一种价值归趣的认可。我们从《论语》的记载中可以知道,孔子对仁很少有直接的辨析,而更多的是予以提问者有针对性的指点。这亦是为了引发提问者生命的共感,以有切己的生命体悟和省觉。熊十力认为,这种治学之初便必须的灵明,即是本心的显发,即是本心。他曾说:"《论语》首提出一学字,学者觉义,觉即心之本体。"② 熊十力还以心、意、识三名来指称本心,并特别指明了本心之发用为识,即感识和意识。这样,熊十力以体用不二的逻辑,将求仁之学和认知之学统一在了一起:本心即觉,即仁;本心发用即识。这样,他就将西方的认识论统御于求仁之学的体系之内了。于此,我们既可以体味到熊十力秉承儒学传统对儒家义理的深入开掘的努力,同时我们亦可以由此看到他试图将仁心与西方的认识论相贯通的意图。

熊十力的本心和习心如果从认识论的角度来审视,则本心亦名"性智",习心亦名"量智":

性智者,即是真的自己底觉悟。此中真的自己一词,即谓本体。在宇宙论中,赅万有而言其本原,则云本体。即此本体,以其为吾人所以生之理而言,则亦名真的自己。即此真己,在《量论》中说名觉悟,即所谓性智。③

量智,是思量和推度,或明辨事物之理则,及于所行所历,简择得失等等的作用故,故说名量智,亦名理智。此智,元是性智的发用,而卒别于性智者,因为性智作用,依官能而发现,即官能得假之以自用。④

熊十力认为性智即是本心,即是本体。性智是熊十力从认识论的角度

---

①　熊十力:《读经示要》,《熊十力全集》第三卷,湖北教育出版社 2001 年版,第 399—400 页。
②　熊十力:《新唯识论》,《熊十力全集》第三卷,湖北教育出版社 2001 年版,第 544 页。
③　同上书,第 15 页。
④　同上书,第 16 页。

对本体的称说，当然，其所说的认识论并不完全等同于西方哲学中的认识论。在他看来，性智即是对真的自己的觉悟，而觉悟亦即是真的自己，除觉悟之外，无有真的自己。性智虽要依靠官能来予以显现，但它也是恒自离系的，因此，性智是"一切智智"，是一切智中的最上智，亦是一切智之根源。熊十力认为，性智备众理而圆满无缺，是一切知识形成的根源。熊十力在此要说明的是，性智才是通达本体的"认识方法"。

熊十力探求本体的方法不同于西方哲学家的理性分析，他注重的是体证。这和其哲学思考的出发点有关，他的哲学思考是为了安顿人的生命和心灵的。在熊十力看来，作为宇宙之真源的本体，是内在于我们生命的，或者说本体即是我们的真实生命。本体是无待的，是无有分别对立的，不同于现象界的有无相形、上下相倾。因此对本体的识知是无法依靠理性的分辨来达到的，对它的认识要靠体证。他强调："本体不是外在的物事，更不是思维中的概念，或意念中追求的虚幻境界。唯反己深切体认，更自识本来面目。"① 在熊十力看来，本体不是可以被思考的概念，亦不是可以被追求的意念中的境界，而是需要反己体认的。这体现出中国传统的形而上学的特点，本体是无待的，是不可以作概念分析的，所以不可以思考，唯有能所合一，才能亲切体证，如人饮水冷暖自知。他指出："一切物的本体，非是离自心外在境界，及非知识所行境界，唯是反求实证相应故。"② 而实证也没有什么神秘的，实证"就是这个本心的自知自识。换句话说，就是他本心自己知道自己"③。而"自知自识"即意味着无有能所的分别，无有内外的差别，亦无有一切分别相，因此而入无待之境，此境昭明而自识，是谓照体独立。此种境界，即是实证。性智于此境界中显现。正因为实证是自知自识、无有能所的分别，所以实证得到的性智，往往被熊十力径直称为本体。而本体（性智）即本心的观点，显现出熊十力对"吾人生命与宇宙元来不二的道理"④ 的坚信。

---

① 熊十力：《新唯识论》，《熊十力全集》第三卷，湖北教育出版社 2001 年版，第 11 页。
② 同上书，第 13 页。
③ 同上书，第 21 页。
④ 同上书，第 23 页。

　　熊十力认为，量智即是习心，亦名理智。一如本心和习心的区别，性智和量智亦有很大的不同。他认为："习心既异本心，因此其在生活方面，常有追逐外物而不得餍足之苦。其在缘虑方面，则辨物析理，有其所长。"① 在他看来，量智是于日常生活中发展起来的实测、比度、思量、推求之智。它妄计有外在客观独存的世界，常常外驰而不知返。其积极的作用在于辨物析理，但终是不可通达本体的。

　　其实，量智本是性智依官能的发用，只是官能假性智之明以自用，迷以逐物，妄分内外。渐渐其余势积累日盛，成为习气，常现起与官能作用合一以障本心之明。但量智是不可废除的，如果依靠性智已达证体之地，则性智还需量智予以显发。否则，证得之体亦只是空寂之体，而无生生不息之刚健。他指出："然玄学要不可遮拨量智者，见体以后大有事在。若谓直透本原便已千了百当，以此为学，终是沦空滞寂，隳废大用，毕竟与本体不相应。"② 我们还可以从熊十力对"致知在格物"的解释中，具体地看到显发性智的量智具有怎样的积极作用。他解释道："'致知在格物'者，即以此知而行乎事事物物，悉量得其理。……凡所事于格物者，即致吾之良知于事事物物而量得其理，即以显良知之全体大用，即一切知识莫非良知。"③ 在熊十力看来，性智是无形无相的虚寂而明觉之本体，证得本体，量智亦即成为性智的发用，不再是习染。他指出，无形无相的性智，此时通过量智得以显现，而此时的量智根据即用即体的道理，其亦即是性智了。超越的性智，此时就显现于人伦日用的辨物析理之中，从而成就了知识。这样，知识便成了性智的发用的产物，德性得以下贯知识。

　　通过性智和量智的分辨，熊十力再次阐明了本体的"寂"与"仁"的特性："会通佛之寂与孔之仁，而后本体之全德可见。"④ 他指出，本体是无待的，是无有染着的，因此寂是其德性。本体不是超脱于万物之上的，而是发现为大用流行的，因此生生不息的仁德亦是其德性。寂与仁，是分

---

　　① 熊十力：《新唯识论》，《熊十力全集》第三卷，湖北教育出版社 2001 年版，第 376 页。
　　② 同上书，第 529 页。
　　③ 熊十力：《十力语要》，《熊十力全集》第四卷，湖北教育出版社 2001 年版，第 120—121 页。
　　④ 熊十力：《新唯识论》，《熊十力全集》第三卷，湖北教育出版社 2001 年版，第 406 页。

别从体和用两个方面来言说本体之德。而体用不二，正说明了寂与仁是一体而不可偏废的。如果偏重于寂，则会产生溺寂之弊，遏制生生不息流行之真几，甚至如佛家那样走向反人生的一面。如果未能证得本体之寂德，而一味地强调生生之几，其实很难说这生生不息之几不是盲目的意志。由此可见，在熊十力看来，寂即是仁的原因，仁亦是寂的原因，仁即是寂，寂即是仁。

值得我们注意的是，熊十力通过对性智和量智的分辨，亦由此出发对中西文化做了比较。他认为：性智是通达本体的途径，量智是通达科学的途径。因此"中西学问的不同，只是一方在知识上偏著重一点，就成功了科学；一方在修养上偏著重一点，就成功了哲学。中人得其浑全，故修之于身而万物备。真理元无内外。西人长于分析，故承认有外界，即理在外物，而穷理必有纯客观的方法"①。熊十力还在《答张东荪》的信中表达过类似的观点："西方人所求底是知识，而东方人所求的是修养。换言之，即西方人把学问当作知识，而东方人把学问当作修养，这是一个很可注意的异点。"② 这种分辨，将中西文化的不同，归结为一是修养德性的体证之学，一是辨物析理向外探索宇宙知识的学问。或者说中西文化的不同主要表现为在认识论方面的不同，中国文化注重与体证密切相关的性智，因此注重道德修养；西方文化注重量智，长于辨物析理，而成就了科学。

正因为熊十力将中西文化的不同，归结为重性智与重量智的不同，亦由此得出了自己融合中西文化的方案。他指出："中学以发明心地为一大事，西学大概是量智的发展，如使两方互相了解，而以涵养性智，立天下之大本，则量智皆成性智的妙用。"③ 这一方案，即是以性智统御量智。在熊十力这里，性智即觉，即真的自己，即本体，即仁，而其称说的本体如前文所述是道德形而上学之本体，因此性智统御量智，换句话说即是以道德统御知识。此处的道德即是指本体，即是人和万物之所以得成之理。西方文化

① 熊十力：《十力语要》，《熊十力全集》第四卷，湖北教育出版社 2001 年版，第 109—110 页。

② 同上书，第 106—107 页。

③ 熊十力：《新唯识论》，《熊十力全集》第三卷，湖北教育出版社 2001 年版，第 530 页。

向外探索所得之知识，在很大程度上是为了改善人类的生存境遇，以满足人类之欲望。因此，此方案隐然透露出其以天理统御人欲的底色。

第三节 "理"与"欲"

熊十力在 20 世纪 40 年代写成的《十力语要》卷三中曾说道："自识本心（即是见性），便能顺其良知良能而起净习，故欲皆从理矣……夫不见本心，则欲便从物，阳明所谓'随顺躯壳起念'是也。"[1] 此时在他看来，若能见性，则本心昭明可鉴，"随顺躯壳起念"之私欲便瞒昧不得，私欲之念此时亦随顺本心，此时所欲皆与本心不相悖。熊十力据此对"非礼勿视，非礼勿听，非礼勿动"作了新的解释。他说："'非礼勿视'，即克去其非礼之私欲，非绝吾目视色之欲也；视而无非礼焉，欲即理也。'非礼勿听'，即克去其非礼之私欲，非绝吾耳闻声之欲也；听而无非礼焉，欲即理也。乃至'非礼勿动'，即克去其非礼之私欲，非绝吾心动应万变之欲也；动而无非礼焉，欲即理也。准此，则欲之所可当，而不至流于私者，由其一准乎礼故也。"[2] 熊十力指出，所要克除的是非礼之私欲，而非要断绝一切耳闻、目视、心动之欲。礼，是欲念合理与否的标准，将欲衡之以礼，并不是要断除一切欲念，而是要断除不合于礼的欲念而已。这样，熊十力以礼为标准，将欲予以二分——合"礼"之欲与不合"礼"之欲，并对合"礼"的欲念予以肯定。他说道："夫人受于道而成性，以有生。既生，则不能无欲，欲与生俱，而生原于性，则欲不可绝甚明。惟见性，则有主于中，斯欲无泛滥之患。"[3] 在他看来，欲是与生俱有而又源于性的，是不可以完全断除的。我们所要做的就是以"性"为主，使私欲不得泛滥而起。礼，其实即是"性"的外化，并不是种种外在的规约束缚，礼所体现的正是人之所以生之理。以本心为主宰时，应感所起之欲，皆不可惑乱本心而是随顺本心之理则。因此，此时的欲是理之发用。而私欲则

---

① 熊十力：《十力语要》，《熊十力全集》第四卷，湖北教育出版社 2001 年版，第 228 页。
② 同上书，第 229 页。
③ 熊十力：《读经示要》，《熊十力全集》第三卷，湖北教育出版社 2001 年版，第 586 页。

是不见本心时的从物之欲，他说："唯本心沦没，即一身无有主宰，遂纵任小己之私，乘形气之动，而成乎私欲，私欲如何得当？如何为理耶？"① 很明显，熊十力将人之欲望措置于理之裁决与统御之下，亦由此将其分为两类：顺理之欲与私欲。顺理之欲，是理的发用。私欲则与理相对，是从物之欲、随顺躯壳之欲，是要被遏制的。熊十力对物可能引发过度的欲望保持着高度的警惕，他说："虽谓禁欲主张稍过，然深以不许纵欲为真理所在。"② 这与宋明儒者对纵欲的遏制是一脉相承的，而且话语之中也委婉地表达了对宋明儒者"存天理""灭人欲"之说的肯定。

此后，熊十力在《十力语要》中则明确提出反对宋明儒者以绝欲工夫保持非功利生活的做法。他说："我不是主张纵欲的，但用功去绝欲，我认为方法错误。只要操存工夫不懈，使昭昭明明的本心常时提得起，则欲皆当理，自不待绝了。如果做绝欲工夫，势必专向内心去搜索敌人来杀伐他。功力深时，必走入寂灭，将有反人生的倾向。否则亦好执意见以为天理。"③ 熊十力此时认为"宋明儒底方法不对，还是上求孔孟为好"④。他指出宋明儒者的绝欲工夫是错误的；绝欲是消极的灭欲，并没有积极的建设意义，而此种做法极易走向寂灭，或以一己之见为天理。同时，他还指出，正确的节欲工夫应该是涵养本心，不断推扩本心之明，去格物致知，以充分显发本心。这样心有存主，便不易为外物所诱，自然就不会有邪欲产生。与宋明儒者绝欲的主张不同，熊十力此时主张的是以"性"统"欲"，欲是不可绝的，欲在他这里具有显现性体的作用。

20 世纪 50 年代之后，熊十力对此问题的看法发生了进一步的变化。他于《原儒》中提出了更为积极的对"欲"的界定："欲者，乃吾人正感于物时，而天机乍动者也。"⑤ 他说：

---

① 熊十力：《十力语要》，《熊十力全集》第四卷，湖北教育出版社 2001 年版，第 228—229 页。

② 同上书，第 50 页。

③ 同上书，第 513 页。

④ 同上书，第 514 页。

⑤ 熊十力：《原儒》，《熊十力全集》第六卷，湖北教育出版社 2001 年版，第 666 页。

吾人固有天性，为能动之内因。外物为缘，以引发吾人天性之动。此动，由感于物而起，则其缘于吾人生存之必须，而有所不容已，可断言矣。故曰感于物之动，是天人交会而成也。孔子以此动，说为性之欲。而不说为人之欲。吾谓其义趣宏远者，诚以人不天，不因。故人之欲，莫非天性之动。学者如透悟天人本来不二，则于孔子以欲归诸性，而不别言人欲之意，庶乎无疑矣。宋明诸老先生，以人欲与天理分开。朱子遂有人欲尽净、天理流行之说。殊不知，欲者，天理动发之几也。克就欲上言，何有非天理者乎。①

熊十力在此依据其"人不天不因，天不人不成"的人生论旨趣，对理欲关系作了新的分辨。人秉天性而生，生而即有形躯之个体，天性流行于个体之中。个体与外物相交感，流行于个体之中的天性自然会随顺小己而显其功用。所以感物之动（即"性之欲"）是天人交会而成，缺一不可。如果感物之动，仅仅是形气个体用事，而无天性流行其中，则有悖于"人不天不因"。人秉天性已成，而无天性流行其中，这是不符合"人不天不因"之理的。犹如水凝成冰之后，冰即无水性，这显然是不合理的。如果认为感物之动，纯是天性之发用，不受个体任何影响，亦是不对的。个体交感外物时，天性之发亦是随顺个体生存之必需而有所不容已。如果天性之显发离开了人之生存必需，则天性亦是无为之体而已。所以欲即是理之发用，理与欲不是分张的，而是体用不二的。熊十力指出："天理即是人欲，人欲无非天理，去人欲而求天理，天理其可得乎？"② 但人常会有邪欲萌动，但"此时确不可谓之欲，乃是习气乘权耳"③。熊十力将邪欲判定为染习显发，而不是欲。这也迥异于其早期凡欲皆是习的观点。他曾说："欲动而失其则者，即染污习气现行也；欲之发而有则者，亦即清净习气现行，是顺本性而起者也。凡欲皆是习。"④ 后期，熊十力认为欲与理是不

---

① 熊十力：《原儒》，《熊十力全集》第六卷，湖北教育出版社 2001 年版，第 666 页。
② 同上书，第 667 页。
③ 同上书，第 666 页。
④ 熊十力：《十力语要》，《熊十力全集》第四卷，湖北教育出版社 2001 年版，第 51 页。

可分张的，并将欲归为性，而非是习。邪欲则只是染习现起，因其性质只是染习，邪欲已经不可被归为欲之一类了。

熊十力此时对欲的看法已和早期有很大的不同。人欲和天理的相即不二，秉承了其人生论中的天人不二的逻辑，亦较早期理欲不二的主张更为顺畅。人欲已不是外在于天理的，受天理裁决的，而即是天理。欲的地位有了很大提高。但我们要指出的是，欲的合理与否依然是要裁决于性的，仅当欲是天机乍动之时，才是合理的。习气乘权而生的邪欲依然是要被摒弃的。而这样欲念的合理与否便很难判定。天性之动的"性之欲"，包含了对形气个体之需的肯定，而邪欲作为习气乘权而起之欲，亦是随顺躯壳而起，它们二者确然的分际在哪里呢？熊十力对此并未说得很明白。在他这里，欲始终具有牵累性的一面，因此性和欲的体用不二的关系，并非十分顺畅。欲与性相比，依然是次要的，欲的真正独立的价值地位，熊十力从未予以肯定。

此外，熊十力于后期还对与"欲"密切相关的"物"予以肯定。人欲是天人交会的产物，是离不开形气个体的生存需要的。这样便把随顺躯壳而起之最基本的生存欲念予以了肯定，修正了其早期的观点。与此相关，物亦因成全性之欲而具有了积极的意义。他称感物之动为性之欲，即包含着对物的肯定。这也与早期他将"从物之欲"统统判定为私欲不同，亦不同于传统儒学总是顾忌物对人的欲望的引发，而采取消极避物的态度。而此种消极的避物态度对研究物之理则的科学的产生是非常不利的。对理欲的分辨，蕴含着熊十力对传统文化中避物去欲之倾向的反省；亦可见其以西方文化为镜，来鉴照中国传统文化之不足的苦心。

熊十力关于天人不二的人生论的阐释与其体用不二的宇宙论相顺承，阐明了作为宇宙万物中之一物的人的生命的价值和意义在于充分显发内在于己的宇宙之大生命（即仁体）。他通过本心和习心的辨析，指示出洞识仁体的修养方法：即工夫即本体；通过性智和量智的辨析，将人生论、本体论、宇宙论和认识论通过性智统摄在一起[①]，阐明了性智统御量智，量

———————

① 在熊十力看来，性智是从认识论的角度对本心的称呼，而本心即本体，这样，认识论、人生论、本体论、宇宙论便通过性智得以相互贯通。

智显发性智的体用不二的微旨。（当然，这是要在证得本体之后，才可以实现的。这里已经显现出其理论中存在着逻辑的扦格之处。）如果说熊十力阐明的洞识仁体之途径是对传统儒家"复性"之说的继承，那么他对理欲关系的重新措置，则显现出其对于传统文化中绝物遗物倾向的修正，这些都可以看作是其对传统儒家观念在新的历史境遇下所做的修正与更新，亦紧密与其外王之学相关联，为其治化论的阐述做了必要的铺垫。

第四章 "道器不二"的治化论

第一节 新儒学的外王学

按照传统儒家的逻辑，内圣将推演出外王。熊十力建构的新儒学亦是如此。在"体用不二"的本体论统摄下，他开示出的"天人不二"的人生论，即是其内圣之学，而"道器不二"的治化论则又是其人生论的进一步推演。他于《原儒》中曾说："内圣学，解决宇宙人生诸大问题，《中庸》所谓'成己'之学在是也；外王学，解决社会政治诸大问题，《中庸》所谓'成物'之学在是也。"① 熊十力的治化论即是其所苦心建构的新儒学中的外王学。而其外王学之新，即在于对于西方思想的吸纳。熊十力曾在《读经示要》中说明自己是在接续王船山、顾亭林及黄梨洲之外王学，并予以进一步发挥。他说："经世大用，其学宜宗船山、亭林、梨洲诸儒。……民治民族等思想，王顾诸儒，发明甚透，梨洲亦相羽翼。"② "经济之科，自宋陆子静兄弟，及邓牧并有民治思想。迄晚明王船山、顾亭林、黄梨洲、颜习斋诸儒，则其持论益恢宏，足以上追孔孟，而下与西洋相接纳矣。"③ 这说明其外王学一方面是在承续孔孟以至王船山、顾亭林及黄梨洲诸儒之学，另一方面则是为传统儒家之外王学开出符合时代要求的科学、民主之维。

在熊十力看来，《大学》所说的八个条目中，格物、致知、诚意、正

---

① 熊十力：《乾坤衍》，上海书店出版社 2008 年版，第 249 页。
② 熊十力：《读经示要》，《熊十力全集》第三卷，湖北教育出版社 2001 年版，第 856 页。
③ 同上书，第 563 页。

心,均是修身的工夫,属于内圣的方面。齐家、治国、平天下是由修身推扩出去的外王的方面。正如他所说:"八条目虽似平说,其实,以修身为本。君子尊其身,而内外交修。格致诚正,内修之目也,齐治平,外修之目也。家国天下,皆吾一身。故齐治平,皆修身之事。小人不知其身之大而无外也,则私其七尺以为身,而内外交修之功,皆其所废而弗讲。圣学亡,人道熄矣。"① 他指出,八条目的根本在修身,格物、致知、诚意、正心是内修之目,齐家、治国、平天下是外修之目,内圣外王其实均是修身而已。而熊十力在此所说之身,乃是与孟子所说的"大体"相联系的,是指天地万物一体之身,而非仅仅局限于人之身躯。于《答牟宗三》一信中他也曾写道:"修身总摄诚正格致以立本,由身而推之家国天下,皆与吾身相系属为一体,元无身外之物。但身不修则齐治平无可言,故修是本而齐治平皆末。本末是一物,不可剖内外。"② 他指出,内圣与外王其实是本末的关系,一如树有本末而究是一体,内圣外王其实亦是一体的。这样,内圣和外王就无内外之别,均是修身而已。熊十力认为分而言之,以格物、致知、诚意、正心为内修,家国天下之治为外修。合而言之,内修、外修均是修身,实为一体,只是本末关系不可倒置。而家国天下之治,其实亦是"与万物一体"之本心的发用。由此,其"道器不二"的治化论亦是可以统摄于其"体用不二"的本体论,而又和"天人不二"的人生论相贯通的。这点也明显地体现在其具体的治化论方案中。

第二节 "以仁为体"的治制

熊十力在《原儒》一书的序中指出:"格物之学,所以究治化之具。仁义礼乐,所以端治化之源。《春秋》崇仁义,以通三世之变。《周官经》以礼乐为法治之原。《易》大传以知物、备物、成物、化裁变通乎万物、为大道所由济。夫物理不明,则无由开物成务。《礼运》演《春秋》大道之旨与《易》大传智周万物诸义,须合参始得。圣学,道器一贯,大本大

---

① 熊十力:《读经示要》,《熊十力全集》第三卷,湖北教育出版社 2001 年版,第 672 页。
② 熊十力:《十力语要》,《熊十力全集》第四卷,湖北教育出版社 2001 年版,第 406 页。

用具备。诚哉万世永赖,无可弃也。"① 熊十力在此说明了其治化论立论所依据的典籍,并就治化论主要内容之间的关系做了说明:治化论以仁为体,以礼乐为主导法治的根本精神,以格物之学为治化的工具。显然,熊十力的外王学是包含治制和科学两个维度的,而它们均是仁体的发用。在此部分,我们专就其治制方面予以讨论。关于其对科学、民主的认识,后文将予以详述。

正如熊十力所说:"于宇宙论中,悟得体用不二。……推之治化论,则道器为一。(器,谓物理世界。道者,万物之本体,故道器不二。)裁成天地,曲成万物,所以发皇器界即所以恢弘大道也。然或知器而不究其原,人生将唯以嗜欲利便之发舒为务,而忽视知性、存性之学。则庄生所为呵惠子逐万物而不返也。夫惟知道器为一,不舍器而求道,亦不至睹器而昧于其原。如此方是本末不遗。"② 在熊十力看来,道与器是不相分离的。万物均是本体发用之显现。道,即是本体。器,是本体运行其中的物的世界。在治化论中,熊十力依然强调体道的内圣学是根本之学,体道用物的外王学乃是内圣学的直接推扩。道器不二申明的是仁体对治化论的统御以及对道运行其中的有形器界的不弃不遗。

其具体治化论思想在《读经示要》中有详细的阐述。其主张有九个方面:(一)"仁以为体";(二)"格物为用";(三)"诚恕均平为经";(四)"随时更化为权";(五)"利用厚生,本之正德";(六)"道政齐刑,归于礼让";(七)"始乎以人治人";(八)"极于万物各得其所";(九)"终之以群龙无首"③。

熊十力指出,上述九义收摄于"仁以为体"。格物、诚恕、均平、通变、礼让、制礼作乐、以至万善,均是随事体仁,名目不同而已。"格物"是以"仁体"之明照察治制,以使之"随时更化"。"利用厚生""道政齐刑"均需以"仁"为体,以引发人之天性中本有之善几,达于至治,是为

---

① 熊十力:《原儒》,《熊十力全集》第六卷,湖北教育出版社 2001 年版,第 311—312 页。
② 熊十力:《体用论》,《熊十力全集》第七卷,湖北教育出版社 2001 年版,第 95 页。
③ 熊十力:《读经示要》,《熊十力全集》第三卷,湖北教育出版社 2001 年版,第 581—618 页。

"以人治人"。九义归趣于万物各得其所、群龙无首，这是治道之极致，亦即仁体在每个个体处得以盛现。正如他所说："学不至于仁，终是俗学。所谓得一察焉以自好，不睹天地之纯全也。治不至于仁，终是苟道。……经学者，仁学也。其言治，仁术也。吾故曰常道也。"① 在熊十力的理论体系中，"仁"贯穿于宇宙论、人生论和治化论之中。仁即是道，即是人之性，即是治化之本源。他曾强调："天地万物之体原，谓之道，亦谓之仁。仁者，言其生生不息也。道者由义，言其为天地万物所由之而成也。圣人言治，必根于仁。易言之，即仁是治之体也。"② 熊十力以仁体统御治制正彰显了其治化论"道器不二"的特点。

他还秉持仁道，对印度、西洋之治制作了评判。他指出，印度佛家耽空而务超生，"其失也鬼"③。鬼者，归也，归于空无。佛家无论大乘小乘，都务求超脱生死，旨在出世，其过失在于舍弃人生的努力而归于空无。西洋执有而尚创新，"其失也物"④。西洋人注重向外发展，努力于物质与社会生活等方面资具的创新，而不注重体证内在神明，在物质方面收获虽多，然而神明难免物化。在熊十力看来，无论是失之于耽空，还是失之于物，都是"远人以为道"，未能"体道以立人极"⑤。只有儒家着眼于人之自性，超脱世俗生死，不执着于空寂涅槃，既刚健不息而又无物化之弊。

仁，在人而言，即是性。熊十力于《读经示要》中申明儒家《六经》治化"从性上立基"，倡导德治。他说："识得仁体以诚敬存之，自念虑之微，至一切事为之著，莫不循当然之则，而实行之，有得于心，绝非虚妄，此之谓道德。其实，即随处体认仁体而实现之，非离仁体，别有道德可说也。"⑥ 仁体之显现即为道德，而仁体同时还是人之性体，性体又是道体在人之呈现，由此可见，道德、性体、仁体、道体是相通的。以仁为治体的治化，即是德治。由此出发，熊十力指出："夫六经之言治，德治也。

---

① 熊十力：《读经示要》，《熊十力全集》第三卷，湖北教育出版社 2001 年版，第 626 页。
② 同上书，第 581 页。
③ 同上书，第 578 页。
④ 同上书，第 579 页。
⑤ 同上书，第 580 页。
⑥ 同上书，第 624 页。

《论语》云'为政以德'，云'道之以德，齐之以礼是也'。其异于西人言法治者，则不从欲上立基，而直从性上立基。此其判以天壤也。"① 在他看来，西方政治则是"从欲上立基"，倡导法治。而法治的局限性是很明显的："纳之于法纪，齐之以度制，行之一国，犹可苟安，要非至计。而人类全体，决非法度可以维系之，此稍有识者所可知。"② 他指出，法治毕竟是外在的规约，终有局限，不可用以维系人类整体之秩序。在此，熊十力对中西治制的根本不同作了分辨，那便是各自所立根基之不同。中国儒家政治在"性"上立基，西方政治则在"欲"上立基。据此，熊十力对中西治制作了详细的比较。

第三节　立基于"性"与立基于"欲"

首先，熊十力指出儒家治制以仁为体，而这就决定了儒家治制的出发点是"性"，与此直接相关联，便是儒家之治化论具有天地一体之宏量。他说："本仁以立治体，则宏天地万物一体之量……行之一群而群固，行之一国而国治，行之天下而天下大同。"③ 在他看来，立基于性的仁治，乃是出于本性之真。而性是内在于万物而真实不妄的，以其为基的治制可以推行于天下，而不会囿于国族之私，且终将会实现大同之至治。因此，立基于性的治化论适用于全人类。他还指出，西方的治制是立基于欲的，而欲望仅仅囿于一己之形躯，因此立基于欲的治制其适用的范围往往不过一个国家或一个民族。他说道："今世号为文明强国之人，其重公德，守秩序，似有近于恕。然其胸量所摄，至广不过一国家，一民族。其行恕之范围即止于此，过此，则弗能推也。其于异国异族，则横行兼并侵吞，将使之万劫不复而后快。"④ 在他看来，西方治制仅靠法律为外在的规约，并未能视人类为一体，其行之于一国、一族虽无不可，然而终未能推己及人，

---

① 熊十力：《读经示要》，《熊十力全集》第三卷，湖北教育出版社 2001 年版，第 587 页。
② 同上。
③ 同上书，第 581 页。
④ 同上书，第 583—584 页。

不可避免地要对他国、他族施以残暴的侵夺。

其次，熊十力指出，与西方治制立基于"欲"相关联，追求富强是其最重要的目的。然而仅以富强为鹄的，这样的治制是十分危险的。他说道："近世列强之治，皆以利用厚生为本。……若唯以利用厚生为本，则率亿兆之众，共趋功利之途，而竞富强之效。行之一国，纵可遂志，然已使其国人唯嗜欲之殉，乐杀尚斗以为能，则生人之理已绝矣。"① 熊十力指出，当治制以富强为根本目的时，人们便陷入功利之习，而不务道德品操的涵养，这容易将人类导向侵夺与倾轧，是不利于人性的发展的。对于弱小国家而言，企图以此发展强大自己，其危害更甚。这其实指出当时处于危弱境遇中的中国不可徒尚功利以自强。与此相反，儒家之治制的最高愿欲在于实现"万物各得其所"，蕲向"人人具有士君子之德"。熊十力指出："吾先哲经义，何尝不注重于此。然有根本不同者，则利用厚生，必以正德为本也。"② 在他看来，富强亦是儒家治制的目标之一，不同于西方治制的地方在于，儒家将富强控驭于道德引导之下。儒家更为注重对内在于己的性分之乐的追求，这使人们不累于物欲，视外物也轻，从而得以涵养性灵，不为物累，不生侵夺之心。我们在此要指出的是，熊十力虽然看到了西方逐物不返的单向度的缺失，指出富强之外人还需要道德的崇高，然而其终究未能赋予富强以独立的地位，将其置于道德的统驭之下，这样，其看似完美的价值谱系，其实仍是道德一元论的单色光。

再次，与富强追求相关，西方治制引发了争竞。熊十力认为西方人未能体证性体，往往"累于形限，而起争心"③。结果导致："今世西人为治，专务争夺。其于弱小国家，弱小民族，种种侵略之术，无所不用其极，直令死灰不可复燃。"④ 出于对万物各遂其性的追求，儒家治制则崇尚礼让。熊十力分辩道："让之为德，出于性真。盖尽己之外，而知有人。抑私以全公，即通物我为一体，所谓称性玄同。"⑤ 在熊氏看来，争竞即是祸，它

---

① 熊十力：《读经示要》，《熊十力全集》第三卷，湖北教育出版社 2001 年版，第 591 页。
② 同上。
③ 同上书，第 597 页。
④ 同上。
⑤ 同上书，第 594 页。

直接导致的是人与人之间的相互倾轧。而礼让，其实是推己及人的互让精神，其旨在相互成全。礼让，出于性分之公，在成全别人的同时，亦成全了自己，最终成全了万物全体。礼让，看似是消极的退让，然而从整体的角度来看却是积极的，最终实现的是真正的"进"。而争竞看似进取，却难以顾及他人，终不利于整体利益的保障。

最后，熊十力将中西治制的不同归结为德治和法治的不同。他指出，西方治制崇尚法治，然而西方法治的隆盛却不能消灭人类社会中的骗诈、耽情嗜欲等丑恶现象。他说："法治极隆时，其民于养欲给求，粗得自遂，颇有欢跃之象。然耽情嗜欲之中，其蓄骗诈，挟机械，蕴烦闷者，丑恶万端。而免于法网者，但苟脱耳。此徵之今世强国之民，圣言已信而有徵。"①在他看来，法治在西方社会中的弊端已经显现，即它仅仅是在依靠外在的规约来实现治理，而不能对人之本性有所补益，终不免有钻法律之空者。他还指出："法治，则从一人与他人，或团体之关系上，而为之法制约束，责以必从，使之惯习若自然。此乃自外制之者也。"②在他看来，法治是以约束的形式实现其治理的目的的，在反复的规约中，以强力责之使之必从，渐渐养成民众遵纪守法的习惯，此习惯慢慢地成了自然而然的潜意识，民众日用而不知。由此可见，法治仅仅是外在的约束，如同穿牛鼻、络马首一样，是靠强力来实现的，它并不能真正消灭人类社会生活中的丑恶现象。而德治则不同，德治是因人固有之"性"而导之以礼，使之自觉地知道何为当为，何为不可为。这样，德治不再仅仅依靠外在的束缚来实现治理，相反，它更主要的是依靠人人的自觉来实现。他曾说："道德齐礼二语，元是一意。欲道民以德，正在以礼齐之。"③他认为礼是德的外化，德治其实即是礼治。德是人人固有之善几，它是无形无相的，需要具体的礼之仪则来触发，使之萌发以至盛大。他还分辩道："礼仪三百，威仪三千，则本性以称情而为之者也。"④礼治其实即是以其人之道还治其人

---

①　熊十力：《读经示要》，《熊十力全集》第三卷，湖北教育出版社 2001 年版，第 592 页。

②　同上书，第 600 页。

③　同上书，第 601 页。

④　同上书，第 603 页。

之身，它所体现的是人之固有之性，它所成全的亦是人固有之性不断趋于完满。在此他还指出，法制是靠外在约束，渐渐养成人们机械性的习惯来实现其功用，这是有愚民的嫌疑的。而德治则是基于人之固有之性，是明睿的，是不断创新的，这才是"新民"之举。但是，熊十力并不是一味否弃法治，他还将其视为德治的一种必要的补充。他赞同《周官》与管仲、荀卿书中所表现出来的"以礼治之精神，而参用法治之组织"的做法。

纵观熊十力对中西治制的比较，我们可以发现他对从"欲"上立基的西方治制是持批判态度的。他在《读经示要》中就曾说道："西人之治，格以吾圣经之义，犹夷狄之道也。"[①] "今所谓文明国之治，尚斗而奖欲。则性被戕贼，而情失其贞，亦不成乎人之情，即情被戕贼矣。生民何辜，罹此惨毒。将万劫而不反，不亦悲乎!"[②] 熊十力对西方治制的批评多和西方文化未能体证本体，徒尚功利有关。由此出发，熊十力在建构自己理想的治制方案时，试图通过"以性摄欲"来融合中西治制。在熊十力看来，社会实行民主治制的目的是与人的本性完善相一致的。民主治制为人性的完善提供社会制度上的保障，人性的完善是制定社会制度的根据和目标。而人的欲望的满足也是有其合理性的，熊十力为了防止西方治制弊端的发生，在肯定欲望的同时终将其置于德性的统御之下。

---

① 熊十力：《读经示要》，《熊十力全集》第三卷，湖北教育出版社 2001 年版，第 597 页。
② 同上书，第 606 页。

第五章　从"举体成用"到"摄体归用"

学界通常以 1949 年为界，将熊十力的思想分为前后两个时期。他于后期本体论中提出了本体具有物质、生命、心灵等复杂性的主张，与前期本体论相比有了较大的变化。而其于《原儒》《乾坤衍》等书中又历贬群儒。他这些变化引发了学者们的各种评议。那么其后期思想的这些变化的真正原因是什么呢？是否如有的学者所说，他后期的变化说明他"屈从"于当时的意识形态？或是如另一些学者所说，他的变化是在当时的政治背景下不得已的"行权"？他后期思想上的变化对其"返本开新"的主张又有哪些影响呢？本章将就这些问题予以探讨。

第一节　"屈从"？"行权"？

关于熊十力后期思想的研究，学术界聚讼纷纭。熊十力弟子徐复观在1980 年 11 月 16 日的日记中写道："连日偶翻阅熊十力先生的《乾坤衍》，其立言猖狂纵恣，凡与其思想不合之文献，皆斥其为伪，皆骂其为奸。其所认为真者仅《礼运·大同篇》及《周官》与《公羊何注》之三世义及乾坤两象词，认定此为孔子五十岁之后之作。彼虽提倡民主，而其性格实非常独裁……我不了解他何以疯狂至此。"[①] 徐复观在日记中流露出对其老师后期思想变化的不满，并认为熊十力利用文献过于随意。熊十力的另一弟子牟宗三则表现出对老师的同情理解，他在《熊十力先生追念会讲话》中

---

① 转引自余英时《钱穆与新儒家》，载《现代学人与学术》，广西师范大学出版社 2006 年版，第 21—22 页。

说："《原儒》的基本思想还是没有变，即推尊孔子，讲春秋、讲大同；但对曾子、孟子以下群儒皆有所批评，皆有所不满。一般人看了心中便不愉快。当然在平时，讲儒家的是不会去批评曾子、孟子的。但在这种环境底下，为了推尊圣人，而历贬群儒，是可以的。难道一切儒者都是十全十美，都是不可以批评的？我只要能把圣人保住，不就可以了吗？这是行权，是不得已的大权。"① 他将熊十力思想的变化看作是迫于当时政治环境的行权，并指出群儒也是可以批评的，这表现了其不囿于某一学派的开放心态。

徐复观的弟子翟志成则进而撰文对"太老师"予以批判。他在《论熊十力思想在一九四九年后的转变》一文中指出："熊氏的前后期思想，无论是内圣学或外王学，均有改变和不变者"②，并在文中集中"探究熊氏前后期思想的变易及其原因"③。在内圣学方面，他指出："熊氏在前期（即在《新论》中），坚持的是'体用不二而有分'；在后期（即《体用论》《明心篇》及《乾坤衍》三书中），只讲明'体用不二'，不再持'体用有分'，而对本体的界定，前后期亦大不相同。"④ 翟志成主要抓住熊十力前后期关于本体和现象界关系论说的不同，就其本体论的前后期异同作了分析，然而他并没能更深入一步探究熊十力在学理上何以会有这样的变化，而是将熊十力后期思想强调本体具有物质性，强调道德实践在本体实现过程中的作用等方面，关联于当时的意识形态，进而得出如下的结论："熊十力晚年内圣学思想的改变，确实受到当时流行思想的影响。"⑤ 在外王学方面，他指出："一九五六年《原儒》的出版，显示了熊十力外王学的巨变。"⑥ 这巨变主要表现为熊十力将儒家划分为大道学派和小康学派，并认为大道学派是民主、社会主义的拥护者，小康学派是封建专制的支持者。

---

① 牟宗三：《时代与感受》，（台北）鹅湖出版社 1984 年版，第 264 页。
② 翟志成：《论熊十力思想在一九四九年后的转变》，载《国际孔学会议论文集》，（台北）1988 年，第 1122 页。
③ 同上。
④ 同上。
⑤ 同上。
⑥ 同上书，第 1129 页。

熊十力还据此将孔子以后的儒者皆归于小康学派，并予以批评。翟志成指出，熊十力之所以这样做，是为了说明"孔子不愧为社会主义的先驱者"①。他批评熊十力此种做法实乃是"为了一时的权宜，自毁万年的根基"②。由此可见，翟志成就熊十力外王学方面的批评亦主要是出于意识形态方面的考虑。他虽然从熊十力体用不二论的观点出发，指出了熊氏内圣学之变化必然引起外王学之变化，但是他未能做出详细的解释，而是各说各的变化。而其最后将熊十力思想变化的原因主要归结为他试图调整自己的思想以能够和中国共产党对话。刘述先在《如何正确理解熊十力——读〈长悬天壤论孤心〉有感》一文中批驳了翟志成的观点，指出熊十力在小节处是存在不少问题，这些问题也正是其率真性情的表现，但是其大节不亏。他认为，翟君对熊十力学问的批评则是外在的，并表示熊十力后期"最基本的论点像谴责孟子为孝治派，以《周官》为孔子的作品，贬抑小康，赞扬大同之类，这些都是我们万难苟同的论点"③。郭齐勇在《为熊十力先生辩诬——评〈长悬天壤论孤心〉》一文中驳斥了翟志成对熊十力的批评，并指出熊十力后期思想与前期思想相比"基本理论是一致的，有一些思想更有发展"④。"比方说，关于熊先生的'生生乾元性海'的形上学思想，虽然在一九四九年以前的著作中已经有了，但作为一个命题集中阐发，却是一九四九年以后的《原儒》和《乾坤衍》。"⑤刘述先、郭齐勇对翟志成的批驳，并未深入展开，未能就其论点一一予以辨析。

赖贤宗在《重检文献论熊十力体用论思想之一贯性》一文中，列举了《原儒》等文献中熊十力后期仍然坚持"体用不二，而亦有分"的例证，并厘清了熊十力体用论的"体用不二而有分，虽分而仍不二"的基本结构，还指出这样的基本结构中蕴含熊十力"融会儒佛并解决传统儒家心性

---

① 翟志成：《论熊十力思想在一九四九年后的转变》，载《国际孔学会议论文集》，（台北）1988年，第1131页。

② 同上。

③ 刘述先：《如何正确理解熊十力》，载《熊十力全集》附卷下，湖北教育出版社2001年版，第1594页。

④ 郭齐勇：《为熊十力先生辩诬——评〈长悬天壤论孤心〉》，载《熊十力全集》附卷下，湖北教育出版社2001年版，第1614页。

⑤ 同上书，第1615页。

论之弱点的苦心"①。他最终指出："熊十力的自述中并无所谓的思想前后期的差异。"② 赖贤宗基于文献对翟志成提出的反驳是有力的，同时也指出了翟氏在强调"体用不二而有分"一面时，忽视了"虽分而仍不二"的另一面，但是他忽视了熊十力后期对本体蕴意的论述，未能正视熊十力后期思想的变化。何信全在《儒学与现代民主》一书中，指出："熊十力以一介老儒，似无'应帝王'之必要。他致力于会通儒学与中共的社会主义理论，毋宁是儒家'与时推移'精神之表现。要之，熊十力不论是内圣学或外王学，前后基本上维护一贯。一九四九年之后，他在中共全新的社会主义制度架构之下，根据自己对儒学诠释形成的一套理论，进行新的发挥。这些新的发挥，相较于一九四九年之前的《新唯识论》与《读经示要》二书，乃是一种理论的延续，并不存在理路上的断裂。"③ 何信全认为熊十力1949年以后是在社会主义制度的框架下发挥自己儒学主张，其思想前后基本一贯。赖贤宗、何信全对熊十力思想的认识，代表了一些海外学者所持的观点，即不变论，认为熊十力前后期思想没有变化。

　　一些大陆学者囿于当时的政治环境，对熊十力后期思想的评价也带有明显的意识形态性质。如张岱年在《忆熊子真先生》一文中指出："熊氏早年宣扬《唯识》，自标《新唯识论》，虽然不同佛教唯识宗的旧说，但仍属于唯心论。晚年肯定万物真实确实是一项重要的转变。他所谓实体，包含心物两个方面的属性，但仍强调心灵的主动作用。现代西方许多哲学家力图摆脱传统唯心论与传统唯物论的偏蔽，实际上不免是动摇于唯心论与唯物论之间，熊氏哲学亦是如此。"④ 很明显，张岱年对熊十力的评判所依据的是当时流行的唯物与唯心之论，而这种评判给人以简单化的印象。

---

① 赖贤宗：《体用与心性：当代新儒家哲学新论》，（台北）台湾学生书局2001年版，第34页。

② 同上书，第42页。

③ 何信全：《儒学与现代民主》，中国社会科学出版社2001年版，第59页。

④ 张岱年：《忆熊子真先生》，《玄圃论学集》，生活·读书·新知三联书店1990年版，第35页。

熊十力的老友梁漱溟在《读熊著各书书后》一文中批评道："其晚年写出之《体用论》、《明心篇》、《乾坤衍》各书乃全属自毁自杀之作。"[①] 这主要是从熊十力后期耽于理论构画不重视体证的意义上而言的，他说："大约一个人不向着他所认识到的应行自勉之路而勉趋之，却任从自己情趣走，有背乎那正路而不惜，便是堕落。熊先生情趣在好玩弄思想理论把戏，他亦完全明白东方古人之学莫不有其反己之真实功夫为其学说所自出，不应该离开此等真实功夫而谈什么思想理论。然而他却任从情趣去搞他的哲学理论，而怠于反己之实功。这便开始堕落。"[②] 梁漱溟在此申明他对熊十力后期耽于理论构画的不满。这显现出二人在学术旨趣上的分歧。

值得注意的是，黄克剑先生在《返本体仁的玄览之路》一文中指出熊十力前后期思想是"变而不变"。黄先生说道："从《新唯识论》、《读经示要》到《原儒》、《体用论》、《明心篇》、《乾坤衍》，是既成的哲理统绪的变而不变，——'体'的蕴义的'变'得'复杂'，是不变的新儒家宗趣为着开新外王而作的必要的延伸，尽管这期间终不免'诋斥昔贤'和把孔子'革命'化的偏失。"[③] 黄先生认为，熊十力前后期关于本体的论述是有所变化的，但蕴于其中的价值祈向则是一以贯之的，并且指出其后期思想的变化是为了"由为时代所贞立的'外王'逆溯到同这新外王一致的'内圣'"[④]。黄先生沿着熊十力致思的内在理路，道出了熊十力后期思想变化的闳机。

要之，学术界关于熊十力后期思想的评价，主要集中于以下几个方面：熊十力文献考证的随意；后期本体性质的变化；对除孔子外历代儒者的贬抑。而如上所述，一些学者（包括大陆和港台学者）是从意识形态的角度予以评判的，这还是外在的，并未能深入熊氏思想本身。而另一些学者，虽然对熊氏前后期思想的不同予以了分辨，但只是单纯就其变化予以

---

① 梁漱溟：《读熊著各书书后》，《梁漱溟全集》第七卷，山东人民出版社 2005 年版，第781—782 页。

② 同上书，第 782 页。

③ 黄克剑：《返本体仁的玄览之路》，《百年新儒林》，中国青年出版社 2000 年版，第 44 页。

④ 同上书，第 68 页。

分析，未能结合其整体思想说明其何以会变。我更加认同黄克剑先生从熊十力学术逻辑自身出发探讨其思想的变与不变的研究方法，并将沿着其思路进一步深入探讨熊十力前后期思想的关系。

我要指出的是，关于熊十力后期思想评价的几个方面其实是一体的，因为在熊十力那里，返本开新、体用不二、内圣外王是密切相关联的。返本，即返回儒家原始的教义，返回儒家之本体；开新，即从儒家本体中开出新时代的科学与民主。开新需要返本才可以实现，返本即是为了开新。科学与民主是儒家之体在新时代的发用，即是开新的主要内容。从一个角度来看，体道即是内圣，科学、民主即是外王。三者（返本开新、体用不二、内圣外王）其实是相通的。熊十力晚年的确对其所持之本体论作了反思，以调畅性与欲、心与物的关系，这样做的最终目的是使其本体具有开出科学、民主的新几。而历贬群儒，正是为了寻得能够开出新几之本体的一种不得已。

第二节 "历贬群儒"的"秘密"

我认为熊十力1949年后的思想与前期思想其实是前后一贯的，只是侧重点不同而已。熊十力前期思想是"举体成用"，从"体用不二"的本体论，推衍出"天人不二"的人生论，进而又推衍出"道器不二"的治化论。其思路是十分清晰的，然而，其学说的缺陷也较为明显地暴露于治化论部分。当他试图以儒家之仁体开出科学、民主之用时，遇到了麻烦，何以"性"之体，可以开出"欲"之用？在前期，他并未能很好地回答此问题。他对"性""欲"关系的论述还不十分顺畅，"性"和"欲"依然是分张的。而他对如何实现科学、民主也未能说得十分清楚。熊十力是要为近代中国提供一套文化方案的，他试图从中国传统文化（其实主要是儒家文化）中开出新外王，以回应"五四"主流知识分子对传统文化的挑战。他的思路可以概括为"返本开新"。返回儒家之根本精神，开出符合时代要求之新外王，即科学与民主。儒家作为成德之教、为己之学，其最大的贡献在于对人的精神境界的提升。传统儒家的内圣外王是可以一以贯之的。

儒家从"恻隐之心，仁之端也"① 出发，即从人人可以感知的切己经验出发，倚重"为仁由己"的自觉并不断趋向至善之圣境。作为内圣的推扩，儒家在治制方面（外王）主张的是德治。儒家从人具有为善之几的立场出发来审视统治者，认为统治者应该通过自己德性的修养成为圣王，从而成为天下人效仿的对象。因此在治制方面，强调"道之以德，齐之以礼，有耻且格"②。此种治制可以用《大学》中的一句话来概括："自天子以至于庶人，壹是皆以修身为本。"③ 在传统社会儒家的内圣是可以推出外王的，但是到了近现代，儒家的内圣就无法推出新的外王了。正如牟宗三所说："以往二千年来，从儒家的传统看外王，外王是内圣的直接延长。……修身齐家在这个时代，不能直接推出治国平天下；不能由内圣直接推出外王这就显出现代化的意义。以前从修身齐家一直可以推展到治国平天下，那就是非现代化。"④ 牟宗三指出，由儒家之"恻隐之心""直接"推出现代的科学与民主是行不通的。其实，确切地说应该是无法推出，而不仅仅如牟宗三所说"不能直接推出"。

西方的民主制度可以说是一种高度形式化了的制度。为了更好地说明其形式化的特点，我们先来看看西方著名语言学家索绪尔的有关论述。他在《普通语言学教程》中曾说："语言的同一性不是衣服的同一性，而是快车和街道的同一性。"⑤ 他的意思是，衣服是实质性的。正如他所举的例子那样，当你发现了衣服铺子里的一个衣架上有你丢失的衣服时，它就是那件由特定料子、装饰等构成的物质实体。架子上还有别的衣服，但是你知道那些都不是你丢失的衣服。而快车和街道的同一性则是形式化的。例如某次快车之所以成为某次快车，重要的不是它的型号和质料，而是它的起始站、终点站以及途经站点。街道也是如此，它之所以成为这条街道，不在于它是柏油路还是水泥路，而是在于它由何处开始，通向何处，及其

---

① 《孟子·公孙丑上》。
② 《论语·为政》。
③ 《礼记·大学》。
④ 牟宗三：《时代与感受》，（台北）鹅湖出版社 1984 年版，第 356—357 页。
⑤ ［瑞士］索绪尔：《普通语言学教程》，高名凯译，商务印书馆 1980 年版，第 154 页。

在何方位。形式化其实代表了一种关系和结构①。西方的民主制度可以说是形式化的。例如美国宪法规定，总统只能连任两届。有了这样的形式化的规定，即使是上帝之子耶稣——拥有至善的道德品质的圣人——也只能连任两届而已。形式化意味着不论实质如何，都要符合形式的规定。再如西方民主制的核心原则三权分立规定：立法权、司法权、行政权三者必须分开，从而实现权力的制衡。这也是形式化了的制度，无论法官多么优秀和廉洁，他都不能染指立法和行政。这其实说明了民主制度具有一种权力间相互制衡的结构。

道德则是实质性的，不是形式化的。一个人道德的高尚与否，取决于他的行为所表现出的境界的高下，这类似于衣服的同一性。道德的实质性特点可以由德里达所表明的解构主义适用范围来证明。德里达曾申言"解构就是正义"②，正如黄克剑先生所做的解释那样："德里达的'解构'既然是从索绪尔的以'语言是形式而不是实质'为中心命意的语言学说起的，它便不可能不受制于它的前提。换句话说，'解构'只在由'形式'、'结构'确定某一意义处有效，在意义不受制于'形式'、'结构'的地方，'解构'则无所施为。'法律'是'结构性'的，诚然可以'解构'，而'正义'是非'形式'的，仅为道德伦理实践中真切的心灵所认可，因此它不具有'解构性'."③ 解构主义是由结构主义发展而来的，它们拥有共同的边界，即只适用于具有"形式"或"结构"的领域，而不适用于非形式化的正义等领域。由此可见，儒家的德治和西方民主制度的不同是"实质"和"形式"的不同。熊十力要从传统的儒家道德之学推衍出形式化了的民主制度显然是不现实的。在孔子那里，重要的是修身和成德，君臣的地位甚至都不是那么重要。孔子这样的德治思想显然不具备走向形式化的民主制度的潜质。

熊十力对自己前期治化论中存在的问题是有所意识的。这不仅表现在

---

① 黄克剑：《名家琦辞疏解》，中华书局2010年版，第255—256页。

② ［法］德里达：《法律的力量》，胡继华译，载《〈友爱的政治学〉及其他》，吉林人民出版社2006年版，第425页。

③ 黄克剑：《名家琦辞疏解》，中华书局2010年版，第256页。

其后期对"性"和"欲"关系的重新调畅上，更表现为其后期致思路径的变化上，即由前期的"举体成用"转变为"摄体归用"①。体用不二，依然是熊十力持守的根本原则，所以其前后期思想是一贯的。而思考问题的出发点和终点却作了互换。前期是由"至寂"而"健动"的本体出发，解释宇宙的生成、确定人生的意义，最后落脚于新外王（即科学和民主）的开出。沿着这一思路，熊十力并没能顺畅地推出科学和民主。于是，熊十力后期开始从肯定"用"（科学和民主）出发，上溯其应有之"体"。熊十力贬抑孔子之外的诸儒，亦是为了寻找可以开出新外王的"本体"。他之所以肯定孔子，是因为他在孔子那里找到了可以和民主相贯通的根本精神，即《礼运》中所说的"大道之行也，天下为公"②。而在孟子、荀子、汉儒、宋明儒者那里，熊十力皆未能找到可以推衍出民主的根本精神，因此他予以批评。这才是熊十力历贬群儒的秘密之所在，而不是像有些学者所说的那样是出于对 1949 年后意识形态的屈从。当然，我们不能说熊十力丝毫没有受到意识形态的影响，但是熊十力历贬群儒是有自己的逻辑作根据的，而不是盲从于当时的政治形势。

熊十力认为孔子五十岁之后，其思想发生了重要的变化，在此后的二十多年里，孔子创作了《六经》，扬弃了早年的小康之学，开始弘扬大道之学。熊十力说："孔子卒时七十有四岁。自五十学《易》，而思想大变。从五十至临终凡二十余年，皆其作《六经》以弘扬大道之时也。"③ 由于孔子思想的变化，于是其弟子便也因受教育时间的不同等原因，分为了小康学派和大道学派。孔子死后，小康学派则为了证明自己的思想是孔子之真传，便难免篡改《六经》，变乱经旨。熊十力申言《儒行篇》中所记载之忧思之儒是为大道学派，并称之为革命之儒。而有文献可查证的革命之

---

① 黄克剑先生曾在《返本体仁的玄览之路》一文中指出："先前是从以'仁'为本的'内圣'推出齐家治国平天下的'外王'的，现在则更多地由既认的取客观化形式的'外王'（'大道之行也，天下为公'）索向与之相配称、相发明的'内圣'。同是内圣外王一贯之道，前一种一贯的原则是'举体成用'，而'体'作为初始之明被贞认为道德意义的'仁'或'良知'；后一种一贯的原则则是'摄体归用'，功用显于'心'、'物'两方面的'体'被推定为'含有乾坤两方相反的复杂性'的'实体'。"（黄克剑：《百年新儒林》，中国青年出版社 2000 年版，第 43—44 页。）

② 《礼记·礼运》。

③ 熊十力：《乾坤衍》，上海书店出版社 2008 年版，第 14 页。

儒，仅有子游与子夏。他曾说："孔子大道之传受，今据《史记·仲尼弟子列传》，可考者仅二人。一、言偃，字子游。见于《礼运经》，吴人也。少于孔子四十五岁。二、卜商，字子夏。传孔子《春秋经传》于齐人公羊高。卫人也。少于孔子四十四岁。二子皆孔门之青年。"[①] 在熊十力看来《六经》是孔子晚年定论，他因此认为孔门大道派弟子当多是青年门生。熊十力之所以肯定孔子（而且显然熊十力给予完全肯定的是孔子的后期思想），并不是因为他要在特殊政治语境中"行权"（牟宗三语），而是由于他在孔子这里终于找到了可以开出民主的根本精神——"大道之行也，天下为公"。熊十力对于孔子弟子中的小康学派，由于他们未能弘扬大道之学，便予以贬抑和批评。熊十力对孟子以下群儒的贬抑，亦是由于在他们那里没有找到能够开出民主的根本精神。

熊十力将孟子和荀子均视为小康之儒。他说："孟子、荀卿同是坚守小康之壁垒，与大道学说之主旨根本无可相容。"[②] 在他看来，孟子、荀子并非没有民主思想。如孟子曾倡言"民为贵，社稷次之，君为轻"[③]，"闻诛一夫纣矣，未闻弑君也"[④]。荀子亦曾倡言："杀，然后仁；夺，然后义；上下易位，然后贞。"[⑤] 他还认为荀子"其言民生在群与养欲给求诸义，即注重社会生活。由其说而推之，将可创建群众共同生活制度，不与民主趣向相违，荀学不可磨灭在此也"[⑥]。孟、荀的上述思想在熊十力看来都是富有民主精神的。然而他们二人虽均主张"暴君可革"，却"终不曾攻击君主制度"，"妄冀以少数人居上层而控制天下最大多数人，是万世不易之常道"[⑦]。因此，他们二人思想终是与民主精神相悖的。

在荀子和孟子二者之间，熊十力更肯定荀子。这首先是因为在他看来孟子是孝治派的代表，尚且拘泥于宗法社会的思想；荀子虽未脱尽宗法思

① 熊十力：《乾坤衍》，上海书店出版社 2008 年版，第 40—41 页。
② 同上书，第 45 页。
③ 《孟子·尽心下》。
④ 《孟子·梁惠王下》。
⑤ 《荀子·臣道》。
⑥ 熊十力：《论六经》，《熊十力全集》第五卷，湖北教育出版社 2001 年版，第 680 页。
⑦ 熊十力：《乾坤衍》，上海书店出版社 2008 年版，第 45 页。

想，然而他主张礼治，毕竟高于孟子一筹。他说："孟氏似未免为宗法社会之道德训条所拘束，守其义而莫能推，则家庭私恩过重而泛爱众之普感易受阻遏。孟氏极反墨翟兼爱，实则人鲜能兼爱也，而更反之，其忍乎？孝弟诚不可薄，而格物之学不讲，兼爱兼利之道未宏，则新社会制度将莫由创建，民主政治何可企及？"① 熊十力在此表达出对孟子囿于家庭私恩的不满，也批评他不能发扬格物之学，从而否定他的思想可以发展出有关民主政治的设想。不讲泛爱，即不能突破家庭私恩，不能突破宗法观念，无望实现民主治制。不讲格物之学，即不能发展民智，不能形成批判社会现实制度的思想，无法促成民主治制的形成。熊十力还指出孟子言孝和孔子不同，《论语》中孔子言孝都是就人之恻然之情而言，出于真挚，而孟子则将孝和政治联系起来，并为汉代人所利用，成为三纲五常的发端。他指出："《汉书·艺文志》言：'《孝经》者，孔子为曾子陈孝道也。'《志》称治《孝经》者有十一家。今考《论语》记孔子言孝，皆就人情恻然不容已处指点，令其培养德本，勿流凉薄。至《孝经》一书，便务为肤阔语，以与政治相结合，而后之帝者孝治天下与移孝作忠等教条，皆缘《孝经》而立。《戴记》中言孝道，亦多出于曾子，吾不知孝治之论果自曾子发之欤？抑其门人后学假讬之欤？今无从考辨，姑承认曾子为孝治论之宗师。孟子言'尧、舜之道，孝弟而已矣'（《孟子·告子篇》），又曰：'人人亲其亲，长其长，而天下平。'（《孟子·离娄篇》）其为曾子学派决无疑。"② 熊十力认为，曾子和孟子一脉相承，都是孝治派的代表。他们的孝治思想改易了孔子言孝之本意，与政治结合在一起，为历代统治者所利用，贻害后世。对于荀子，熊十力则认为："荀卿主礼治，其说要归养欲给求。揆之《春秋》义是乃求离据乱，其贤于孟轲远矣。……然荀卿似亦疑升平未可骤致，乃欲改造宗法思想而不彻底，故不肯作废除君主制度之主张，此所以与孟轲同一谬误。"③ 熊十力将荀子和孟子置于不同的历史阶段，孟子是宗法社会的代表，荀子主张礼治，求离据乱世，然终不肯废除君主制度，还

---

① 熊十力：《论六经》，《熊十力全集》第五卷，湖北教育出版社 2001 年版，第 681 页。
② 熊十力：《原儒》，《熊十力全集》第六卷，湖北教育出版社 2001 年版，第 389 页。
③ 同上书，第 390 页。

遗留着宗法思想,蕴于其中的是熊十力对孟荀褒贬的不同。透过熊十力对孟子、荀子的评价,我们可以看到熊十力是十分反对宗法思想的,这是与其试图在历代儒家那里寻找民主精神有关,在他看来,"家天下"的观念是无论如何也开不出民主治制的。

熊十力对汉儒的批评亦是如此。在他看来,汉初诸儒在经过了秦朝的焚书坑儒后,畏惧统治者之威权,渐渐将《六经》进一步改窜,以为帝制服务,如董仲舒之《春秋繁露》、公羊寿与胡毋生之《公羊传》等。他指出:"汉学阳尊孔子而阴变其质,以护帝制,已说如前。"① 他还说道:"封建社会延长至二千数百年,吾人恨吕政,恶其开祸端耳,刘季祖孙之罪不下于吕政也。东汉光武明章并讲经学,《白虎通》一书,诸儒集议,皇帝亲决,始盛张三纲五常。自此之后,群儒释经皆奉为天经地义,二千余年未之有改,而帝制遂坚立不摇。"② 他认为,自汉武帝提倡"三纲五常"以为其统治服务之后,群儒释经便难出其右,从而变乱了孔子的大道之学的本旨,使之无从显现。在他看来,汉儒维护帝制的根本思想有三:"一曰三纲五常论。二曰天人感应论。三曰阴阳五行论。"③ 而汉儒对这些思想的推崇,使得民主无从开出。

至于宋儒,熊十力则认为,他们虽讲心性之学,然而终未摆脱拥护帝制之思想。他指出:"至宋而有理学之儒,以反已为宗,排二氏之虚寂,救考覈之支离,自是而儒有汉、宋之分。然汉学之异于宋者,只是存养心性一着耳,其于汉儒之天人交感,阴阳五行诸论,及纲常名教大义,不惟全盘承受,且奉持益严也。"④ 在他看来,宋儒和汉儒一样在遵循着三纲五常、天人感应、阴阳五行之论,这使他们亦不能显发孔子大道之学,其区别于汉儒的地方,仅在于对心性之学的看重,但是宋儒也由此存在着"严于治心,自不得不疏于治物"⑤ 的弊端。宋儒智周万物之功不足,生命枯槁,不足开出"盛德大业"。只有陆象山、王阳明和张居正是例外,他

---

① 熊十力:《原儒》,《熊十力全集》第六卷,湖北教育出版社 2001 年版,第 432 页。
② 熊十力:《论六经》,《熊十力全集》第五卷,湖北教育出版社 2001 年版,第 758 页。
③ 熊十力:《原儒》,《熊十力全集》第六卷,湖北教育出版社 2001 年版,第 389 页。
④ 同上书,第 432 页。
⑤ 同上。

说:"惟象山直率,阳明纵任自如,张江陵益猛利敢任,是为间世之孤雄耳。"① 然而,他们在熊十力看来终究未能完全弘扬孔子大道之学,他说:"诸老先生皆杂染禅法、《道论》,(《老子》之书,古称《道论》。)究非尼山嫡嗣也。"②

熊十力历贬群儒,正是为了寻得儒家之民主精神,他从宋明儒者那里没有找到,从汉儒那里也没有找到,从孟子和荀子那里还是没有找到,于是他开始一一检讨他们的问题,一一予以批评。而这是与其后期"摄体归用"的思路分不开的。

第三节 熊十力后期思想的变与不变

熊十力后期沿着"摄体归用"③ 的思路,在肯定民主、科学的基础上,重新审视本体应具有的内涵。他在《明心篇》中说道:

---

① 熊十力:《原儒》,《熊十力全集》第六卷,湖北教育出版社 2001 年版,第 433 页。

② 同上。

③ 熊十力在他的"衰年定论"《乾坤衍》中指出:"摄用归体者,如佛氏之归于寂灭,老氏之返于虚无,有种种恶影响。摄体归用,则万物皆有内在根源。既是真实不虚,自然变异日新,万物所以不倦于创造也。"(熊十力:《乾坤衍》,《熊十力全集》第七卷,湖北教育出版社 2001 年版,第 548 页。)他在《摧惑显宗记》中也曾说:"《新论》明举体成用,绝对即是相对;摄用归体,相对即是绝对,启玄关之秘钥,燃孤灯于暗室,庶几本体论、宇宙论、人生论融成一片,易简理得而葛藤悉断矣。"(熊十力:《摧惑显宗记》,《熊十力全集》第五卷,湖北教育出版社 2001 年版,第 543 页。)从表面来看,"摄用归体"在熊十力前后期论述中似乎是自相矛盾的,郭齐勇先生就曾在《熊十力思想研究》中指出:"值得注意的是,在 1955 年出版的《原儒》上卷中,熊先生忽然将他一贯认为是孔子、《易》学和他自家哲学之要旨的'摄用归体'思想,栽在道家头上,加以痛斥,又将一贯视为'摄用归体'之补充的'称体起用'与之对立起来。"(郭齐勇:《熊十力思想研究》,天津人民出版社 1993 年版,第 89 页。)郭齐勇先生在该书中对熊十力前后期著作中"摄用归体"和"摄体归用"等相关概念的运用作了梳理,指出熊氏前后期关于"摄用归体"的含义存在着矛盾之处。本书认为此种观点未免过于拘泥于字相。正如黄克剑先生指出的那样:"《摧惑显宗记》中的'摄用归体'是针对'哲学家否认本体者,其解析宇宙,又只拘于万象森罗之相对界'而发的,'举体成用'则是针对'哲学家谈本体与现象,而未能融一者'而发的,前者并不排斥后者,恰同后者构成一种互补。而《乾坤衍》中的'摄用归体'则是对佛、老趣寂返虚的专指,'摄体归用'却在'万物皆有内在根源'的意义上同时包举了《显宗记》中的'摄用归体'和'举体成用'。"(黄克剑:《百年新儒林》,中国青年出版社 2000 年版,第 43 页。)本书赞同黄克剑先生的观点。

一、实体是具有物质、生命、心灵等复杂性，非单纯性。二、实体不是静止的，而是变动不居的。三、功用者，即依实体的变动不居，现作万行，而名之为功用，所以说体用不二。四、实体本有物质、心灵等复杂性，是内部有两性相反，所以起变动而成功用。功用有心灵、物质两方面，因实体有此两性故也。五、功用的心、物两方，一名为辟，一名为翕。翕是化成物，不守其本体。辟是不化为物，保任其本体的刚健、炤明、纯粹诸德。一翕一辟，是功用的两方面，心、物相反甚明。六、翕辟虽相反，而心实统御乎物，遂能转物而归合一，故相反所以相成。如上六义，体用庶几昭明。心与物皆功用也。功用与其本体应有辨。①

在熊十力的"衰年定论"《乾坤衍》中，他进一步申明体用六义：

一、体用不二，易言之，即是实体与现象不可离之为两界。二、一元实体之内部含藏复杂性，非单独一性可成变动。三、肯定万物有一元，但一元即是万物自身本有之内在根源，不可将一元推出于万物以外去。……四、宇宙万有，从无始以趋于无尽之未来，是为发展不已的全体。……五、乾坤之实体是一。而其性互异，遂判为两方面。乾坤两性之异，乃其实体内部之矛盾也。乾主动开坤，坤承乾起化，卒乃化除矛盾，而归合一。宇宙大变化，固原于实体之内部有矛盾，要归于保合太和，乃利贞。此人道所取则也。六、孔子之外王学。……孔子于《乾》《坤》二卦，创明废绝君主，首出庶物，以"群龙无首"建皇极。②

上述两段引文是熊十力后期著作（《与友人论张江陵》，1950 年；《论六经》，1951 年；《原儒》，1956 年；《体用论》，1958 年；《明心篇》，1959年；《乾坤衍》，1961 年）中，集中论述本体性质和体用关系的文字。两段

---

① 熊十力：《明心篇》，《熊十力全集》第七卷，湖北教育出版社 2001 年版，第 166—167 页。
② 熊十力：《乾坤衍》，上海书店出版社 2008 年版，第 187—189 页。

文字均强调本体的复杂性,二者不同之处在于,后者将孔子之外王学列入其中,由此亦可见后期熊十力对外王学越来越重视。

如果我们将上述引文和熊十力前期有关本体的论述相对比,会发现他关于本体的性质的认识发生了很大的变化。首先,在《新唯识论》中,熊十力认为本体的性质是单纯的,是法尔清净的。而且,心、物的相反相成关系是于大用流行上去说的。此处,熊十力已将物质、生命、心灵等复杂性归属于本体。本体不再具有单纯的性质,本体包含了物质、心灵两种性质,而此两种相对性质之相反相成正是本体显现为大用流行的原因。这种变化其实与熊十力后期"摄体归用"的思路有关。他在《乾坤衍》中曾指出:"欲究明实体的性质,惟有总观宇宙万有发展不已的全体,方得明了实体的性质是复杂而不单纯。宇宙万有从无始时来,由物质层进至生命层、心灵层,元是发展不已的全体,无可割裂。吾人从全体观察,便见得宇宙万有之实体是具有复杂性,决不是单纯性。如果是单纯性,即实体内部本无矛盾,如何得起变动、成功用。犹复当知,宇宙万有动而愈出,此其层出不穷之故,亦不得不推原于宇宙实体内部本含载复杂性。"① 在此熊十力解释了其关于本体复杂性的定论,其实是由宇宙万物之全体具有复杂性上溯而来,是在肯定宇宙万有真实性的基础上,反观本体,认定其应具有复杂性。这显现出熊十力后期思路的变化。熊十力前期在《新唯识论》中曾说:"宇宙万象,唯依大用流行而假施设。故一切物但有假名,都非实有。"② 此处可以看出,他前期并不认为作为物质性存在的宇宙万物是真实的,只是在宇宙万物是本体变动之功用的意义上,肯定万物是真实不虚的。亦因此他于翕辟成变中更加肯定辟的真实性,而认为翕只是辟显现自己的工具。熊十力遂以真俗二谛之说对宇宙万物之真实与否予以调和,但他前期的宇宙论中毕竟是存在自相矛盾之处的。晚年他对宇宙万有真实性的肯定,可以说纠正了其早年在宇宙论中的不足之处。

熊十力后期肯定宇宙万有真实,其实亦是由对科学的肯定上溯而来。科学是对物理世界的研究,如果物质存在是虚假的,科学便无从立足。这

---

① 熊十力:《乾坤衍》,上海书店出版社 2008 年版,第 124 页。
② 熊十力:《新唯识论》,《熊十力全集》第三卷,湖北教育出版社 2001 年版,第 275 页。

也是他前期从俗谛的视角肯定万有的真正原因，但似乎他有感于前期此种俗谛之说未能真正肯定物质存在的真实不虚，所以后期才有所修正。熊十力后期对物的肯定，从一定意义上来说是发展科学的要求。而在中国传统文化中，对物及由物引发的欲望，是持相当消极的态度的。

熊十力后期认为本体具有物质、心灵的复杂性说明了他对物的重视。另一点值得我们注意的是他在《乾坤衍》中不再从翕辟成变的角度来说明宇宙的生成，而是从"《乾卦》言'万物资始'与《坤卦》言'资生'"[①]来说明，他说："乾是大生的健力，是时时向着无尽的未来而开发。乾是主动，导坤。坤是承乾起化，而生物。故推究万物所由始，不能不谓其资取于乾方成其始。坤有实质故，能凝而成物。万物资取于坤以有其形体，而乾道实斡运乎形体之中。坤含载乎乾，承其开发未来之正向。坤与乾合一，遂有以形相生之创造性的成功。"[②] 在此，作为物质性存在的坤不再是乾显现自身的工具，即不同于其前期将翕说为辟显现自身的工具。坤本身具有了自己的自体。乾的资始与坤的资生共同作用形成了宇宙万物。

熊十力后期"摄体归用"的思路，不仅肯定了物质的真实性，同时也肯定了宇宙万物是各个自足的个体。在《乾坤衍》中他解释"乾元资始""坤元资生"中之"资"的意义为资取时，曾说："孔子说资取一字，正与乾元、坤元二名应合。乾坤并以一元为其所有之元，明示一元不在万物自身以外。资取之义，则以万物自为主故、自有力故、自有权故，能取诸自身本有内在之元，以成其始、以广其生。万物是大生、大有，日新不已。宇宙是大生、大有，日新不已。人生是大生、大有，日新不已。"[③] 熊十力认为，万物各个资取本体以为自体，且本体不在万物之外，所以万物真实不虚，圆满自足，不需要外力或神力来予以肯定，万物即是日新不已的主体。他的这种观点显现出一种万物平等的思想和对万物之各个个体的尊重，这显然构成了民主治制的重要思想基础。

"摄体归用"的思路，使得熊十力的后期本体论特别注重物性和个体

---

① 熊十力：《乾坤衍》，上海书店出版社 2008 年版，第 186 页。
② 同上书，第 186—187 页。
③ 同上书，第 177 页。

的自性。"摄体归用",意味着不存在超越万物之上的神或本体的存在。万物即是本体自身的显现,即用即体,体和用不是分张的。对用的肯定不仅仅意味着对宇宙万有真实性的肯定,同时还意味着万物之自性的肯定。对物性的重视是为了肯定科学。对个体自性圆足的肯定,则有利于民主政治的开出。

当然,熊十力在强调个体自性圆足的同时,也一以贯之地强调个体与万物的相通性。他指出:"万物各有的内在根源,即是万物共有之一元。万物共有之一元,即是万物各有的内在根源。万物本来是互相联系、互相贯穿、互相含入、互相流通,不可分割、不可隔绝之全体。故就全体来说,万物是共一根源。就每一物来说,每一物是各有内在根源。"① 在他看来,万物各有的内在根源即是万物共有之一元,因此在本体的意味上,万物互相联系、互相含融、互相贯通,而不可隔绝。因此,治理万物时,便不可厚此薄彼、损东利西,这样做于整体观并无发展。他进而强调众生应遵守"大公至均"之原则,以保障整体的协调发展,即保障万物各个个体均得以发展。他说:"物质凝成实物,便分为无数的个体。生命之流,充满乎大宇,而普遍主领乎无数的实物中。孔子《周易·观卦》,著观生之奥义,确实于自身和万物共有之生生大流,体会亲切,遂乃实践于躬行之际。扩大其天地万物一体之德量,与众生共遵循于大公至均之规矩,而天下一家都无苦乐不齐,强弱异势之悲剧。此乃圣人洞彻本原,同体万物。公均之规矩立,裁辅之大业成。人道崇高至极矣。"② 熊十力由万物一体,推衍出治制应遵循至公至均之原则,他认为这才是成就裁成天地、辅相万物之大业的根本原则。然而他也不无遗憾地宣称:"近代思想,绝不问及此。"③("此",指万物一体。引者按。)而这正是他要赋予民主的儒家精神。

值得注意的是,熊十力晚年对"天下为公""大公至均"治制原则的推重,还含有从个体角度强调"万物各得其所"的意味在其中。他指出:

① 熊十力:《乾坤衍》,上海书店出版社 2008 年版,第 169 页。
② 同上书,第 207 页。
③ 同上书,第 214 页。

"人在群中，有其所应尽，有其所应得。所应得者：如人生本有天赋之良知良能。然若不得受教育，则其知能不获发展。故受教育之利益，是人生之所应得而不可失者。而大多数人常不可得。……所应尽者：天下之人人，应该同有共决天下事之权，及以力之所能图报于社会，是其义不容辞。而最大多数人常不可得一自尽己力之地，……盖就过去有上下、贵贱、贫富等阶级存在之社会而言，将欲万物各得其所，诚哉不可能也。上述两义，余寻玩良久，而后悟圣人于《大易》创发'群龙无首'之根本原理。无首则万物各各自主，亦复彼此平等互助，犹如一体。此人道之极则，治化之隆轨也。"① 在熊十力看来，"万物一体"与"万物各得其所"是一体的两面，基于万物一体，对均平原则的推崇正是为了实现万物各得其所，使各个个体都能得其所应得，尽其所应尽，而"群龙无首"的儒家民主政治恰好可以实现二者的统一。

熊十力曾在《明心篇》中还以心和物的不同来分辨中西学术。他说："古代哲学与近世科学，各自有其根柢，不可看作是新旧悬殊。……根柢各别者，两种学术各有根柢，向下发展不得不万殊。……余以为科学日益之学，其根柢在物，不独以发见物质宇宙的秘密为务，而其变化、裁成乎万物，俾宇宙富有日新，是其任甚重也。古哲日损之学，其根柢在心，盖损除一切碍心之物，不容自欺自蔽。"② 他认为，中国古学作为体道之学，即是古代哲学。古代哲学和今日科学之不同，实在于根柢处。哲学根柢在心，科学根柢在物。中西学术的分野由此彰显。中国古代哲学和近世西方科学各执一端而向不同的方向去发展。这一判定，很容易让我们联想到梁漱溟对中西文化不同的阐释。梁漱溟认为中西文化的不同，是根本路径的不同，而且从中国文化是无法走向西方文化的。熊十力在此也意识到中国哲学与西方科学是有分野的，是两种不同形态的学问，而且从心、物两个维度对它们作了科判。他指出西方科学是向外发展的"逐物"之学。中国的学问则是返己之学，以心为研究对象。（当然，此处之心是本心，而非普通心理学意义上的心。）中西学问的不同是研究对象的不同或者说所关

① 熊十力：《乾坤衍》，上海书店出版社 2008 年版，第 214 页。
② 熊十力：《明心篇》，《熊十力全集》第七卷，湖北教育出版社 2001 年版，第 173 页。

注的问题不同而导致的学术分野。这是熊、梁二人观点的一致之处。他们二人观点亦有不同之处，梁漱溟认为中西文化各走一路是无法融合的。熊十力晚年提出的本体包含物质、心灵两种性质，心、物是一体之两面，这其中便已经蕴含着一种融合的可能。熊十力申明，对心或物的局守，都是不完备的，由此而上溯则推出古代哲学和今日科学所认取之本体必然亦是不完备的。他根据其心、物非异体与不可分割之最高原理，通览古今学术，发现中国古学中之佛道二家重心而轻物，只求明心、治心，而轻视物，排斥知识。惠子逐物之学和近代科学则重物而轻心，只求明物、治物，而不知返已之学，甚至将心理看作物理。基于此，熊十力提出了如下的补救措施："学术有畸重物，有畸重心，本难免之势。但从事于物者，毋只知有物而不知有心；从事于心者，毋只知有心而不知有物。则畸重畸轻之患亦可补救，而于心、物无异体之本然，庶乎不相害已。"① 而儒学正可担当此任，因为儒家正是以心、物并重为学的。由此亦可见熊十力后期对本体论的修正，是为了更好地融合中西文化。本体包含了物质性，那么就可以由儒家"心""物"一体的本体中开出科学和民主之用。

此外，正如梁漱溟先生所质疑的那样，当本体的性质也包含了物质性的时候，也就意味着本体具有了恶的因素。梁漱溟批评道："熊先生以乾阳坤阴说明人生善恶之所从来，虽自称非二元论，却明明说本体性质复杂非一，岂不坐实了人生之有其恶的一面？恶非实有，你坐实了它，宁非失败？"② 熊十力其实在论述中注意到了这一点，他依然强调本体唯善，因为心是统御物的，即阳明之性统御阴暗之性，且阴暗之性终究会随顺阳明之性，归于太和。然而他最终还是将恶归源于"随顺躯壳起念"。他说："余以为人生丧失乾道，至于下坠或陷于滔天罪恶，而寻其恶根，无非'随顺躯壳起念'而已。"③ 他认为，人生只有以乾阳统御坤阴时，才不陷入罪恶，当坤阴统御乾阳时，便陷入了罪恶之中。这里我们不难看出熊十力的

① 熊十力：《明心篇》，《体用论》，上海书店出版社 2009 年版，第 218 页。
② 梁漱溟：《读熊著各书书后》，《梁漱溟全集》第七卷，山东人民出版社 2005 年版，第 769 页。
③ 熊十力：《乾坤衍》，上海书店出版社 2008 年版，第 210 页。

自我矛盾处。当他出于肯定科学、民主的考虑，必须肯定物性以及物引发之欲的合理性。然而当他涉及人生道德修养时，又不得不否定物所代表的坤阴之性，并将其看作是恶之根源。他对物的态度毋宁说是分张的。由此我们也可以窥见其晚年之衰年定论中的本体论依然是无法自洽的。

其次，熊十力后期思想中，关于本体论的另一个显著变化则是本体不再是圆满自足的，不再是"永远不会改变的"①。本体犹如种子那样，仅仅是具有圆满的可能性而已。本体显现为大用流行，并不是大用流行中的每一个事物都一定会完全实现本体的所有潜能。熊十力在《明心篇》中谈"天"待"人"而成之微旨时曾说道："天者，实体之称。实体只有无限的可能，不可谓其一切圆成。……如果万物的一切发展都是实体元来储蓄得完完全全，哪有此理乎？余肯定万物有根源，但此根源只具有无限的可能。"② 一如种子具有的仅仅是发芽、生根、生叶、生枝、生干乃至开花结果的可能而已，本体亦是具有无限的可能性，是否能够实现其全部潜能还要待万物自己的努力和环境决定。熊十力还说："余主张万物与吾人各各以自力发展其本体之潜能，其开拓丰富，无有穷尽；其变化日新，不守故常。万物之变化与开拓，皆以自力扩大其本体，《大易》所以尊万物而赞之曰'大有'也。"③ 这样，熊十力便把本体实现的圆满程度与人和万物自己之努力联系起来，将弘道的重任赋予人与万物自身。就人而言，人禀天而生，天不在人之外，人即是天，而天亦只是潜能而已，天之显现要靠人自己的努力来实现。由此，熊十力将本体的实现描述为一个动态的过程，而不再是静态的自足圆满。本体亦赋予万物，并内在于万物，本体的呈现犹如种子生长，取决于万物的自我成全。个体成了真正的主体，其本性自足，无待外求，而本性的实现状况，取决于其自我的努力程度。

这一变化也是与其后期"摄体归用"的思路相关。当熊十力从用出发，肯定宇宙万有为真实存在时，也就意味着将本体变动不息视为宇宙万物的发展。那么，宇宙万物发展不齐，如何解释？且宇宙万物尚处于发展

---

① 熊十力：《新唯识论》，《熊十力全集》第三卷，湖北教育出版社 2001 年版，第 94 页。
② 熊十力：《明心篇》，《体用论》，上海书店出版社 2009 年版，第 198 页。
③ 同上书，第 199 页。

变化之中，如何判断宇宙万物何时实现了本体具备的万理万德？熊十力将本体看作是潜在的可能，这样便将实现本体的动力和责任赋予了宇宙间各个个体，也以此说明了本体时刻处于变动不息和创化不已的过程之中。

熊十力晚年称仁为用，其用意亦在于此。他说："宋明儒以仁为本体，甚失孔子之旨。仁是用，究不即是体，谓于用而识体可也，谓仁即是本体则未可。又复当知，仁心只是万德之端。程子言天理，则以为只须诚敬存之。阳明言良知，则以为良知无所不知，而改变《大学》格物之本义。殊不知，民智未进时，即缺乏格物之知，其所谓道德者常是大不道。……道德之源即仁心也。仁心之发为行动，主断以趣事变，毕竟须格物以精其知，而毋误用其仁。此乃人之自成其能，以扩充其仁而善用之，是人道所以立也。"① 在熊十力看来，仁心作为本体的发用，由即用即体故，亦可即用识体，而不可说仁即是本体，这是因为后期本体仅仅是无限的可能，其显发是一个动态的过程，仁仅仅是这个过程的开端。这样也就意味着熊十力即用即体的说法在后期亦有所修正：即用可识体，而非即是体。这一变化说明熊十力后期更为强调本体亦是处于发展变化之中的。作为万德之端的仁心，仍需人尽其能于格物以精其知，彰显本体智之一维，由此仁智交互共同趋赴本体圆成之境。本体的显发亦是一个过程，是由端倪走向盛大的过程。

值得注意的是，熊十力在《乾坤衍》中，还指出本体犹如种子含有种种复杂性（即包括生长出芽、叶、枝干、花朵、果实的复杂性），其最终实现亦犹如果实，可能超越种性而变得更好。他说，其果实最后"定与其种性相似。而果起时，随所遇之缘，往往有所变于其种性，不尽肖之。然亦不会丧失种性，以至全无相似处。且果之储能，往往视其种性更加增大"②。熊十力认为，本体只是具有种种潜在的可能性。犹如种子，其显现出来的现实可能随缘变化，但终有所相似，且可能超越其原来具有的可能性，发展得更好。在此，熊十力便将本体的潜在性的实现相对化了，而将更大的主动性赋予了万物自身。这样，本体不仅是变动的，且是向着更好

---

① 熊十力：《明心篇》，《体用论》，上海书店出版社 2009 年版，第 196 页。
② 熊十力：《乾坤衍》，上海书店出版社 2008 年版，第 157—158 页。

的应然去发展的。本体所指示的亦不再具有前期的圆满自足性，而是一个不断祈向应然的动态过程。这样便透现出一种万物自主的精神，将来会怎样并不是必然的，唯视自我努力的情况而定。万物各个个体各自努力以实现自己的本性，但本性的实现状况，也会因现实中所遇境域不同而呈现出差异，然而终有可能，如"果实"超越"种性"一样，超越其本有之性，而趋向更为完善。个体成了创造历史的主体，也担负起功过自承的一种责任。而这种对个人主体地位的强调，无疑是将历史发展的动力之源归属于每个个体，也为民主治制奠定了思想的基础。

上述两方面是熊十力后期本体论不同于前期的地方，而其始终坚持"体用不二"，这是没有变化的。也正是基于"体用不二"的根本原理，他才转换前期"举体成用"的思路为"摄体归用"。此外，他坚持的价值归趣也始终没有发生变化。前期"举体成用"，他以仁为体。仁，即是良知，即是道德之善。后期，他"摄体归用"，肯定科学和民主而上溯本体。本体虽具有物质、心灵等复杂性，但是心灵是统御物质的，其所言之心灵是乾阳之性，依然是指良知，指道德之善。综上所述，熊十力的前期和后期思想是一以贯之的，只是论述的侧重点发生了变化。而变化前后，同样是为了由儒家之体开出科学、民主之用。这正是熊十力前后期一直都在思考的核心问题——如何真正实现"返本开新"。

第六章 "返本开新"

熊十力由"体用不二"的宇宙论，推及"天人不二"的人生论，进而推出"道器不二"的治化论，其最终目的是要实现其"返本开新"的文化设想，即从儒家之学开出民主和科学，以使儒学获得其现代形态，重新担负起"为天地立心，为生民立命，为往圣继绝学，为万世开太平"的重任。民主和科学，在熊十力看来是产生于以"欲"为基的西方文化的，但这并不意味着中国传统文化中没有民主和科学的根芽，所以他认为返回儒家之本始精神，即是为了充量显发中国传统文化中本已具有但未能顺畅发展的民主与科学精神，并以"性"予以统驭，以纠正其在西方文化中表现出的诸多偏弊。据此，他标举"返本开新"，提出了"以性摄欲"的民主观和"以易道为根荄"的科学观。

第一节 "以性摄欲"的民主

一 革命与民主：熊十力注释六经的"诗眼"

熊十力在对比中西治制之时，曾试图提供可以取二者之长而又去二者之短的治制方案。而这些方案，他是通过对儒家经典的阐释来予以建构的。《易经》《春秋》《礼运》《周官》，是他最为看重的经典，而对这些经典的看重，是与其中包含有民主的因素有关的。当然，这些因素的被发现又是与熊十力富于个性的阐释相关的。

熊十力之所以选定上述经典予以阐发，是因为在他看来其中包含着民主思想。而他又认为这些民主思想是孔子晚年思想的定论。他在《六经是孔子晚年定论》一文中指出："孔子早年当无革命与民主等思想，他还是承唐、虞三代群圣的遗教而欲得君行道。……孔子四十岁后大概渐有革命思想，……从五十学《易》到七十四临终共二十余年中，不独他的内圣学方面，较之五十以前有很大的变化。而其外王学方面必根本改变了从前欲依靠统治阶层以求行道的想法。"① 这样，熊十力将孔子的思想分为前后两个阶段，前期是小康之学，后期乃是大道之学。在他看来，六经中除了《诗》传、《书》经传亡佚以外，其他经典都是经过了汉儒的改窜的。而其改窜的目的是维护封建帝制。熊十力从中拣择孔子之真意，以阐发其中所包含的儒家民主思想。熊十力认为："至孔子作《周易》，（周者，普遍义。《易》之道，无所不在也。）始断绝术数而纯为哲学大典。"② 而汉代人传《易》多侧重于术数，变乱经旨。然亦因此，《易》经大体得以较好的保存。《春秋》经，则遭变乱更甚。熊十力指出，唯有《史记自序》所载董仲舒私语司马迁"《春秋》贬天子，退诸侯，讨大夫"等数语，何休所述三世义等为孔子之口义流传。他认为，《礼记》集成于汉人之手，其中采录了孔子的《乐记》《礼运》《大学》《中庸》等篇，但可惜孔子的这些新作皆遭汉人窜改，变乱孔子的大道之学的主张，从而使得《礼记》表现出的是孝治思想，最后熊十力断定："《礼经》之为孔子创作者，惟《礼运》、《周官》二经，此余所往复详究，而后敢作此判定也。二经皆根据《春秋》而作，《原儒》辨之甚明。"③ 在熊十力看来，《礼运》《周官》为孔子创作，且是以《春秋》为根据而作。

熊十力对经典的考证，屡遭学人的诟病，如张岱年、余英时④等人就曾对其予以批评。也有一些学者从阐明发挥经意的角度对熊十力的经学思

---

① 熊十力：《原儒》，《熊十力全集》第六卷，湖北教育出版社 2001 年版，第 746—747 页。

② 同上书，第 770 页。

③ 同上书，第 750 页。

④ 张岱年在《忆熊子真先生》一文中曾说："熊氏在《原儒》、《乾坤衍》中关于儒家经典真伪的考据，大多不符合科学考据的要求，多属臆断；他对于汉宋诸儒的评论，亦多不中肯綮，不符合各家思想的原义。"（《玄圃论学集》，生活·读书·新知三联书店 1990 年版，第 35 页。）余英时在《钱穆与新儒家》一文中曾说："熊十力对儒家经典的态度则已远非'六经注我'四字所能形容，他简直是兴到乱说，好像是一个不学的妄人一样。"（余英时：《现代学人与学术》，广西师范大学出版社 2006 年版，第 21 页。）

想予以同情理解。如林世荣在《熊十力春秋外王学研究》中曾说："熊十力虽非直接著经或注经，但亦不以解释经书或训诂考据为极至，乃直叩经意，阐明圣人经世济民之道。"[①]熊十力对于经典的阐释，无疑是以六经注我的方式来进行的，尽管其考证有不严密之处，但他试图赋予儒家经典以新时代的活力的努力，是应该肯定的。我们考察其民主思想，更应该透过他对经典的阐释，看到他自己的理论建构。

熊十力于《原儒序》中曾就其着重阐释的诸经典之间的关系作了如下说明："《原外王篇》以《大易》、《春秋》、《礼运》、《周官》四经，融会贯穿，犹见圣人数往知来，为万世开太平之大道。格物之学所以究治化之具，仁义礼乐所以端治化之原。《春秋》崇仁义以通三世之变，《周官经》以礼乐为法制之原，《易大传》以知物、备物、成物、化裁变通乎万物，为大道所由济。夫物理不明，则无由开物成务。《礼运》演《春秋》大道之旨，与《易大传》知周乎万物诸义，须合参始得。圣学，道器一贯，大本大用具备，诚哉万世永赖，无可弃也！"[②]熊十力指出其所言的孔子之治制主张，是由对《大易》《春秋》《礼运》《周官》四经融会贯通而得。《春秋》明确社会治制应以仁义为本，并以三世之变为社会治制发展变化的纲领。《周官》说明应以礼乐精神作为法治之根本。《易大传》倡明格物之学，以开物成务。《礼运》与《春秋》《易大传》互为补充，互相说明。在熊十力这里，四经俨然形成一个关于社会治制的理论体系。他在《六经是孔子晚年定论》中又说道："《易》为五经之原，《春秋》仅次于《易》，以视他经，则又独尊焉。孟子曰：'《诗》亡，然后《春秋》作。'其言《诗》亡者，孔子晚年列国昏乱日甚，民间不得以怨声上达，故谓《诗》亡，于是有废除统治之思而作《春秋》，《礼运》、《周官》二经皆继《春秋》而作。《乐经》与《礼运》、《周官》相辅而行。《诗》、《书》经传当作于二礼之后。"[③]在这里，熊十力对孔子作五经的顺序大体做了说明，而且突出了《易经》在五经中的首出地位。他又说："汉儒言《易》为五经之原，此七

---

① 林世荣：《熊十力春秋外王学研究》，（台北）花木兰文化出版社 2008 年版，第 2—3 页。
② 熊十力：《原儒》，《熊十力全集》第六卷，湖北教育出版社 2001 年版，第 311—312 页。
③ 同上书，第 768 页。

十子后学相承之说，而汉儒传述之也。内圣外王之学皆备于《易》。《春秋》与《礼运》、《周官》虽特详外王学，要皆根于内圣学，惜其原本俱改易，不得而详矣。"① 在此，熊十力按照儒家的内圣外王的框架，将四经予以归置，《易经》为倡明本原之作，内容涉及内圣外王之学两个方面，《春秋》《礼运》《周官》三经则侧重于详细说明外王之学。

由此可见，熊十力通过对经典融会贯通的阐述，实际上建构了一套自己的外王学理论体系。《大易》为五经之原，阐明本体论问题，亦倡言开物成务，是内圣外王兼备之书。《春秋》贬天子、退诸侯、讨大夫，并提出由据乱世进至升平世而最后达于太平世的外王学纲领。《礼运》《周官》乃是实现外王学的具体礼乐制度。《大易》阐明仁体，《春秋》《礼运》《周官》本诸《大易》以阐发外王之用。体用不二依然是贯穿内圣外王的内在逻辑。

熊十力还将孔子蕴于六经之中的微言大义予以新的阐释，以揭示孔子之外王学之根本原则。他说："微言有二：一者，理究其极，所谓无上甚深微妙之蕴。六经时引而不发，是微言也。二者，于群化、政制不主故常，示人以立本造时通变之宜。"② "其大义者，即六君子在据乱世而能致小康之礼教也。"③ 熊十力关于孔子微言的认识，恰恰反映出他自己对儒家外王学的认识。在他看来，外王是内圣的直接推扩，因此亦是本体的显现。他曾经说过，《易经》是由显至隐，从繁然大有中寻得至真理体。而《春秋》则是由隐至显，本至真理体以为治。而这正符合他所指出的孔子微言之意的第一点，治制应立本于深微之理体。他强调治制应立本造时以为变，主张不断更新治制以显现仁体。而这正符合他所指出的孔子微言之意的第二点。正如他所说："立本者，如《大易》《春秋》皆首明元。元者仁也，是万物之原亦治化之本。《礼运》言'天下为公'，公者治本也。《易·革卦》言信，信亦治本也。失其本，不可为治。造时者，《易·乾卦》言'先天而天弗违'是也，秦以后之儒因循不振，久失此义。通变

---

① 熊十力：《原儒》，上海书店出版社 2009 年版，第 317—318 页。
② 熊十力：《论六经》，《熊十力全集》第五卷，湖北教育出版社 2001 年版，第 659 页。
③ 同上书，第 745—746 页。

者，民群之思想与制度过时而弊生，必革故取新，是谓通变。"① 可见，熊十力主张，本仁以主动造时更化治制，不断革故鼎新，最终达至天下为公之盛治。因此，熊十力关于孔子六经微言的阐述，亦可看作是熊十力"新唯识论"之外王学的宗趣所在。体用不二，是熊十力多年体证而得，亦是其学说一以贯之的根本原则。立本造时以革故鼎新治制，其实即是革命之意。天下为公，即是太平世之群龙无首，人人有士君子之德的至治，即是实现民主。所以，熊十力透过经典所阐释的外王学不同于前贤的根本特点即在于通过革命以实现民主，而这是熊氏之前阐释经典和构想治制的先贤所未能及者。正如他在《原儒》中所说："孔子外王学之真相究为何种类型，其为拥护君主统治阶级与私有制，而取法三代之英，弥缝之以礼义，使下安其分以事上，而上亦务抑其狂逞之欲有以绥下，将以保小康之治欤？抑为同情天下劳苦小民，独持天下为公之大道，荡平阶级实行民主以臻天下一家，中国一人之盛欤？自汉以来，朝廷之宣扬与社会上师儒之疏释或推演，皆以六经外王之学属于前一类型。余由《礼记》中之《礼运篇》而详核之，已发见其削改原书，如前说讫，即由《礼运》之书被改窜而可判定六经外王之学，确属于后一类型。"② 熊十力指出孔子外王之学，确然属于同情劳苦人民、主张消灭阶级、实行民主治制的类型。这里我们毋宁说，熊十力是在借孔子之外王学来表明自己心所向往之外王学，而诉诸革命和民主亦是其阐释经典迥异于前儒的特点所在。

在熊十力看来，孔子于《春秋》经中所阐发的三世义即是通过革命实现民主，达至群龙无首完美治制的根本纲领。他在《原儒》中比较了何休和公羊寿、胡毋生对《春秋》三世义的不同阐释：

何休所述孔子三世义：

所传闻世	见治起于衰乱之中，是为据乱世。
所闻世	见治升平，是为升平世。
所见世	著治太平，是为太平世。

---

① 熊十力：《论六经》，《熊十力全集》第五卷，湖北教育出版社 2001 年版，第 659 页。
② 熊十力：《原儒》，《熊十力全集》第六卷，湖北教育出版社 2001 年版，第 451 页。

公羊寿与胡毋生所作《公羊传》之三世义：

所见世　　　臣当怀君深恩。

所闻世　　　以义绳臣道。

所传闻世　　世远不以恩义论。①

　　熊十力认为，前后二者对三世义说法迥异，而蕴于其中更大的差异在于对封建帝制态度的不同。公羊寿、胡毋生对三世的解说是从君臣恩义的角度来阐述的，其实是在为统治阶级辩护。何休对三世的解说则是孔子本义，是"明天下为公之道，创天下一家之规，为全人类开万世太平之治"，是"革命而蕲进太平盛治之总略"②。他指出："三世之说，明示革命成功与社会发展，实由斗争而归和同。"③"三世本一事。一事者何？裁成天地，改造世界也。"④ 在他看来，春秋三世之说，即是孔子关于消除统治阶级、均贫富、消除小己之私，开物成务，及于人类一家之构想。

　　关于《礼运》，熊十力则从"大道之行也，与三代之英，丘未之逮也，而有志焉"一语，看出矛盾处：小康和大同是两种思想，孔子何至于将二者并存？由此断定"与三代之英"五字以及其中包含的小康思想是为汉儒窜乱。而除去窜乱，可以发现《礼运》所阐述乃是"大道之行也，天下为公"的大同理想，乃是"由升平而趋进太平之治道"⑤的具体途径。

　　关于《周官》经，熊十力认为此为孔子所作，是"拨乱起治之书"，"承据乱世衰弊之余，奋起革命而开升平之运，将欲为太平造其端，立其基，所以有此经之作"⑥。在熊十力看来，《周官》经所言主要是由据乱世经革命以进入升平世，并就升平世如何立基有所说明。而《周官》所言之政治主张在于："取消王权，期于达到《春秋》废除三层统治之目的，而

---

① 熊十力：《原儒》，《熊十力全集》第六卷，湖北教育出版社 2001 年版，第 485—486 页。

② 同上书，第 490 页。

③ 同上书，第 499 页。

④ 同上书，第 502 页。

⑤ 同上书，第 512 页。

⑥ 同上书，第 519 页。

实行民主政治。"①

综上所述，熊十力以三世说为纲领，建立了一个较为完备的理论体系以阐明自己的治制主张。根据《易经》所阐明的本体之性——仁，即公，倡言天下为公之大同理想，据《易》理所言每一事物均有始、壮、究三个阶段，而提出三世说，据乱世是始，升平世是壮，太平世是究。熊十力于《论六经》中说道："明群变万端而酌其大齐以张三世，曰据乱世、升平世、太平世，其义亦本于《易》。《易纬·乾凿度》明万物之变皆有始、壮、究三期，物初生为始，长大曰壮，归终名究，此三期者，物变之大齐也。……《春秋》据《易》义以推群变而张三世，据乱，群之始也；升平，群之壮也；太平，群之终也，三世所以每进而不守其故者，由有突化焉耳。"② 此处"突化"正是熊十力倡导革命所据之易理。他说："《易》明天之化恒突起而不用其故，《春秋》、《周官》明人道法天，以为功于其群者，亦曰导之突化而已。鄙哉！何休之排《周官》也，乃以为六国阴谋之书而排之。何休所云阴谋，不无所见，盖《周官》之制，正所以革除据乱世之群制群俗，乃突化而不守其故也。突化者，革命所本也。"③ 在熊十力看来，突化本是天道，人法天道，将突化显现于社会治制即是革命，而《周官》经正是阐明据乱世需由革命以进升平世。熊十力还通过对《周官》《礼运》的阐释分别说明，通过何种具体的方案来实现由据乱世进至升平世，进而进入太平世。《周官》经所阐明的治制，正是熊十力外王学之民主治制得以实现的关键阶段——据乱世以至升平世——的具体构想。正如他所说："《周官》之政治主张，在取消王权，期于达到《春秋》废除三层统治之目的，而实行民主政治。"④ 因此，熊十力很重视《周官》经，将其与《易经》《春秋》并称为三宝。总之，革命和民主是其三世说所要阐明达于大同世界的必由之路。

---

① 熊十力：《原儒》，《熊十力全集》第六卷，湖北教育出版社 2001 年版，第 519 页。
② 熊十力：《论六经》，《熊十力全集》第五卷，湖北教育出版社 2001 年版，第 733—734 页。
③ 同上书，第 735 页。
④ 熊十力：《原儒》，《熊十力全集》第六卷，湖北教育出版社 2001 年版，第 519 页。

二 中国文化中的民主思想

熊十力对于民主的谈论是有其具体的历史背景的。熊十力曾参加过辛亥革命，虽然在辛亥革命以后，绵延两千余年的封建帝制被消灭了，然而其后又出现了洪宪帝制和北洋军阀专制，专制之毒并未革除。熊十力曾在《十力语要》中说道："及民六七，桂军北伐，余曾参与民军，旋与友人天门白逾桓先生同赴粤。居半年，所感万端，深觉吾党人绝无在身心上作工夫者，如何拨乱反正？"[①] 从他上面的话语中，我们可以看出他对革命党人中存在的私欲障蔽其心现象的担忧，以及对革命与民主观念未能深入民心的深切忧虑。众所周知，"五四"运动才真正触及了中国固有传统教化的根本，才有了对"教"的批判性反省。与"五四"运动相伴随，出现了全盘西化的倾向。然而，全盘西化毕竟是在否弃自我固有传统的基础上进行的，在熊十力看来以如此急切的自我否弃方式来迎合西方文化的做法是值得怀疑的。他认为没有根荄的科学、民主思想无法在中国真正得以实现。正是在这样的背景下，熊十力全心投入学术。也正因如此，熊十力的学术研究特别注重人之道德主体性的建构和中西文化的融通。透过这样的历史背景，我们或许可以找到熊十力对儒家心性之学由衷认可的原因，以及其融贯中西建构当代新儒学的真正意图。熊十力对于民主的思考亦有这样的特点。他试图打通儒家的心性之学和西方现代的民主观念，以建构具有中国文化之根的民主。

以中国儒家传统的仁治为根来发展民主，这首先就意味着，中国文化中本有民主的根芽。熊十力称赞历史上具有民主思想的人物，如孔子、张江陵，并对他们的民主思想予以阐释。他将孔子视为推崇民主思想的重要人物，称孔子为"天纵之圣，真有与民同患之心者"[②]，称赞孔子外王学"同情天下劳苦小民，独持天下为公之大道，荡平阶级实行民主以臻天下一家"[③]。并结合《大易》《春秋》《礼运》《周官》四经阐明孔子天下为公

---

① 熊十力：《十力语要》，上海书店出版社 2007 年版，第 293 页。
② 熊十力：《原儒》，《熊十力全集》第六卷，湖北教育出版社 2001 年版，第 451 页。
③ 同上书，第 450 页。

之理想与制度。熊十力对张江陵思想的评价是："江陵政治思想，在秦以后二三千年间，可谓创见……尊主即虚君共和制，庇民即援助大多数勤苦民众而严惩依托政治阶级之豪门巨猾，破除封建痼习，为民主先导。信乎天纵之英哲也！虚君理想在今虽成过去，然其精神则重在民主也。"① 在他看来，张居正其实是在实践虚君共和的政治主张，这虽未免牵强，也透现出熊十力竭力搜寻中国传统文化中民主根芽的苦心。

他还将法家正宗视为与西洋民治思想有遥合者。熊十力于《读经示要》中指出："余意法家正宗，必与西洋民治思想有遥合者。考《淮南》书中所引，法原于众，及法籍礼义者，所以禁人君使无擅断也等语，其义宏远。法原于众，似与《民约论》相近。要之，法必由人民公意制定之，非可由在位者以己意立法而钳束民众，此实民治根本精神。"② 他认为，法家正宗关于"法原于众"的说法，近于西方的《民约论》，它们在本人民公意以立法的观念上是相通的。

熊十力上述对中国文化中民主思想根芽的发掘，为的是阐发自己对民主的新理解。

三 立基于"性"的民主

熊十力关于民主政治的思想可以从以下几个方面予以概括：

首先，熊十力所建构的民主政治是以仁为体的。他所谈论的民主政治是与儒家的"天下为公"的大同社会理想结合在一起的。因此，其所说之民主政治是其以仁为体的治化论的一部分。熊十力在《读经示要》中曾说："三世之治，皆以仁为本。据乱世，所以内治其国者，仁道而已。升平世，所以合诸夏而成治，抑夷狄之侵略者，亦仁道而已。太平世则仁道益普，夷狄慕义，进于诸夏。治化至此而极盛，仁体于是显现焉。"③ 熊十力认为《春秋》三世其实是一事，此即拨乱反正，亦即仁道得以逐渐显

---

① 熊十力：《与友人论张江陵》，《熊十力全集》第五卷，湖北教育出版社 2001 年版，第591 页。

② 熊十力：《读经示要》，《熊十力全集》第三卷，湖北教育出版社 2001 年版，第 746 页。

③ 同上书，第 1031 页。

现。据乱世以仁道内治其国,范围犹狭。随着仁体的日益显现,在升平世,其范围已经扩大到了诸夏;在太平世,则更进至人类全体,实现天下一家、"群龙无首"之民主至治。他还曾说《春秋》之元,即是《易经》之乾元,元之用即仁,即用即体,仁亦可称体。《春秋》《周官》《礼运》之治皆以仁为本。由此可见,熊十力在治化论中认可的仁体,即是"天地万物一体"之仁。此仁熊十力继承了孟子所言之仁之意。他在《原儒·外王篇》中解释道:"《孟子》书中有两处指示亲切。其一曰:'上下与天地同流。'其二曰:'万物皆备于我矣。'……孟子于仁确能反己体认,余尝谓其于内圣学有得者,以此。总之吾心不违仁时,便觉此心与万物无隔,故常广爱万物,无所不容,以其视物犹己故也。"① 在熊十力这里,仁意味着与天地万物为一,意味着广爱万物。

熊十力在谈民主时,也主要是从万物一体的"仁"的角度来阐释的。而这和西方所谈民主有很大的不同。西方所谈论的民主虽然也强调道德的意义,例如通过道德来维护社会的公共利益,但主要是从个人的物质利益角度来肯定每个个体应有的权利,如重视个体的生命、财产等权利,这些多是物质性的。而熊十力则认为人的天性的完善是人生更高层次的要求,他所谈论的民主亦是从这个角度来谈的。熊十力并不否定物质性需求,例如他曾谈论食对于治制乃至"性"的完善的重要性,他说:"五常者,人之天性也。何云为食之末?人之生也,形气限之。使食不足以养,则缘形骸而起之贪嗔痴等毒必勃发,占有冲动不可御。而五常之性终不显。"② 可见,熊十力认为性的完善是要以物质性需求满足为基础的,在此基础之上才可以显现五常之性。但是物质性需求的满足,不可看作是人生的终极目的,亦不是其实现民主之治的主要目的,物质性需求的满足最终还是为实现"性"的显现打下基础而已。由此我们可以看出,其谈论之民主,是要实现每个个体的整全人性。这从熊十力对自由、平等的谈论也可以看出来,他在《示菩儿》的信中写道:"自由者,非猖狂纵欲,以非理非法破坏一切纪纲可谓自由也;非颓然放肆,不自奋、不自制可谓自由也。西人

---

① 熊十力:《原儒》,《熊十力全集》第六卷,湖北教育出版社 2001 年版,第 496 页。
② 熊十力:《读经示要》,《熊十力全集》第三卷,湖北教育出版社 2001 年版,第 613 页。

有言，人得自由，而必以他人之自由为界，此当然之理也。然最精之义，则莫如吾夫子所谓'我欲仁，斯仁至矣'。言自由者，至此而极矣。夫人而不仁，即非人也；欲仁而仁斯至，自由孰大于是，而人顾不争此自由何耶?"① 熊十力在此所说之自由显然不完全等同于西方的自由概念，他一方面认同西方关于自由是有界限的观点，同时还指出他认可的自由之核心意义在于"我欲仁，斯仁至矣"的道德的自由。的确，人之为善，是靠自律来实现的，而且人之为善是完全取决于自我，而对外部条件是无所依待的，正如孟子所说是"所求有益于得"。这样熊十力便将自由的含义主要限定在了道德完善的层面上，而与西方的自由意义有了区别。他还说："平等者，非谓无尊卑上下也。天伦之地，亲尊而子卑，兄尊而弟卑。社会上有先觉先进与后觉后进之分，其尊卑亦秩然也。政界上有上级下级，其统属亦不容紊也。然则平等之义安在耶? 曰：以法治言之，在法律上一切平等，国家不得以非法侵犯其人民之思想、言论等自由，而况其他乎? 以性分言之，人类天性本无差别，故佛说一切众生皆得成佛，孔子曰'当仁不让于师'，孟子曰'人皆可以为尧舜'，此皆平等义也。而今人迷妄，不解平等真义，顾乃以灭理犯分为平等，人道于是乎大苦矣。"② 熊十力一方面指出西方的平等主要是法律上人人平等，另一方面又指出平等的真义乃是"人类天性本无差别"。这样他其实突出了平等在人的天性维度上的意义，而人的天性在他那里也主要是指道德之天性。因此，熊十力关于自由、平等的论述都是侧重于道德的层面而言的，与西方追求个人解放的自由、平等的意义是有很大不同的。

在《读经示要》中他还说："所谓人各自由，人皆平等者，人人各得分愿。（分愿者，谓人于其本分上，所可自遂，或应当遂之愿欲。如学问、知能、事业，乃至在国家与社会所应尽之义务，乃应享之权利等等，凡此，皆人生之所愿欲，而复为其人本分上之所可自遂或应当遂者，是名分愿。）彼无所抑于此，此无所抑于彼，是谓人皆平等。人人各以己所欲，度他所欲，自遂，而无损他，是谓人各自由。如是则为至治矣。然此事谈

---

① 熊十力：《十力语要》，《熊十力全集》第四卷，湖北教育出版社 2001 年版，第 367 页。
② 同上。

何容易，必全人类共勉于道德，而后可能耳。"① 熊十力在此所谈自由、平等是至治状态下的应有之情况。而且其所说之平等、自由是融和了"性"的要求和"欲"的要求的。人之道德的完善不用多说当然是人之"本分"上的要求，而实行自由、平等的途径在他看来必须依靠道德。而"应享之权利""应尽之义务"所强调的则是人之生存中与"欲望"相关的价值向度。由此看来，其对自由、平等的论述中最核心的要点即在于对"性"和"欲"关系的处置。既有对欲望方面合理要求的肯定，更有对以"性"为基的必要性的强调。这是一种以"性"为基的对"欲"的融和的尝试。

正是因为熊十力所主张的民主政治以仁为体，以"性"为基，其最终祈向的目标乃是"万物各畅其性"的大同世界，而不仅仅是国家的富强。大同世界即为万物一体之世界，它已经消灭了私有制、阶级、国界、种界和民族主义。正如熊十力所说："有为奴与奴人者两阶级存在，即无平等自由可言，即无共存共荣可言。圣人消除此两阶级，欲人各自爱自立，而后世界大同也，此圣人之仁义惠爱也。又复应知，儒者言治，极于草木鸟兽虫鱼各遂其生、各得其所，人之于物，不可非礼暴杀，此类章则，《礼经》详载。"② 在熊十力看来，私有制、阶级、国界、种界、民族主义等都是妨害"万物一体"之仁的实现的，因此他主张消灭它们，以实现大同理想。如他主张建立文化治区，就是为了替代国家。他说："此治区之意义，只是一种文化团体而已。为同一地域内之民众，有共同之结构，得以表现其公共意力而已。此等治区之性质，其截然不同乎前此之国家者，一为对内无统治层级，二为对外不得利用之以为向外侵略之工具。所云只是一种文化团体者以此。"③ 在他看来，国家常常被统治者所利用，对内进行剥削，对外进行侵略。以文化治区取代国家，正是为了消除这些丑恶的现象，以趋近于大同世界。再如，对民族主义的消解，熊十力是通过转化民族判分的标准来实现的。他说："《春秋》言民族，本无狭陋之种界观念，

---

① 熊十力：《读经示要》，《熊十力全集》第三卷，湖北教育出版社 2001 年版，第 622—623 页。

② 熊十力：《韩非子评论》，《熊十力全集》第五卷，湖北教育出版社 2001 年版，第 369 页。

③ 熊十力：《读经示要》，《熊十力全集》第三卷，湖北教育出版社 2001 年版，第 1056 页。

而实以文野分别之。文者，文明。野者，野蛮。文明者，非徒以其知能大进，富于政治与文化各方面优越之创造已而，而其特长在有礼义。礼义者，仁之发也。仁者浑然与万物同体，故凡所施为必一由乎礼。"① 这样，他便以有无人道（礼义）作为分判文明与野蛮的标准，取代了以知能和政治与文化创造力的高下为分判的标准，由此也取消了种界隔阂。民族成为了相对的概念，礼义成为划分民族的衡准。民族主义也便被取消于对礼义的不懈追求之中。

我们可以发现，熊十力的民主政治与大同理想息息相关，甚至可以说大同理想即是民主政治的极致表现，因此，他所设想的民主政治，已经超越了政治本身，它不仅仅是一种政治制度的设想，而且具有超越的意义，最终是为了实现万物一体之仁，其实它已经成了一种文化意义的秩序。它可以安顿万物于其中，使万物各畅其性，因此也可以说是一种宇宙秩序。

其次，熊十力认为民主即民治，与专制独裁相对。熊十力在《论六经》中明确指出："近时言治者，有以民主一词与民治、民享二词分别言之，吾以为不可。人民如散无友纪，不能会同以发抒公意、治其国政，将谁与主之乎？不能主，又谁与享之乎？余谓民主、民治二词，其义一也。"② 他认为民主之"主"即在"治"。在民主政治中，人民不是被奴役者，而是治理者。正如他所说："治起于下，非如帝制之世居上者可以私意宰制万物，此所以成民主之治也。"③ 熊十力认为民治，其实即是本诸人民之公意以治国政。他在《韩非子评论》中强调民主即是"群众公共意力的发抒"："故政体毕竟以民主为大公之道；不易之规。民主，则群众之公共意力可以发抒；独裁，则一夫昏乱于上而公论无权，甚至捏造公论，而群众之真正公论反消灭于无形。"④ 与民众公意相对立的是王权统治，要实现民治，就必须要消灭王权统治。因此，他于《原儒》中指出民主即是要消灭王权："《周官》之政治主张在取消王权，期于达到《春秋》废除三层

---

① 熊十力：《读经示要》，《熊十力全集》第三卷，湖北教育出版社 2001 年版，第 1069 页。
② 熊十力：《论六经》，《熊十力全集》第五卷，湖北教育出版社 2001 年版，第 700 页。
③ 同上。
④ 熊十力：《韩非子评论》，《熊十力全集》第五卷，湖北教育出版社 2001 年版，第 363 页。

统治之目的，而实行民主政治。"① 在他看来，民主的实现最终必须通过革命。而这也体现在其对《春秋》三世义的解释之中。

民治意味着人民成为参政议政的主体，而熊十力也清醒地意识到，长期处于封建帝制的人民成长为真正的民主政治主体是不可一蹴而就的。熊十力于《读经示要》中描述了君权蜕变的大致过程："三世治法，其略有可言者。据乱世，治起衰乱之中，人民之智、德、力未进也。其时，天下不可无君主。及民品渐高，将进至升平世。则君主制度，虽犹不废，然已改定其职位，仅为百官之长，而失去其至尊无上之意义。其权力即受限制，而不得恣意横行于上。至升平之治愈进，则国之主权，全操于民众。而君主但拥虚位，虽尊崇之至极，而只如偶像，为群众所具瞻而已。及进太平，则君位殆全废，而任公共事业者，一由乎选举，此君权蜕变之大略也。"② 他认为君权应随着民众参政能力的不断提高而逐渐被取消。据乱世，民智、民德、民力皆有所不足，不可骤然取消君主。及升平世，民品渐进，君权亦应随之不断予以限制，直至君主仅拥虚位。至太平世，民品已高，当取消君主。此外，他也提出了培养民众参政能力和习惯的方案。他说道："吾国民众长处于被宰制之地位，一向无参政能力与习惯。清季人士，骤期民主，宜乎欲速不达也。必法江陵明法以庇民，锄豪强之巨凶，佑勤苦之大众。法所宜加，决定不挠。全国之内，无贵无贱，无亲无疏，一切皆受治于法。小民得所庇佑，强梁不得侵欺。如此行之久，则人民合群，参政力量养成之无难矣。"③ 熊十力认为通过立法，以体现人民公意，并通过严格执法，来铲除豪强和强梁，消除人民参政的外在障碍，渐渐使人民可以合作治理国家，以逐渐培养其参政议政的能力，直至实现民主治制。

熊十力还强调"作新民"，使人民能够自觉、主动地参政议政。他说："《大学》之教有三纲领，而新民居次。后文即引《康浩》'作新民'以释

---

① 熊十力：《读经示要》，《熊十力全集》第三卷，湖北教育出版社 2001 年版，第 1044 页。
② 同上。
③ 熊十力：《与友人论张江陵》，《熊十力全集》第五卷，湖北教育出版社 2001 年版，第 583—584 页。

之。'作者,作动义。新者,革新义。此言劳苦下民,当教之兴起改革,不当长受宰割于统治阶层也。"① 这是熊十力从民众自身着眼,强调民众需要不断地教化,以提高其觉悟,只有认识到统治阶级对其所施的各种压榨并非理所当然,才会有所醒悟,进而要求变革,以至于要求实现民主。熊十力在此指出,只有民众能够自觉、自主,才能够实现自治,从而实现民主治制。

熊十力还总结历史经验,认为在专制体制里,统治者为了维护其统治而涣散民众,使民众无法凝聚成整体,没有机会发挥自身力量,从而达到消弭民治基础的目的。他说:"《周官》法度不能行于秦汉以后之天下者,非有他故,吕政暴虐而速亡,刘季鉴其失,乃假宽大之名,而使群众各各孤立,无有组织,正如一盘散沙,皇帝乃穹然于其上,使大臣委郡守县令,以监临散漫无力之民众,如牧人执鞭而挥驯羊。汉以来之帝者皆承此术,民力消亡殆尽,民智闭塞已久,如何可行《周官》法度?"② 在他看来,自秦汉以来,统治者往往通过涣散民众的方式,使其无法聚合,民智因此闭塞,民力因此削弱,更无由实现民主治制。由此,他强调通过"均"与"联"的原则来组织民众,保聚民力,以成民治。

而在历史中,熊十力找到了张居正来作为曾经实现了的民主政治的代表。他认为在当时的历史境遇中,张居正实际上实现了"虚君共和制"的民主。熊十力还将此种理论主张上溯到孔子,他在《与友人论张江陵》中曾说:"《论语》曰:'大哉尧之为君也……唯天为大,唯尧则之。荡荡乎,民无能名焉。''无为而治者,其舜也欤。'此乃孔子假尧舜以为虚君之象,其义别详于《春秋》也。是故儒家虚君之制,置君于无为之地,而尊之同于天,则以天高而无为,象君德也。江陵尊主之意,原本儒家,于商君韩非无取焉。"③ 在他看来,张居正通过尊君达到了虚君的目的,从而实现了民主,而这是本于孔子无为而治的思想,而非出于法家韩非的思想。并且

---

① 熊十力:《与友人论张江陵》,《熊十力全集》第五卷,湖北教育出版社 2001 年版,第 645—646 页。

② 熊十力:《论六经》,《熊十力全集》第五卷,湖北教育出版社 2001 年版,第 732 页。

③ 熊十力:《与友人论张江陵》,《熊十力全集》第五卷,湖北教育出版社 2001 年版,第 578—579 页。

还指出："余著《读经示要》，明《公羊春秋》由据乱进升平之治即虚君共和制。"① 他在此说明，其由据乱世过渡于升平世所主张的治制，即是此种虚君共和之制。当然，熊十力此处的虚君共和制并不是严格意义上西方近代的政治体制。梁漱溟就曾批评道："这里只指出其所说'消灭私有制'、'荡平阶级'、'根本废除统治'和'联邦制'、'虚君共和'、'民主政治'、'社会主义'那种种的话，显然都是不求甚解地在高谈阔论，实难免强不知以为知。"② 这暴露出，熊十力由于对西方治制之学并没有直接而深入的研究，其立言立论难免有牵强附会之嫌。

再次，熊十力认为民主政治是社会发展与变革的主动力。他认为民主即是民治，由此民主政治保障了民众各自发挥其社会功能，从而能够促进社会的发展和变革。在熊十力看来，人之社会功能是人性中所固有的。正如熊十力阐述其本体论时所说的那样，本体是生生不息、创化不止的，而这一性状在人身上体现为本心的健进不息。因此他将政治、经济、文化的创造功能最终溯源于人之创造功能。他说："人类社会，其于政治创造功能、经济创造功能、文化创造功能乃至一切创造功能皆是社会中各分子即各个人所与生俱有，因以形成社会种种功能是无疑义，……民治之本立，则人民相与自谋生计，而开物之功自著。物用不匮而人得免于资生之累，其灵性生活脱然无系，夐然无待矣。宗教、哲学、文艺乃至科学等等知能莫不发达，推其原，唯民主之治乃收斯效。据此，故应说言政治民主③实为经济文化各方面改革之主力。"④ 这样，熊十力便将政治民主视为最为重要的社会功能，政治民主可以推进经济和文化事业的发展。这显然不同于经济基础决定上层建筑的理论（这是其后期思想不受主流意识形态影响的一个例证）。在此，他强调的是人民各畅其性才是社会发展的根本动力。而能够保障这一根本动力实现的关键在于政治民主。政治民主可以予以人们生存需求的满足和发挥自己本有天性的机会，而在人民各畅其性的基础上，经济、

---

① 熊十力：《与友人论张江陵》，《熊十力全集》第五卷，湖北教育出版社 2001 年版，第 578 页。
② 梁漱溟：《读熊著各书书后》，《熊十力全集》附卷上，湖北教育出版社 2001 年版，第 717 页。
③ "民主"属政治范畴，如果如熊氏有时之诠释、将其纳入道的范畴，则是范畴之误置。
④ 熊十力：《论六经》，《熊十力全集》第五卷，湖北教育出版社 2001 年版，第 684—685 页。

文化等事业才能够不断取得发展。其实这样熊十力最终将社会发展的动力归诸人之本性的不断完善和推扩。他曾说道："经济问题逼迫于吾人，使得不求解决，吾非不知也。然人者，有灵性生活之动物也，有无限创造功能也，如政治创造功能、经济创造功能、文化创造功能乃至种种创造功能，皆人之所与生俱有也。经济问题之逼迫于吾人，只是予吾人以一种刺激，确非吾人革命行动之主因。"① 由此可见，熊十力认为，各个人之创造功能的显发，才是社会发展的最终动力和源泉，经济问题只是外缘而已。

复次，"万物与我为一"的个体与整体关系。熊十力认为，个体所得之性，即是万物整体之性，个体之性即是性体之整全，从此意义上说，仁体盛显的境界就是万物与我为一，即我即万物，万物即我，物我之间并无截然的对立与分别。何信全由此认为熊十力的民主是群体性的民主，他说："熊十力论儒家哲学，乃是以仁为体。仁者以天地万物为一体，故儒家外王学之哲学基础，在弘物我同体之量。就此而言，熊十力所阐述的儒家新外王理论，并非以个人为基石，而是以群体为基石。"② 在此我要指出的是，何信全依循个体之性即万物之性的逻辑，从而推演出如下说法的成立：个体即群体。由此提出熊十力阐述的民主是以群体为基石的。然而，如果从个体的角度来说，群体即个体，亦是可以成立的，亦可以说熊十力所阐述的民主是以个人为基石的民主。因此何信全的说法是片面的。而且他仅仅注意到了个体和群体的相通，而忽略了个体和整体相通的出发点是个体。熊十力是站在每个个体的角度来说明万物与我为一的。他通过此欲以凸显的是个体的主体性，而非个体屈服于群体。正如他在《韩非子评论》中指出的："如其有不自由之集体，则是以人类为束薪，不可常也。"③熊十力认为个人之自由是不能从属于整体之自由的。如果其居于从属地位，便仅仅是工具而已。而熊十力批判的韩非子政论之弊即在此："个人属于群体，即个人之一切应为群体而牺牲，群体有无限自由而个人无自由。"④ 更

---

① 熊十力：《论六经》，《熊十力全集》第五卷，湖北教育出版社 2001 年版，第 709 页。
② 何信全：《儒学与现代民主》，中国社会科学出版社 2001 年版，第 58 页。
③ 熊十力：《韩非子评论》，《熊十力全集》第五卷，湖北教育出版社 2001 年版，第 368 页。
④ 同上书，第 377 页。

重要的是，何信全没能注意到熊十力所说的万物一体，是在超越意义上而言的，熊十力强调的是个体之性，即万物之性，即整全之性，即天道之性。其中意味有两层，一是每个个体之性都与宇宙整全之性相通，二是各个个体之性都是圆满自足的。而这两层的意味均是就超越意义上的本体之性和万物之自性而言的。

张灏则从人格主义的角度对儒家内圣外王主张中的个人和群体之间的关系作了解读。他指出："'内圣外王'这个观念蕴含着一种'人格主义'。这种人格主义一方面强调人的社会性，认为人的社会性与人之所以为人有其不可分的关系。因此，人必须参与社会，参与政治。这些'外向'的义务是人格的一部分。这和近代西方的个人主义以个人为本位去考虑政治和社会问题在精神上是有着重要的不同。另一方面，儒家的'内圣'思想含有超越意识，儒家相信人的本性是来自天赋，因此，在这基础上，个性永远得保存其独立自主，而不为群性所淹没。这种'人格主义'，综合群性与个性，而超乎其上，消弭了西方现代文化中个人主义与集体主义的对立，可以针砭二者偏颇之弊病，为现代社会思想提供一个新的视角。"[①]张灏上述关于"内圣外王"的解读，是有助于我们理解熊十力如何处理个人和群体关系的。熊十力将内圣外王视为一体，正是体现了张灏所说的第一点，即人的社会性是人性的一部分。熊十力指出，从个体之觉悟，到最终证会本体，即是实现万物一体之仁的过程，也可以说由逐渐超越小己而实现大己的过程，这也就是与天合一的过程。因此，超越性的确是熊十力所说个体性的根基所在。这里，人之个体性是不可磨灭的，而且亦通过超越性使个体和群体实现了统一。但是张灏没有看到的是：超越意识正说明了儒家所说之个体性是从德性之维来说的，因而是不同于西方民主制度中人的权利意味上的个体性的。小己之私正是儒家要超越的，儒家肯定的是个体的超越性。而西方民主理论中所肯定的个体性，恰恰与儒家所谓小己之私密切相关，主要是物质性的诸种权利。因此，以熊十力"万物与我为一"的论说与西方民主中个人与群体关系的论说相比较本身就是有问题

①　张灏：《幽暗意识与民主传统》，新星出版社 2010 年版，第 43 页。

的。因为二者根本就不在一个层面上。熊十力主要是从超越性的层面来言说万物与我之本性为一，而西方民主中个人和群体关系的有关论说谈论的是个体与群体的权利和义务关系。

我们或许从另一个角度审视此问题更合理些。自由是民主所要追求的一种价值，熊十力所谈之民主是性上的民主①，其所要实现的自由亦可说是道德的自由，即万物各畅其性；而西方民主所谈则是权利性的民主，其所要实现的自由可以说是生存的自由。这两者本不在一个层面上，试图以一个标准来衡量二者的做法是行不通的。所以我们应该分开来看。熊十力所谈之心性民主②，在处理个体和群体的关系上更为顺畅自然。西方之民主则带有契约的性质，更有一种外在的束缚之感。然而这两个维度的自由③，都是人类需要的。正如熊十力所说，心性民主的实现更多的是靠榜样的力量，靠自觉；而西方民主则主要是靠法律的保障。当一种政治制度的最终保障来自人心之自觉时，可以说具有更为内在的动力，但是不容忽视的是，同时它也就少了一种客观性和稳固性。而西方法律的保护则使民主的实现更具有制度保障的力量。

最后，熊十力所论说的民主政治其实是儒家式的无为而治。熊十力设想的民主制度是立基于性的，其有关论述主要是从道德的维度予以阐释的。而道德的完善是内向度的问题，是一个人的自律问题，是一种自觉，而不是外在的强制。因此，他所主张的儒家式的民主治制其实是一种无为而治。熊十力曾说："《泰伯篇》云：'大哉尧之为君也，巍巍乎！唯天为大，唯尧则之。荡荡乎！民无能名焉。'……尧不以己意宰天下，而命舜

---

① 熊十力所主张的民主是立基于"性"的，因此他在谈论民主时，有时意指一种与儒家大同理想密切相关的社会治制，有时则指万物各畅其性意义上的平等、自由等关系。这就难免将政治范畴的民主，误置于道德范畴。

② 同上。

③ 黄克剑先生在《人文学论纲》中，曾提出两个维度的自由的说法，他说："在'对象化'或'受动——能动'的分际上贞定'自由'，被贞定的'自由'更大程度地显现于人的生命活动的有待性，——同存在对象相对待因而对存在境域不能无所依恃。但'自由'也还有非对待性的一面，那便是人的道德的自我完善，心灵的自我督责，境界的自我超越。这是人的独异的生命活动在反观自照的内心世界的展示。自由在这里体现为'自律'、'自得'、'自贞'的原则，人由此把自己和其他有生的物种最后区别开来。"（黄克剑：《人文学论纲》，《黄克剑自选集》，广西师范大学出版社 1998 年版，第 373 页。）

总百揆，使九官十二牧各修其职，协和而治，群黎百姓皆畅其性而遂其生，故孔子赞之，以为替君权而崇民治之宏规也。又《卫灵公篇》云："子曰：无为而治者，其舜也欤？夫何为哉？恭己正南面而已矣。'案《帝典》称舜即位后，辟四门，明四目，达四聪，此其所以无为而治也。孔子因尧舜之事而推演之，以创民主之制。"① 这里虽然熊十力是在通过无为而治来谈孔子虚君以成民主之治，然而也透露出他所说的儒家式的民主乃是侧重于德性维度的，由此治理者的重要职责是"恭己"。儒家之治其实含有一种范本教育②的意味在其中。执政者通过自己以身作则的行为和品德，去感化和教化别人，以期达到人人有士君子之行的至治。因此，无为而治的君主只需要端正好自己的品行，上行下效，百姓亦会趋向品德之至善，哪里还需要法律的约束呢？熊十力的这种认识，一方面说明他心目中的民主是通过道德完善来实现的，另一方面也说明了儒家式的民主与西方依靠制度约束为保障的民主不同。进一步而言，即是儒家式的民主在"术"的方面——主要指保障民主实施的各种制度——的不足。

熊十力曾说儒家之治术乃是像父母对待子女那样去保育他所治理的民众。他于《韩非子评论》中说道："儒者亦非无术，余固尝言儒者本诚而以理司化，言化即不得无术，但其术非弋人谨廪之术。……儒家经典谓'王者为民之父母'。"③ 熊十力认为韩非子那种弋人谨廪之术④是可鄙的，

---

① 熊十力：《论六经》，《熊十力全集》第五卷，湖北教育出版社 2001 年版，第 752 页。

② 范本教育是黄克剑先生提出的重要概念，如他曾这样予以阐释："对于孔子说来，品题人物也是一种教化方式，这种教化方式的最显著的特点是以直观的范本海示难以由言诠尽其精微的儒家道理。儒家之学是为人之学，而'仁也者，人也'（《孟子·尽心下》），所以为人之学也是为仁之学。'仁'不是思辨性的道理，它生命化在人的践履中，然而它所能达致的境地又不为任何经验个人的生命践履所局囿，这是它能够充当孔子品题人物的准犊的秘密所在。'有君子之道四'的子产、'不念旧恶，怨是用希'的伯夷、叔齐是值得人们效法的范本，'山节藻'以'居蔡'的臧文仲及那些'巧言、令色、足恭'而'匿怨而友其人'者是供人检讨、警省的范本。孔子曾说'近取譬'是'仁之方'（《论语·雍也》），其实，借着人物品题以某种活生生的范本指点'仁'也是'仁之方'。"（黄克剑：《〈论语〉解读》，中国人民大学出版社 2008 年版，第 103—104 页。）

③ 熊十力：《韩非子评论》，《熊十力全集》第五卷，湖北教育出版社 2001 年版，第 330—331 页。

④ 《韩非子·外储说》曰："田子方问唐易鞠曰：弋者何慎？对曰：鸟以数百目视子，子以二目御之，子谨周子廪。""廪"指捕鸟用的诱饵，意思是说捕鸟的人以二目应对鸟群的百目，所以他要警惕诱饵被鸟偷食，韩非子以此隐喻治国者应持治国之术。

治术当出于父母对子女般的无私关爱和至诚，他曾举例予以说明：少女不曾先学养子而后嫁，但当其婚后有子时，她却能够无师自通地掌握各种烦琐的、周密的、微妙的照顾孩子的方法，而这些方法其实都源自她对孩子无私的爱。儒家认为统治者应该像父母爱护子女那样去爱护自己的子民，于此至诚之中，自然会形成治术。而这恰恰暴露了一个问题。当儒家将治术建立在心性的基础上时，恰恰反映了其对外在制度的轻视。而且这种保育制度是从人之善的一面发展出来的，而忽视了对人性恶的一面的防范。这种对外在制度的轻视，突出地表现为儒家治制对于具体行政能力的忽视。正如著名汉学家列文森在《儒教中国及其现代命运》中所说："在明代，政府官员的非职业化倾向也许比以前任何朝代都要明显，具有极端美学价值的明代八股文就证明了这一点。在理论上官员都接受过八股文训练，其中多数人参加过科举考试，但他们却从来没有接受过为承担某项工作的专业训练。在官府中，除了那些被雇佣的幕僚外，占据高位的官僚们——统治阶级中的佼佼者——从来都不是某种专家。官员的声誉就建立在这一事实之上。学者的那种与为官的职责毫不相干却能帮他取得官位的纯文学修养，被认为是官员应具有的基本素质。它所要求的不是官员的行政效率，而是这种效率的文化点缀。"① 由此可见，在中国具体的历史情境中，以儒家思想为主导的治制往往不够重视专业化的行政程序的建构与行政能力的培养，即使是科举考试也多与行政能力不相关。这一来自西方学者的批评是很有启发性的。依靠自觉的无为而治，的确是少了一种对待性的规范来作为必要的保障。当熊十力以心性之维来诠释民主时，民主也是如此，它缺少一种外在的制度作保障。

当然，熊十力是看到了此一问题的，其对仁义关系的论述即可看作是对此问题的回应。他在《原儒》中说道："圣人虑广爱之不可以济变也，由是以义与仁并言。仁道乃非执一而不可通其变。夫仁之行于事变也，必将权其得失与轻重之数，而慎处之。权施，将与广爱反，卒亦不违于仁，所以说义为仁之用者以此。仁道在广爱固也。仁而无权，则不可以成其

①　［美］列文森：《儒教中国及其现代命运》，郑大华等译，广西师范大学出版社 2009 年版，第 14 页。

仁。如天下最大多数人被侵削于最少数人，倘执广爱之道而主不争，则将为人类长留一大祸根，将求仁而卒陷于大不仁。"① 熊十力在此指出仁是体，义是用。如果一味强调广爱万众，则为恶者往往会危害社会。所以，秉义以去害，才是真正的仁道。熊十力在此看到了仅仅靠人人之自觉和仁爱是无法保障社会公平正义的，因此他提出了义来补救，而这也是其礼治、法治相济主张提出的原因所在。熊十力曾说："夫儒者言治，礼为本而法为辅，德为本而刑为辅，宽为本而猛为辅。德、礼、宽，皆仁也，法、刑、猛，皆义也。义反于仁，而适成其仁。"② 他由仁体义用进一步推出了只有礼治和法治相互辅助，才能真正体现仁道，从而实现仁政。熊十力在《论六经》中说道："夫聚人而成国，合群而为治，未有贱功利而贵穷乏、恶富强而求贫弱者，但人生最高之目的毕竟在发扬其灵性生活而复其天地万物同体之真，游于无待，振于无竟，于是人生始有无上价值与无穷意义。故为治之道，必使民毋失其性；欲民毋失其性，即莫如兴礼乐；礼乐达于天下，而后天下之人人乃有以陶情于正、毋害其性，此治道之极则也。礼乐之本立，则功利之图、富强之计皆所以助成礼乐之化，而后人生不至坠退，乃互相得于一本万殊、万殊一本之中，敦分而各足，玄同以合爱，是《春秋》太平大同之盛轨也。"③ 熊十力于此申明礼治乃是本之人性以为治，是高于以富强为鹄的的法治之上的。礼乐陶人情性归于正，礼治亦可导富强之计、功利之图以大公之道，不使民之欲望肆虐狂逞。以礼乐精神为主导，则富强之计、功利之图皆可助成礼乐文化，终归于太平大同之至治。于此可见，熊十力所主张的民主治制是以道德统御富强的治制。他并不轻视富强的价值，他看到了富强亦是人类所追求的一重重要价值，没有哪个国家是崇尚贫弱的。而且他认为富强价值若导之以礼乐精神还可以助成礼乐。但他认为富强价值的一元化是危险的，如果只知富强而不知有道德之善，那么将使人类陷入禽兽般的争斗。然而我们不得不指出的是，当他将富强价值置于德性之维的统御下之时，富强价值的独立性也

---

① 熊十力：《原儒》，《熊十力全集》第六卷，湖北教育出版社 2001 年版，第 497—498 页。
② 同上。
③ 熊十力：《论六经》，《熊十力全集》第五卷，湖北教育出版社 2001 年版，第 722 页。

就失去了，他在不知不觉之中，以道德一元论取代了富强价值一元论。

他对礼治的推崇，是因为礼治乃出自"万物一体"之公义而治。他说："礼以道行，不止在一身之动静语默须中礼也，当知一身非小，天地万物皆吾一身，凡齐家治国平天下以至位天地、育万物之事，皆非吾身外事，实皆吾躬行事。识得此意，则独善其身犹未足言礼，极于位育参赞，而后无遗行，而后无亏礼。"① 熊十力指出，礼是"性"的外化，显现着"道"的运行，道并不局限于任何一个小己，它遍运于万物之中，因此体现"道"的"礼"乃是万物一体之"公义"的显现，而从不囿于一己之私。而礼治对法治的补充作用亦是由此决定的，顺从礼治之法，才是以公意而立之法。熊十力曾说："夫礼顺人情之公，法亦然也。有背礼而反人情之所公欲者，于是有法。故礼行而人敦于和，法行而人罔不服，以其顺群情之公故耳。若夫严束重创，不因乎人情之所同欲者，则其法离于礼而成乎毒者，实非法也，但名之为法而已。"② 熊十力认为礼治和法治都应是人情之公的体现，它们的区别在于，礼治从正面引导人们归于仁和，法治则从反面对有违人情之公者予以惩戒。法治是礼治的补充，其最终目的依然是使人们的行动符合礼，达于人性之和，臻于人情之公。在熊十力看来，法治最终应是统御于礼治之下的。法治作为礼治的补充，应该是本于礼义的。而这样的法治，与西方法治就有了很大的区别。作为礼治补充的法治，其所起的作用主要是督责和惩戒，而西方近代的法治则是建立在对公民应有权利的确认的基础上的。熊十力所谈论的法治之法并未能超出中国古代刑罚意义上的法之窠臼，它并不具有确定个人权利的近代基因。这也暴露出他所设想的民主政治由于将目光聚焦于人之道德维度，而于有意无意之间忽视了人的权利的维度。

在此不得不指出的是，熊十力关于民主政治的论说很少谈及三权分立，而这一权力制衡的原则是西方民主政治中不可或缺的重要一环。由于熊十力侧重于从性上来谈民主，更为注重人的自觉、自律，因而忽视了外

----

① 熊十力：《论六经》，《熊十力全集》第五卷，湖北教育出版社 2001 年版，第 738 页。
② 熊十力：《与友人论张江陵》，《熊十力全集》第五卷，湖北教育出版社 2001 年版，第 595 页。

在的制衡机制。这不能不说是其民主理论的一大缺失。

熊十力关于民主的认识，正如梁漱溟批评的那样，很多都是一己之意的一种附会。他并不严格按照西方的民主理论来阐述自己的民主观。相反，他认为西方的民主是有问题的。熊十力主要吸收了西方的民主治制反对专制、主张民治等因素，并将民众的力量视为社会发展的根本动力。因此在大体处，熊十力对民主的论述并无重大的缺失。熊十力其实是试图建构与儒家天下为公的大同社会理想相契合的民主治制，而此理论如其治化论也是由性上立基的，因此其民主理论依然是仁体的发用。他的后学，如牟宗三、唐君毅等，都在此基础上进一步来阐释自己的民主理论。李明辉就曾总结道："当代新儒学与中国自由主义间的差异基本上便反映了欧陆传统与英美传统间的差异。众所周知，在论战中代表自由主义的殷海光先生是逻辑经验论的信徒，而新儒家这方面，唐君毅、牟宗三、徐复观等人深受近代德国哲学（尤其是德国理念论）之影响。由英、美的民主传统出发，中国自由主义者将民主制度理解为政治契约之产物，契约的内容表现为人权清单。……他们认为：让意志自由之类的形上学问题涉入政治理论中，会模糊道德与政治间的界线，使极权主义有可乘之机。反之，新儒家从欧陆传统的民主传统出发，认为民主政治是道德价值之体现，故坚持政治自由必须以意志自由为基础，否则便是无源之水、无根之木。"[1] 这一评论可以说指出了熊十力一系的当代新儒家之民主理论的特点所在，即强调以道德价值为民主之基础。其民主，用熊十力的话说即是"性上立基"的民主。

同时我们也应该看到，熊十力并不否定富强的价值，他既要富强，更要德性的高尚。正如他所说："圣人德化，在为人民普遍谋富教，使人类精神得完美发展，并非以物质生活为满足，而亦不忽视物质条件。《读经示要》所谓'崇神而备物'，正谓此也。"[2] 他将物质生活的富足和人的道德品操的不断完善视为治制的目标，但是二者并不是平等的关系，他最终

---

① 李明辉：《性善说与民主政治》，载《儒家视野下的政治思想》，北京大学出版社 2005 年版，第 23 页。
② 熊十力：《韩非子评论》，《熊十力全集》第五卷，湖北教育出版社 2001 年版，第 356 页。

将富强的价值置于了道德的统御之下，即"以性摄欲"，物质生活的富足是居于次要地位的，它更大的意义在于为人们完善自己之"性"提供一种物质保障。对"性"与"欲"关系的处置，已是其人生论中重要的内容，由于内圣外王本是一体，因此"性"与"欲"关系的处置也直接影响到其关于民主政治的设想。

熊十力在《读经示要》中曾指出："夫人受于道而成性，以有生。既生，则不能无欲，欲与生俱，而生原于性，则欲不可绝，甚明。惟见性，则有主于中，斯欲无泛滥之患。"① 在此，他表明"欲"是不可绝的，人终是受道以生，生原于"性"，生而不能无"欲"。而"欲"只有在"性"的控御之下，才可以避免其盲动的缺点。此时熊十力并未能将"欲"和"性"的关系说得十分顺畅，而且"欲"也主要是和形气之限相关联，其并不具有积极的意义。唯有见"性"之后，"欲"受"性"之节制，才可以避免流于邪曲。

与世俗的欲望相对，熊十力还提出了"愿欲"。他说："夫愿欲，乃依性分而有。义最殊胜。与世俗所云欲望不同。吾国官吏、商人，造作罪业，皈僧念佛，希未来善报。及势途失志，所欲弥强。如此等者，儒者谓之昏狂。佛氏呵以惑障。皆非此中所云愿欲。愿欲者，至公至明也。《论语》曰：'我欲仁，斯仁至矣。'孟子曰：'可欲之谓善。'此两欲字，乃此中愿欲一词所本。《华严》、普贤行愿之愿，亦通。……易道终于《未济》，此群龙无首之盛休至美，所以常存于吾人之愿欲而不容自已也夫。"② 由此可见，熊十力的"愿欲"概念的提出，其实是他早期试图将"性"和"欲"相统一的一种尝试，然而将"欲"从"性"上去说，毕竟还是一种与世俗之"欲"相对的另一种"欲"，他仍然无法解决"性"和"欲"（包括世俗之欲和愿欲）应有怎样的关系这一问题。正如我们在对其人生论进行分析时的那样，到了后期，熊十力直接将"欲"说为"天性"之动，显现出以"欲"为用、以"性"为体的潜在逻辑。这其实亦是将"欲"统御于"性"，赋予了"欲"以更为积极的意义。然而，"欲"的合理与否，终

---

① 熊十力：《读经示要》，《熊十力全集》第三卷，湖北教育出版社 2001 年版，第 586 页。
② 同上书，第 623—624 页。

究是要由"性"来裁决的,"欲"的独立价值地位在熊十力这里其实始终都不曾予以肯定。例如:他强调"利用厚生,本之以德",即是在道德统御下对富强价值的吸取,以避免人们一味追求富强而殉于物欲和流于争竞之祸。熊十力的这种做法为其后学所继承,正如牟宗三、唐君毅、徐复观、张君劢联名发表的《中国文化与世界》一文所说:"中国文化依其本身之要求,应当伸展出之文化理想,是要使中国人不仅由其心性之学,以自觉其自我之为一'道德实践的主体',同时当要求在政治上,能自觉为一'政治的主体',在自然界知识界成为'认识的主体'及'实用技术的活动之主体'。"① 熊十力一系的当代新儒家试图从道德主体引发出政治主体、认识主体、技术主体,这表明了他们的道德一元论倾向。熊十力"以性摄欲"的方案,更是鲜明地表达出其试图从道德之维引发出科学和民主。当他说"欲"即是天机之动时,其实便将其融合中西文化的秘密透露了出来,那便是以中学之体引发出科学、民主之用。而其后期思想中对本体认识的变化,也是为了通过修正其早期关于本体的认识,以便能够由这样的"体"开发出科学、民主之用。

当熊十力以"性""欲"来分辨中西治制之不同时,其关于西学何以是立基于"欲"的却少有解释。他也忽视了西方宗教对于人之心性的影响。他于《读经示要》中说:"夫西人言治者,大抵因人之欲,而为之法纪度制以调节之,将使人各遂所欲而已。然欲,则向外追逐无餍,非可自外调节者也。故其驰逐,卒成滔天之势。资本家之专利,帝国主义者之横暴,皆欲壑难填,而罔恤其他。甚至颠狂之独裁,束其国人如机械,而用之以狼奔虎逐于天下,恣其凶噬。"② 在熊十力看来,西方治制是从人的欲望的满足的角度出发,不断向外追逐,借重建法纪制度来调节人与人之间的关系。然而,熊十力最终是不相信法律可以从外部调节欲望的,从而认为西方必然将穷于人道。熊十力其实忽视了一个重要的问题,即西方的法

---

① 牟宗三、徐复观、张君劢、唐君毅:《中国文化与世界》,《唐君毅集》,群言出版社 1993 年版,第 500 页。

② 熊十力:《读经示要》,《熊十力全集》第三卷,湖北教育出版社 2001 年版,第 585—586 页。

律是如何实现其调节欲望的功能的。他也忽视了何以立基于"欲"的西方治制能够形成以自由、平等为基本价值的民主制度,民主制度和欲望又有怎样的关系?而这些问题直接关联到——何以"以性摄欲"之后,中国文化就可以顺利发展出立基于"性"的民主——这一问题的回答。当他提出"以性摄欲"的方案来融合中西文化,试图从儒家之体发展出西方之用时,其实他已经肯定欲望对科学、民主的产生与发展具有积极意义。而这暗含的前提,他却不曾予以证明和解释,这不能说不是其论证的一大缺陷。

第二节 以易道为根荄的科学

与民主一样,科学亦是那个时代的中国人所向往的,如何吸纳科学亦是熊十力必须面对的又一个核心问题。依据其"返本开新"的致思理路,熊十力要从儒家价值体系中发展出科学,这就需要解决两个问题:一、如何将科学纳入儒家的心性体系;二、如何既能利用科学增强本民族文化的活力而又可避免西方科学在近现代所生出的弊端。他对第一个问题的论述集中于其关于"科学真理"和"玄学真理"的关系的探讨。而对第二个问题的解决则见于其所谓中国该如何移植西方科学的思考。

一 "科学真理"与"玄学真理"

在与唐君毅的通信中,熊十力对科学真理和玄学真理做出了明确的界说。他认为玄学真理具有三义:

> 一、是遍为万法实体。二、是其为物也,法尔本然,不由想立,不依诠显。三、是唯证相应,智与体冥,无有内外、物我等等对待之相,离分别故,离戏论故。[1]

他认为科学真理具有如下六义:

---

[1] 熊十力:《十力语要》,《熊十力全集》第四卷,湖北教育出版社 2001 年版,第 191 页。

一、必设定有客观的存在之事物……二、此理之发见必依据感官经验得有证据。……三、如上所说，则此理之获得，必由纯客观的方法，又能为一般人所公认。四、此理之自身，在其所以存在之条件下，必有不变性，除非其条件因或种变故而更革或消失，则此理亦随之消失。……五、此理虽有不变性，而非绝对无变异性。……此理非他，就是存在于无量无边各种互相关联的事情中之法则或规律。……六、此理虽说是在物的，是纯客观的，实亦离不开主观的色彩。①

熊十力所谓的"玄学真理"其实即是关于本体的另一种说法，本体之学即"玄学真理"。因此"玄学真理"具有超知识的特点，它冥合能所，照体独立，是经由证会所得。"科学真理"则是大用流行迹象上的理则。本体发用，翕辟成变，生灭不住，流行不已，宛然有相，即于此假立宇宙万象。大用流行是生生不息的，其迹象也是有理有则的，此种理则即是"科学真理"。熊十力认为，"玄学真理"是"扫相证体"所证之理，科学真理是"相"上之理则，它们各有所据。"玄学真理"证会所得是至一之理，"得宇宙之浑全"②；"科学真理"解析事物所得之理，是分殊之理，"得宇宙之分殊"③。

"科学真理"是大用流行迹象上的真理，如果本体是空寂的死体，那将无大用流行可言，"科学真理"也就失去了其赖以成立的基础。只有本体健动不息，显现为大用流行，科学才有可能成立，因此"科学真理"亦应为本体，即"玄学真理"所含有。他说："宇宙万象'至赜不可亚'，'至动不可乱'。于此见大用流行，即于此知科学上之真理皆玄学真理的内涵。所谓一为无量，（一谓玄学真理，无量为科学真理。……）无量为一是也。"④ 因此，"科学真理"和"玄学真理"的关系依然是体用不二的关系。因此，根据熊十力"体用不二"的根本原则，"科学真理"与"玄学

---

① 熊十力：《十力语要》，《熊十力全集》第四卷，湖北教育出版社 2001 年版，第 191—193 页。

② 同上书，第 184 页。

③ 同上。

④ 同上书，第 194 页。

真理"应该也是不一不异,可以贯通如一的。"科学真理"是由解析("量智")得出的,"玄学真理"是由证会("性智")得到的,那么进而我们可以推论出"量智"(解析)与"性智"(证会)也应该是可以贯通如一的。这似乎构成了熊十力对"科学真理"与"玄学真理"解说的内在依据。通过熊十力论述"科学真理"与"玄学真理"的文字,我们的确也看到了这样的内在理路:"量智"如何通向"性智"?"性智"又如何统驭"量智"?

(一)"量智"如何通达"性智"

"玄学真理"在熊十力看来是最为重要的,学不至此不足为学。然而同时,他又不偏废"科学真理",并且认为"量智"在趋向"性智"("玄学真理")的过程中,担负着非常重要的角色。在与牟宗三的一封信中,熊十力对"量智"(理智)的功用作了如下解说:"若知理智思辨之功用止于图摹,则哲学当归于证量,万不容疑。但图摹究不可废。人生囿于实际生活,渐迷其本来,即从全整的生化大流中坠退而物化,至于与全整体分离,尚赖有理智之光与思辨之路以攀缘本来全整体的理则,而趣向真实,此其可贵也。"① 在熊十力看来,"量智"(理智)具有的积极作用在于对现实生活中的物化趋势构成一种挑战。通过"量智"的解析,可以透现出一个理型的世界,尽管这只是对本体流行迹象理则的图摹,但它毕竟和"玄学真理"有相似之处,因而可以构成对颓堕物化中的人们的一种提醒,从而促使日趋物化的人们有所反省,进而体证生命之真、本体之真。

在熊十力与唐君毅关于"玄学真理"和"科学真理"的通信中我们还可以看到,熊十力强调"量智"通向"性智",一个不可或缺的环节是"行"(修持或实践),他指出:"须知佛家唯一的归趣在证会,而其所以臻于证会之境地,在行的方面,有极严密的层级,在知的方面则任理智而精解析,至其解析之术,精之又精,则将一向情识计著,不期而自然扫荡,于是不见有少法可取。"② 通过解析,佛家打破了"实在的宇宙"的观念,也破了"神我"或灵魂的观念。精于解析,以发现分别构画的虚妄,剥

① 熊十力:《十力语要》,《熊十力全集》第四卷,湖北教育出版社 2001 年版,第 360 页。
② 同上书,第 188 页。

尽种种偏执之见，并通过知行合一，解析与修行并进，不断趋近于证会的境地。不仅佛家如此，儒家也是如此，而儒家的工夫在于"默而识之"。熊十力解释说："孔子固不排斥理智与知识，而亦不尚解析，此其异于印度佛家之点，然归趣证会则大概与佛家同。孔子自谓'默而识之'，默即止，而识即观也。止观的工夫到极深时，便是证会境地。"① 默，不是沉默无语的意思，而是默于心，即停止利用语言和停止思考，排斥人为的作意，去契合本体。熊十力指出，《论语》所记载的"子曰：'天何言哉？四时行焉，百物生焉。天何言哉？'"② 即是于言语道断，心行处灭，豁然契合本体的一个好例。对"行"的强调，说明了"量智"是无法直接通达"性智"的，正如他所说："佛家利用解析来破分别法执，随顺入法空观，为趣入证会境地之一种开导。但是知行须合一并进，如果只务解析而缺乏修行或涵养，决定无从达到证会的境地。"③ 可见，熊十力认为"量智"对通达"性智"的确是有帮助的，而仅仅依靠"量智"是不可以通达真实本体的，修持和实践是沟通"量智"和"性智"的桥梁。只有解析与修持并重才可以"转识成智"，冥契本体，通达"性智"。这里透现出"科学真理"与"玄学真理"体用不二关系的一丝裂隙。根据体用不二，"用"是可以显"体"的。作为"性智"之用的"量智"，却无法自己通达于"性智"，这一无法逾越的鸿沟，也正是体用不二思路的断裂处。

（二）"性智"如何下贯"量智"

"性智"如何下贯于"量智"，熊十力是通过对"致知在格物"的独特解释予以阐明的。《大学》中有段文字如下："欲修其身者，先正其心；欲正其心者，先诚其意；欲诚其意者，先致其知；致知在格物。物格而后知至，知至而后意诚，意诚而后心正，心正而后身修，身修而后家齐，家齐而后国治，国治而后天下平。"④ 熊十力在一封《答牟宗三》的信中对此段文字的解释是这样的：修身要从正心做起，正字的意思是"《易》言正位

---

① 熊十力：《十力语要》，《熊十力全集》第四卷，湖北教育出版社 2001 年版，第 190 页。
② 《论语·阳货》。
③ 熊十力：《十力语要》，《熊十力全集》第四卷，湖北教育出版社 2001 年版，第 189 页。
④ 《礼记·大学》。

之正，即明心为身之主宰，当正其天君之位而不可为私欲或习心所侵夺"①。正心就是强调心居"正"位的重要，由于本心常常易为习心所障蔽，所以此处"正"字，有"复性"之"复"的意味在其中。然而"正心"仅仅强调了恢复本心的重要性，尚未说明如何具体实践。继言之"诚意"，对实践问题做了说明。"意"是"心"的发用，以此来说明正心的用功处，即"必勿以私欲或习心来自欺其意，如此方是诚意，而心不致放失"②。诚意就是着意于本心的发用不被私欲或习心所蒙蔽。在熊十力看来，"诚意"须得以固守本心为前提，仅仅靠克制私欲是不彻底的，所以他说："不自欺工夫不是仅在发用处可着力，必须立大本。大本非他，还是要认明自家主宰的头面。此个头面即是知。"③ 熊十力认为，只有时时推扩本心，才可以防止习心乘机现起，良知亦只有在不断推扩中才可以保任，静态的保任是有其弊端的。本心，即本体，本体是寂静而又健动不息的，本心亦是在推扩不已之中的，因此保任本心必须在推扩中实现。静态的保任，在熊十力看来，犹如筑起堤坝拦截推扩不已的本心之发用，所以"推扩"才是"保任"本心的正途。至此，熊十力完成了对正心、诚意、致知的解释。他强调"致知"之"致"的推扩意味，从而将其认同的推扩中的儒家本体与佛家如镜的静态本体相区分，强调本体的健动不息，也批判了宋明儒学对本体偏于静态"保任"的缺失。其目的还是在于增强中国文化健动不息的活力。

在熊十力看来，"致知在格物"中之"致"字，仍是推扩的意思。这里的"知"，即良知，即本心，即本体。"格"，是理度、量度的意思。依靠良知之明，于事事物物上去量度，获悉其理则，这便是"致知在格物"的内涵。熊十力强调："夫推扩吾良知之明去格量事物，此项工夫正因良知本体元是推扩不容已的。工夫只是随顺本体，否则无由实现本体，此不可不深思也。哲学家有反知者，吾甚不取。明乎此，则吾言致知格物，融会朱王二义，非故为强合，吾实见得真理如此。朱王各执一偏，吾观其会

---

① 熊十力:《十力语要》,《熊十力全集》第四卷，湖北教育出版社 2001 年版，第 403 页。
② 同上。
③ 同上。

通耳。"① 熊十力在此将王阳明与朱熹对"致知在格物"的解释贯通起来，目的正是要解决如何从"性智"下贯到"量智"。熊十力在此信中还进一步解释道："推致吾良知之明向事物上去格量，此是良知随缘作主，无所谓外向也。格物之格即是良知之用，知之流通处即是物，非物在心外，故格物实非外向。知之流通处即是物，而知之格量作用周遍于其流通处，（即物。）而得其有则而不可乱者，是谓格物。格物工夫不已，即是吾良知之流通无息，展扩不已。"② 在他看来，格物即是良知的发用。良知的发用，即是推扩良知于事事物物上去随缘作主。随缘作主，强调的是不作意，不为私欲、习心所驱使和障蔽，任由良知自然发用。良知是本体，本体是流行不息的，本体自然流行处也就是物，因此物不在本心之外，所以格物不是向外有作意的量度。良知作为本体，其自然流行处也就是物，而推扩良知的格量作用，周遍于其流行处，得其流行处之理则，即物之理则。格物工夫不辍，也就是良知流行不息，推扩不已。这样，熊十力将"格物"与"致知"联系在一起。"格物"即是"致知"，量度事物即是推扩良知，从而也将"量智"与"性智"统一起来。然而，"性智"和"量智"的贯通毕竟是单向度的。"性智"可以下贯"量智"，而"量智"终无法自己通达"性智"，体用不二在此仍是断裂的。

此处要指出的是，熊十力将王阳明和朱熹对"致知在格物"的不同解释贯通起来，其实是为了说明道德对知识（科学）的统御③。良知之明量度事物之理则不已，即是良知之推扩不已，即是本心之流行。良知其实即是道德之本体，其周流万物不已，即是格物的过程，科学因此是道德本体发用的产物。因此，科学是统御于道德本体之下的。熊十力在此强调了知识的形成主要是本心之明对物的量度，而未提及物在知识形成过程中的作用，因此，此时他更为侧重从本心来阐述知识产生的基础。他在后期对"智"与"知"的分辨中，则强调"物"在知识形成中的作用，可以看作

---

① 熊十力：《十力语要》，《熊十力全集》第四卷，湖北教育出版社 2001 年版，第 405 页。

② 同上。

③ 熊十力曾说："科学是知识之学，只假定物质宇宙是实有，从各部分去探究，宇宙之来源、生命之来源都不过问，固其宜也。"（熊十力：《明心篇》，《体用论》，上海书店出版社 2009 年版，第 217 页。）由此可见，在熊十力这里知识可以视为科学的同义语。

是对此不足的一种补充。

（三）"智""知"之辨

熊十力后期本体论中，肯定本体具有物质、心灵、生命等复杂性，从而与前期的本体论有了很大的不同。后期，他从本体的层面对物质性予以了肯定。与此相应，熊十力对科学的论述也有了明显的变化。前期，他更多的是从良知（本心）的发用，来肯定科学和知识的。后期，他则更侧重从物的角度来强调科学与知识的客观性。这当然是与他后期致思的线索由"举体成用"转变为"摄体归用"有关。后期，熊十力肯定本体具有物质性。这样前期他所说的科学知识所由成立的物质世界，就不再仅仅是大用流行的迹象而已，而是实体的显现。"物"得到了肯定。知识作为"物"之理则，其真实性亦由此得到肯定。这是不同于其前期的观点。因此，后期，他对"智"与"知"的分辨，就显现出这样的特点——突出知识的客观性。而道德如何统御知识，或者说道德如何统御科学，则始终是其前后期思考的核心问题。

熊十力在《明心篇》中指出："智与知识有分，此一主张在中国古学中确是中心问题所在之处。"① 他对儒家之"智"作了详细的分析，指出："智，是性灵之发用。今略以四义显智。一义，用晦而明，光而不耀，智之恒德也。……二义，无知无不知者，智之性也。……三义，天地万物发展到人类，始有内部生活。……四义，知识不即是智。"② 他认为"智"，即王阳明所说之"良知"，是本心之发用。他对良知的解释，已不同于前期"良知"即是本心的解释。此时，在他看来，"智"是本心（本体）之发用，内敛而澄明。无有妄想，是为"无知"，同时又具有感物而知之功用，是为"无不知"。"智"，是发展到人类时才出现的。在人类的内部生活中，与"智"相对的是习气。"智"，是本体天然之明。习气则是为形气所限，后天所生。值得注意的是，在熊十力后期思想中，习气已经不再是完全负面的，而具有了积极的意义。他将习气分为"知见方面之习染"和"情意方面之习染"，前者是指人们对物质世界的执着和分别，后者则是指

---

① 熊十力：《明心篇》，《体用论》，上海书店出版社 2009 年版，第 167 页。
② 同上书，第 168—171 页。

人们的诸种私欲。熊十力强调后者是必须予以否弃的，然而前者却对知识的形成具有积极的作用，不可克除尽净。熊十力说："若就知识而言，逐物、执物及分别物而不厌琐细，皆是为格物之学者所必不可缺乏之爱智精神，不如是，又何可穷得万物之理？是故格物、执物及分别物之一切习染，皆是极可宝贵之以往经验。"① "逐物、执物及分别物"的习染，在这里得到了肯定，它们已经成了宝贵的经验和爱智精神。这与其前期对习气的一概否定的态度相比，发生了很大的变化。他还强调，习染其实直接参与了知识的形成。他说："吾人幸有经历于事物之一切习染不曾消失，其成为习藏中种子常出现于意识界而为记忆。人心本息息与天地万物流通，息息有未知的事物相接触。记忆作用则恒与天明之动叶合为一，（天明，谓智。）时时唤起以往一切经验，协助而且策动天明，俾解决新接触之许多未知的事物有所依据，而后对于新事物之了解减少无数困难。习染之有助于智，此乃事实昭然，不容否认也。"② 在他看来，知见方面的习染即是记忆，记忆是思维中不可缺少的重要一环，无论是推论还是想象，都需要记忆来实现。新知识的形成需要记忆的参与方有可能。而这也构成了"智"与"知"的最大区别。熊十力指出："智是本心天然之明。知识是习种乘天明之动而起，迅应外物之感，而引心以化于物，才成知识。此智与知识之大别也。"③ 他认为，知识其实是本心之明在习种的帮助下化于物之所得，知识已经不再是"智"。"智"，是本心的发用，无所滞碍。"知"，则是"智"化于物后之所得的客观事物的理则。

熊十力还进一步指出，知识的形成是离不开物的。他说："吾人体会知识之完成本由物来引发，而主要条件尤以物是危然客观独存，其变动自有规律，实使智慧不得不舍己而为纯客观，此实为知识完成之主要条件。"④ 与其前期思想相比，物在知识形成中的作用得到了肯定。他强调，知识即是物之自身的客观规律，而不再如前期那样从本体显现为大用流行

---

① 熊十力：《明心篇》，《体用论》，上海书店出版社 2009 年版，第 174 页。
② 同上书，第 175 页。
③ 同上书，第 176 页。
④ 同上书，第 210—211 页。

的角度肯定知识形成的基础（因知识是大用流行迹象上的理则，所以举体成用仅能肯定其形成的基础）。后期，他依然认为，作为本心发用的"智"才是形成知识的根本作用，而习气因是分散的、机械的，不具有了别事物理则的功用。但是他提出"智"须"舍己从物"才能了别客观事物之理则，形成知识。他指出："首先要假定物质是客观存在，然后决定用纯客观的方法，还有随时创作许多辅助感官的工具，于是智慧作用确然舍己从物，即将他自身完全投入于事物中，而绝不自逞其明，以猜度物，唯顺以从物，所以能洞彻物的本质，握定物的规律，乃至推而行之为一切创造与事业，皆足证实其所得于物之一切都无一毫蒙昧，都无一毫错误。"① 这样，熊十力便将前期对"致知在格物"的解释予以细化，指出"智"须舍己以从物，去投入于物，顺从于物，以发现物之理则。他强调，知识的形成离不开物，物成了知识形成过程中的重要一环，而"智"需要暂时放弃自己对"善"的追求，遵从事物的客观性，深入于物，顺从于物，才可以把握物的客观规律。

熊十力关于智"舍己从物"以形成知识的论述，和牟宗三提出的"良知的坎陷"的说法，是很相似的。牟宗三说道："由动态的成德之道德理性转为静态的成知识之观解理性……我们可以说是道德理性之自我坎陷（自我否定）；经此坎陷，从动态转为静态，从无对转为有对，从践履上的直贯转为理解上的横列。在此一转中，观解理性之自性是与道德不相干的，它的架构表现以及其成果（即知识）亦是与道德不相干的。"② 很明显，牟宗三的"良知坎陷"说应该是受到了熊十力有关"智"舍己从物以形成知识的论述启发的。

熊十力后期对物的重视，其实强调了科学的客观性，从一定意义上他也认识到，道德之"善"与科学之"真"的关系是十分复杂的，而不是直接可以相贯通的。但是，他所建立的新儒学说到底其实是一种道德形而上学，因此他最终还是要将知识统御于道德本体之下。

在后期，熊十力指出王阳明所说之"良知"其实不是本体，而是本体

---

① 熊十力：《明心篇》，《体用论》，上海书店出版社 2009 年版，第 210 页。
② 牟宗三：《政道与治道》，（台北）台湾学生书局 1987 年版，第 58 页。

的发用。他说："智慧是性灵的发用，亦可说是本心天然的明几，阳明云'良知'，即此物也。"① 他修正了自己前期的观点，良知不再是本体，而是本体发用之"智"。而本体的发用在他看来其实是多方面的，包括智、仁、勇三方面。熊十力申言："孔学以求仁为主，则言仁而智与勇在其中矣。《易》以乾为仁，而备大明、刚健二德，是其明证。"② 熊十力强调"智非孤明"，而与仁、勇为一。"智""仁""勇"是本体之发用，从侧重不同方面而言，有此三名，其实是一。他指出："智、仁、勇三德，随举其一，即是本心的全体流行。"③ 由此，进一步推论，他得出如下结论："智与仁与勇是浑然为一之全体，可见智慧与道德本是一物，不可分而为二。故智慧作得主，以运用知识，则知识亦无有不善。"④ 这样，熊十力由智、仁、勇三德浑然为一，得出智慧和道德为一，进而申言，智慧作得主时，便是知识和道德为一。熊十力由此完成了其关于道德统御知识或者说是道德统御科学的论证。智慧作为本体之发用是无所留滞的，是生生不息的，知识则是习心导引本心之明以逐物、了别于物的结果，它是静态的。"智"和习染在知识形成的过程中，缺一不可。"智"是形成知识的根本动力，习染为新知识的产生提供以往的经验作为基础。智慧与道德为一，说明智慧本身是善的，而知识在其运用过程中则需要运用者克服习染之障蔽，以智慧为主导，才可以是"善"的。其实，这里已经透现出道德和知识（或者说科学）之间存在着裂隙，是不可以一以贯之的。知识，是智与习染共同作用形成的，是智舍己从物而得，其本身是无所谓善与不善的。知识的善恶与否取决于是否有"智"在运用它的人那里作主，因此知识的善恶与否，依然取决于运用者的道德境界。道德是外在于知识本身的。因此，他也只能说："悟道，即知识亦不离道；不悟道，则知识只是知识。"⑤ 此时道德统御知识（科学）的说法，已经不如前期那么顺畅。牟宗三的"良知坎陷说"与熊十力的有关论述，一脉相承，良知坎陷之后，再次做主，才

---

① 熊十力：《明心篇》，《体用论》，上海书店出版社 2009 年版，第 210 页。
② 同上书，第 185 页。
③ 同上书，第 186 页。
④ 同上书，第 187 页。
⑤ 同上书，第 176 页。

可以赋予认识心以善，这其实都说明了道德与知识是错落开来的，并不存在道德对知识的直接统御的关系。

在此，还要强调的一点是，熊十力所谓科学，其实包括了今天我们所说的自然科学和社会科学。他在追溯中国的科学萌芽时，提到的多是自然科学方面的例证。同时，当他谈论治制时，他也强调"格物"的重要性，认为只有对社会现象有深入的认识，才可能进行社会变革。这与我们通常所说的社会科学很相似。但是，他所说的"科学"还是十分笼统的，更多的是指运用本心之明去发现自然界、社会中的真相，形成知识，以改造外部世界。他对科学含义也没有论及，这些都说明他对于科学的理解还是相当模糊的。他所举的诸种科学在中国古代的发展，其实多是一种比附。而且从其关于科学的论述中，我们也可以发现，他其实更多地强调科学"范围天地，曲成万物"①的功用，而不是强调为真理而真理的科学精神②。他曾说："知识既成，即是权力。权力自然要向外发展。今后改善人类实际生活，当更集中力量开辟物质宇宙，向外发展之要求方兴未艾也。古哲含养本源之内心生活形诸文字者，今人读之，将有莫知所以之感耳。"③由此可见，他常常将科学与知识相等同，以说明科学是"逐物不返"之学，强调其具有改造世界的功用。总之，熊十力缺乏对"科学"内涵的辨析，其对"科学"概念的理解不是十分清楚。

熊十力对"性智"和"量智"关系的分辨，如果对应于西方哲学史来看，即是"知"（知识）、"智"（美德）之辨。苏格拉底就曾说过，美德即知识。在康德之前，西方哲学家认为知识是通向美德的途径。在康德将现象界与本体界分开之后，使得知识和美德的联系断裂。熊十力注意到了康德的说法，并且予以赞扬，并希望弟子牟宗三能够予以其儒学的改造。在周通旦撰写的《熊先生哲学释疑》中曾记述熊十力有关康德的说法："西

---

① 熊十力：《明心篇》，《熊十力全集》第七卷，湖北教育出版社 2001 年版，第 202 页。
② 余英时曾经指出："基本科学的研究不以实用为最高目的，而是为真理而真理，为知识而知识的。这是运用理性来解释世界，认识世界的。至于科学真理具有实用性则是次一级的问题。"［余英时：《从价值系统看中国文化的现代意义》，（台北）台湾时报出版公司 1986 年版，第 69 页。］
③ 熊十力：《明心篇》，《体用论》，上海书店出版社 2009 年版，第 211 页。

哲康德《纯粹理性批判》等书大概言知识只能得现象，不能得本体，谓本体必由实践而后可得，此甚有见地。由康德氏之主张亦可趣入反本之路。反本只是实践工夫不懈，即本体不为私欲所锢蔽。而生活之源泉乃日益盛大流行而无匮乏。不能反本者，则外驰逐物，（即叔本华所云盲目追求。）困于私欲而丧其本体。"① 在与弟子牟宗三的信中也曾就康德哲学予以分析："吾子欲申明康德之意，以引归此路，甚可着力。但康德所谓神与灵魂、自由意志三观念太支离，彼若取消神与灵魂而善谈自由意志，岂不妙哉！叔本华之意志，无明也，吾所谓习气也。康德之自由意志，若善发挥，可以融会吾大易生生不息真机，（此就宇宙论上言。）可以讲成内在的主宰，（此可名以本心。）通天人而一之，岂不妙哉！"② 熊十力对康德关于知识无法洞彻本体的观点表示赞同，但对其"神""灵魂""自由意志"三观念的支离表示不满，并提出了以自由意志融合大易生生不息的精神来予以改造的设想。牟宗三对康德哲学甚为重视，他以儒家思想解释康德思想，又以康德思想解释儒家思想，以建构儒家的道德形而上学，从上述两段引文可知，牟宗三对康德研究的思路显然是受到了熊十力的启发和影响的。

在此部分弄清了"科学真理"和"玄学真理"的关系，我们便可以更好地理解熊十力移植西方科学的思想。其对西方科学与中国哲学的融合也是本之于《易》的。

二 以"易道"救治西方科学的偏弊

（一）"为中国科学思想植其根荄"

熊十力认为："夫科学思想，源出哲学。"③ 在他看来，哲学是科学思想的根荄，"西洋科学之有今日，实由希腊时代哲学家，惊奇于宇宙之伟大与自然律之微妙，而富于求知欲。其后，哲人更由自我权能之自觉与自

---

① 熊十力：《十力语要》，《熊十力全集》第四卷，湖北教育出版社 2001 年版，第 321—322 页。

② 同上书，第 325 页。

③ 熊十力：《中国哲学与西洋科学》，《熊十力全集》第四卷，湖北教育出版社 2001 年版，第 559 页。

信，而得超越宇宙之表，以征服自然与利用自然，有如吾孙卿'制天'之论"①。由此出发，他也认为，中华民族文化中本有发展科学思想的哲学根基，即《易经》所倡导的刚健不息、创进日新的儒家哲学。但同时他也指出，中国"科学无从发达，其与秦以后儒学亡失相关"②。因此，在熊十力看来，移植西方科学，首要之务在于培固中国儒家哲学作为科学思想的根荄。他指出："将使儒家正统思想有吸纳众流与温故知新之盛美，乃可为中国科学思想植其根荄。"③他进而强调，儒家哲学作为科学思想的根荄，其作用有二。

首先，儒家哲学可以为科学发展提供动力。他说："夫无强力大欲，科学不来舍，中国人今日之大忧，无过于此。吾是以欲振扬儒家哲学，即《大易》之道，以为吾人生命资粮。资粮充实，而生命力强，科学乃得栽根于中国。"④他强调，儒家哲学是证体之学，儒家本体刚健不息、创新不已，因此可以振奋国人之精神，增强国人"智周万物""裁成天地"之愿力，从而促进科学的发展。由此可见，熊十力还是从道德本体统驭知识的角度，来思考如何在中国促进科学发展的。他认为，道德本体才是科学发展的动力之源，只有生命力充实，愿力足够强大，才能不断促进科学的发展。而当时"国人之于科学只是浮慕，只是虚伪宣传"⑤，且国人有"虚伪无实、空洞无物、卑鄙无耻、奄奄无生气"⑥之弊。因此，他强调若无儒家哲学作为科学思想的根荄，则科学在中国的发展也只能如无源之水那般。所以，在他看来，在中国文化中树立科学精神的哲学根荄才是当务之急。

其次，儒家哲学可以为科学提供"灵感"。他说："民国八九年间，胡君适之提倡科学方法，用意固善。然学者尚不知涵养敏锐之观察力，不知

---

① 熊十力：《中国哲学与西洋科学》，《熊十力全集》第四卷，湖北教育出版社 2001 年版，第 559 页。
② 同上书，第 560 页。
③ 同上。
④ 同上书，第 562—563 页。
⑤ 同上书，第 562 页。
⑥ 同上。

理道无穷，随在触悟，惟恃吾人活泼无碍之灵感。则虽与之谈科学方法，又恶能运用此方法乎？吾国人早失灵感，急宜有哲学修养以复苏之。哲学之深于灵感者，无过于大《易》。"① 在熊十力看来，"灵感"和科学方法相比，"灵感"更为重要。而他所说的灵感，乃是指本心之"神明"。本心周流不息，无处不在，其"神明"可触物而感，了别其内在之理则。他强调，儒家哲学可以使人涵养本心之明，"以与天地万物相流通"②。而这才是科学的根荄所在，而且其是"至善"无染的。由此可见，熊十力为科学寻究哲学根荄，其最终目的是赋予科学以道德本体之明睿，实现其以道德统驭科学的设想，即由道德之体开出科学之用。

熊十力在此阐明只有坚持本民族的根本精神，才能够成功地嫁接西方的科学。不仅如此，以大易之道为根荄还能补救西方科学的偏弊。

（二）对西方科学要救其"偏弊"

在熊十力看来，西方科学的局限性表现在，科学以实测为方法，将宇宙万物看作是客观独在的事物。基于这样的科学宇宙观，必然是将宇宙看作是独立而外在于人的，而人在宇宙中也甚为渺小。他说："由科学之宇宙观而说人生，即宇宙为客观独存。吾人在宇宙中之地位，渺如沧海一粟。"③ 熊十力认为，基于科学的宇宙观，人便和万物相对立，人便要征服万物，以为己用，从而萌发侵夺之心，而终于不能体悟万物一体的奥义。正如他所说的那样："西洋人无证会之旨，故其智能无论如何精深，而智慧蔽塞，胸量毕竟不能广大，物我对峙是其生活中之极大缺憾。西洋人不能会万物为一己，颇欲伸张其自我于宇宙之上，常有宰制万物之思。不知者以此为西洋人之大处，而知者则谓无宁以此为西洋人之小处。以己胜物，终限于有对，何大之有？西洋人常富于种界划界之狭隘观念，以侵略为雄。其学术思想素误也。"④ 在熊十力看来，西方科学的局限在于其是以大用流行之迹象为研究对象的，非但不能证得本体，而且科学知识也是和

---

① 熊十力：《中国哲学与西洋科学》，《熊十力全集》第四卷，湖北教育出版社 2001 年版，第 563 页。
② 同上书，第 564 页。
③ 同上书，第 565 页。
④ 同上书，第 566 页。

大用流行有隔的，它仅仅是大用流行迹象上的理则而已。伴随此局限而产生的是人与客观世界的对立，人们逐物而不返，并且试图宰制万物，以致生发侵略之心，而无万物一体之胸襟。

儒家哲学的宇宙观，则是趣于证会境地的宇宙观，其证悟到的是天地万物与我为一，无有内外、物我对峙，浑然一体的境界。人生的意义也在于此，即通过在人伦日用中的修持，渐渐超越形气之限，达至万物一体、与天地精神相往来的境地。因此，为对治西方科学的弊端，熊十力提出以证会本体的儒家哲学与精于思辨的西方哲学相融合。他说："西哲精于思辨，而中哲于此颇忽之，今宜取益西学。中哲归诸体认，而西哲于此亦所未喻，必须趣向中哲，方离戏论，而证实际理地。……通中西之邮，思辨而必归证会，证会而不废思辨。"① 在这样的融合中，以儒家哲学的万物一体之量去消除西方哲学和科学中存在的物我对峙，及其向外侵夺的盲动，帮助西方科学寻得真正的本体之学。熊十力指出，在儒家哲学的万物与我为一的宇宙观中，人不再是局限于形躯的小己，而是与万物为一的大己，因为人和万物一样都是本体的显现。这样，人与万物也不再是隶属关系，而是"群龙无首"式的互相主属，从甲物来看，包括乙物在内的万物皆是其属；从乙物来看，包括甲物在内的万物又皆是其属，因而万物互相属而不孤立，而又各个自主。这样宇宙中就不存在超越万物之上的宰制者，从而也就消除了产生压迫和侵夺的可能。这可以说是以儒家哲学打破西洋哲学的壁垒，使其突破思辨的局限，通达证会，洞彻宇宙本源。而也只有统之以本心之明，科学才能成为为善的工具，否则无所谓善恶的科学，往往也容易成为戕害人类自己的工具。熊十力强调："科学自身元是知能的。而运用此知能者，必须有更高之一种学术。此更高之学术似非求之儒家大《易》不可。"② 在他看来，只有以儒家之仁学统驭科学，以万物一体之仁爱之心运用科学，才能够不断增进人类之福祉，而无自毁之虞。

---

① 熊十力：《中国哲学与西洋科学》，《熊十力全集》第四卷，湖北教育出版社 2001 年版，第 566 页。

② 同上书，第 575 页。

（三）以"易道"为新的科学动力

将中国儒家哲学与西方科学相嫁接，其直接的效果是改造西方科学的盲目外逐倾向，赋予科学以新的动力，即以虚寂而生生不息的"易道"，收获大中至正的文化活力。熊十力在《中国哲学与西洋科学》讲词中指出："孔子大易之道，强于智周万物，备物致用，而必归于继善成性，反本立极，辨小而穷究于物则，默说而全其天性，科学知能与哲学智慧之修养二者并进，本末兼赅，源流共贯。此易道之所以大中至正而无弊也。"① 在他看来，孔子对《易经》的阐释，其根本旨趣在达至天人不二之境，以洞悉宇宙本体。人禀天道而生，天道即是人之所以为人之根本所在，即是人之性之所由出。天道是至善的，然而人又是受制于形躯的，是充满欲望的，所以易于物化，而丧失天性。所以人需要保任和扩充自己身上的天性之善，恢复天性之本然，达至即人即天之境。本体在人即是心，即是最高之智慧。他说："智慧为本为源，知能为流为末。溯流而不可亡其源，穷末而不可遗其本。"② 他认为，智慧是无知而无不知的，它是辨析一切知识的先验的能力，而不是具体的知识的储备，所以是无知的。作为辨析知识的先验能力，当它发用于事物上时，自然会知晓事物内在之理，即获得知识。所以又是无不知的。明白了这个道理，我们便会懂得，像西方科学和哲学那样，仅仅从知识层面的辨析、思辨入手，是不能证会本体的。因为知识只是知识，是分析得来的，而不是从体证中证得的。即使是知识的总和也仍不是智慧。因此要获得智慧，需要超知。他申言："超知者谓超越知识的境界而达至智慧之域，直得本体，游于无待，体神居灵，其用不匮也。"③ 而超知也没有什么神秘，他说："所谓超知识的也者，本无神秘，亦非怪迂。知识所以度物。而理之极至，不属于部分，乃万化所资始，则不可以物推度，唯反其在己，自识本来。情蔽祛，则物我之障都除。识想亡，则内外之执顿尽。一真无待，当下炯然，瞒昧不得，起想便乖，此非

---

① 熊十力：《中国哲学与西洋科学》，《熊十力全集》第四卷，湖北教育出版社 2001 年版，第 571 页。

② 同上书，第 571—572 页。

③ 同上书，第 572 页。

知识所行境界，何消说得？"① 由此可见，他所说的"超知"，其实就是指超越思辨，归于证会，不再执着于物相，而是要扫相证体，体证至一浑全之理。这样在以易道融合西方科学的时候，就超越了西方知识论的拘囿，而赋予科学以本体之明的统驭，因而科学也不再是心灵外驰的一味探求，而具有了道德本体的导引，因此其也获得了新的动力。

以"易道"为科学的动源，或者说为科学的精神根荄，与西方人征服自然，有本质性的区别。我们不是要在物我对峙中征服自然，而是要在万物一体中去辅相万物，裁成天地。熊十力是通过对《周易·系辞》中（天道）"鼓万物而不与圣人同忧"②的阐释来说明此点的。他指出，天道在这里指的是本体显发为大用流行。"鼓"是"动"之义，指称本体显发为大用流行的猛动之势。此种动势，要凝聚成物，作为自己的资具。一旦成物，便有形气之碍，从而昧于其天性本然。天道不是造物主，是无所作意的，其动是不容已之动，自然而然的。众生具有情识，是其自然而然具有的。不具情识的器界，也是其自然而然不具有的，并非天道安排的。万物均禀天道而成，天道成物无所选择，因而没有厚薄亲疏。有情众生，才有美、恶之心。有情众生一堕世间，禀其善感之情识，感于种种缺憾，忧患意识便一起产生。自然界对人来说是威力无边的，地震、洪灾、火灾等，对人构成种种威胁。人与人之间，私欲横行，阴谋、狡诈、争夺、残害之事不断。让人想不明白天道鼓万物以成其如此，究竟是为了什么？这正是有情者以自己的情识去责难天，天道本是自然如此，无有作意的。正如上面所说，万物禀天道以生，生成之后便有形气之碍，而违天道本然。人也如此，顺从形躯之欲，障蔽天道之本然，是"势"。复其本性，以统驭形躯，是"理"。人们往往是势不顺理，对此圣人忧虑至极③。熊十力指出："夫圣人以天化之不齐而不容已于忧也，于是有裁成天地，辅相万物之思。"④"裁成者，如大地之化或过，则裁制之，使得其宜，如雷电可殄人，

---

① 熊十力：《十力语要》，《熊十力全集》第四卷，湖北教育出版社 2001 年版，第 98 页。
② 《周易·系辞上》。
③ 参考熊十力《中国哲学与西洋科学》，《熊十力全集》第四卷，湖北教育出版社 2001 年版，第 580—582 页。
④ 同上书，第 582 页。

今使供人用；风雨寒燠，可为衣服宫室以御之，皆是也。天地之产犹朴，今以之创成新物，则为益极丰。此等新事物，固日出不穷也。辅相亦兼有情物言。于无情物加制造是辅相义。于有情物顺其天性而扶勉之，使有自达、自立、自底于善，亦辅相义。"[①] 在熊十力看来，辅相有二义，它既包括对无情物的裁制，使得其宜；同时，也是指对有情物之本有天性的扶助、成全。这样，以易道为科学之动力，就不同于西方人征服自然的动机。裁成天地、辅相万物，均是出于万物一体之仁爱，而不是要征服万物。征服出于一己之"欲"，于是才有侵略的灾难发生。裁成天地、辅相万物，则出于万物一体之"性"，其最终是为了万物各畅其性。

总之，熊十力以"易道"为科学思想之根荄，是为了将科学统驭于道德本体之下，从而赋予科学以道德之善，为从儒家仁体开出科学之新外王，奠定理论基础。然而，熊十力这样的设想，并不能完全贯彻体用不二的逻辑。因为，"性智"虽可以贯通于"量智"，"量智"却无法直接上达于"性智"。正如一个道德高尚的人并不一定都懂得高等数学或高能物理一样，科学终究是无法由良知推出的。

---

① 参考熊十力《中国哲学与西洋科学》，《熊十力全集》第四卷，湖北教育出版社 2001 年版，第 583 页。

第七章　评熊十力中西文化融合的策略

第一节　　熊十力中西文化融合的策略

熊十力于《读经示要》中曾自述其融会中西文化的思路，他说："西洋政治思想、社会科学，皆非与吾人脑袋扞格不相入者……吸收西学，在近日固为理势之必然。而反之吾数千年来所奉为常道之六经，则西洋各种学术之端绪，吾未始不具，只未发展耳。……然而西学在吾，既非绝无端绪，则因人之成功，而强起力追，固可事半功倍。……中学既具其体，即有其用，而用有所未尽者，则取诸人以自广可也。"① 很明显，他的这一思路依然是在体与用框架内展开的。早在 1898 年，张之洞就曾在他的《劝学篇》中提出了"旧学（中学）为体，新学（西学）为用"②。然而，张之洞融合中西文化的策略，终是为了维护大清王朝统治的，他以"尊朝廷卫社稷为第一义"，强调："君为臣纲，父为子纲，夫为妻纲，……亲亲也，尊尊也，长长也，男女有别，此其不可得与民变革者也。五伦之要，百行之原，相传数千年更无异义，圣人所以为圣人，中国所以为中国，实在乎此。"③

由此可见，张之洞所谓的中学之体，其实是教条化了的儒家义理。张之洞所谓的西学之用也仅仅局限于"器"的层面。在张之洞这里，"西方

---

①　熊十力：《读经示要》，《熊十力全集》第三卷，湖北教育出版社 2001 年版，第 563—564 页。

②　张之洞：《劝学篇·外篇·设学》。

③　张之洞：《劝学篇·内篇·明纲》。

知识只是被用来保卫中国文明的核心，并不是用来侵害它的"①。熊十力在《读经示要》中曾评价道："南皮说中学为体，西学为用，其意甚是，而立辞似欠妥。"② 所谓"其意甚是"，依熊十力的说法即是："南皮谓中学为体者，其中学一词，即谓经学，绝非空泛无所实主之词。经所明者常道，故不可舍失也。南皮之意只如此。其曰西学为用者，亦谓吾人今日当吸收西学以自广耳。"③ 而所谓"立辞似欠妥"则指："盖自其辞言之，则中学有体而无用，将何以解于中学亦自有经济考据诸学耶？西学为有用而无体，将何以解于西人本其科学哲学文艺宗教之见地与信念亦自有其人生观、宇宙观？理解所至，竭力赴之，彼自有其所追求与向往之深远理境，非止限于实用知识技能耶！且无用之体，与无体之用，两相搭合，又如何可能耶？"④ 熊十力对张之洞的评价显现出，他是赞成其"中体西用"的策略的，然而他终究对于其"中体西用论"的粗疏处是不满的。他认为张之洞的"中体西用论"是把体用打成两橛的，"中体"自有其用，"西用"亦有其体，"中体"和"西用"的简单拼接是无法贯彻体用不二的。值得我们注意的是，熊十力终究还是没有提及张之洞维护"朝廷社稷"的用意。或许在那个经学凋零的时代，他为了凸显张之洞对儒家经学的维护，而故意对此避而不谈。他是在强调经是常道的意味上，来肯定张之洞维护"道统"的意义的，然而张之洞所维护的道统显然有别于熊十力所认可的儒家之道统。熊十力在《读经示要》中，声明自己融合中西文化的策略其实是"中体中用"，只不过这"中用"是因着西方的科学、民主，发现其在"中体"之中的端绪，并予以发扬光大。说到底，这依然是"中体西用"的一种变体，尽管经过"中体"开出的科学、民主已经不同于西方的科学与民主（因为由"中体"开出的是道德统驭之下的科学与民主），熊十力的体用论无疑纠正了张之洞"中体西用论"体用分张的弊端。

学贯中西的严复，亦曾提出"以自由为体，以民主为用"的文化方

① [美] 列文森：《儒教中国及其现代命运》，郑大华、任菁译，广西师范大学出版社 2009 年版，第 47 页。

② 熊十力：《读经示要》，《熊十力全集》第三卷，湖北教育出版社 2001 年版，第 562 页。

③ 同上书，第 563 页。

④ 同上书，第 562 页。

案。这是对中体西用论的突破。他所祈向的自由与民主，均是源自西方的。因此，他也突破了此前学者囿于儒学来谈中西文化融合的局限，而开始了真正学术意义上的中西文化比较。在严复看来，自由是推出民主的本源价值。他说："设等差而以隶相尊者，其自由必不全。故言自由，则不可以不明平等，平等而后有自主之权；合自主之权，于以治一群之事者，谓之民主。"① 由自由而平等，由平等而自主，合自主之权以为治，即是民主。在严复这里，"自由"之体与"民主"之用的关系是顺畅的。尽管其所说之自由更多地关涉富强，但轻忽了它本有的其他价值，因为人之自由绝不仅仅拘囿于富强方面（后文详述）。著名汉学家史华慈在《严复与自由主义》中曾评论道："假如说穆勒常视个人自由为目的本身，则在严复之译述中，它成为促进'民德与民智'并述此而成为服务于国家之目的的工具。"② 正如史华慈所指出的那样，严复所倡言的自由是对自由本身的一种乖离，自由不再是以自身为目的，而是以自由所能够引发的国力的强盛为鹄的。在那急切的救亡背景下，严复终将所谓国家自由置于了个体自由之上。熊十力对严复的"自由为体，民主为用"应该说是有所汲取的，他试图从儒家之学开出民主。只是在他这里本体的价值祈向是道德的高尚，当然富强亦是其所求取的价值之一，然而它始终是置于道德统驭之下的。

　　熊十力在经历了佛学的洗礼之后，返归《大易》，而深有所契。其建立的道德形而上学，可以说为后来的当代新儒家学者们创建了新时代背景下儒家之本体论和形而上学。在熊十力看来，只有中国儒家探究到真正的本体——此体刚健不息，发而为用，即体即用，体用不二。佛家所证之本体，有耽空溺寂之弊，体是无用之死体。西洋文化则一味外求，崇尚理智，用思辨来构建万物的本体。熊十力的本体论是富有儒家特色的，也是对西方哲学中的本体论有所补充的。他强调本体须得体证，而对体证的强调其实是将道德实践视为亲证本体的必由之路。如果我们抛开体证那略显神秘的一面，其对实践的强调，对于西方哲学形而上学走出困境还是很有

---

　　① 严复：《严复集》第一册，中华书局 1986 年版，第 118 页。
　　② ［美］史华慈：《严复与自由主义》，杨肃献译，载《近代中国思想人物论——自由主义》，（台北）台湾时报文化出版事业有限公司 1980 年版，第 110 页。

裨益的。西方哲学中的本体，多由逻辑思辨而来，其已经为 20 世纪的语言学所诟病。然而，语言学、结构主义、解构主义都有其适用的范围，即认知领域。而熊十力其实指出了通达本体的另一条路径——实践，尽管其本意仅仅局限于道德实践。熊十力在后期修正了其本体论的圆满自足性，将本体的实现视为一个过程，而且是基于实践而又不断向着应然方向去发展的过程。这样其所建立的本体，在相当程度上已经不再是实体性的本体，而是一种价值本体。

应该说，熊十力提出了颇为精致的体用不二之论，从而将"中体西用"的思路推向了一个新的高度。他始终坚持以本民族文化为根荄去吸收西方文化。作为时代价值的科学、民主是熊十力要从西方文化那里吸收来的最重要的文化因子。而且，熊十力从古籍中找到了其在中国可能发生的根芽（尽管有牵强附会之嫌），认为我们只是没有很好地发展它们罢了。在他看来，现在借鉴西方人成功的做法，强起力追，一定可以从本根处生发出具有我们民族特点的而且是纠正了西方文化弊端的新的科学、民主来。这新的科学、民主适用于全人类，具有普遍意义。

熊十力的中西文化融合策略可以概括为"返本开新"。熊十力对"返本开新"的思考是一体的，"返本"即是"开新"，只有返回真正之本心、本我，亦即中华民族的文化、精神之根，才能开出现代文明之新，即新时代的民主与科学。而这又和儒家的内圣外王结构相联系，内圣即是本，外王即是末。"开新"之"新"其实即是新时代背景下的儒家外王应有之事功。所以熊十力其实是在以儒家的理论框架来融合中西文化，他既要中国传统儒家的道德形而上学，又要西方现代的科学与民主，当然，科学与民主都必须经过"以性立基"的根本转化，才能由儒家的本体生发出来。我们可以大致做出如下的概括：熊十力关于中西文化融合的思考是以儒家理论框架为基础、以体用不二为内在逻辑的一种融合中西文化的文化构想。具体而言则是：以中国文化的核心价值为出发点和参照系，将西方文化的科学、民主纳入自己的以"性"为基的文化之中，以中国文化之体（仁体）发展出经过改造后的西方文化之用（以"性"为基的科学、民主）。然而问题也正出现于此。中国文化的价值核心，熊十力将其确定为仁，即道德。道德如何容纳得了科学、民主？道德是无待向度上的价值，科学、民主是有待向度上的价值，两个错落开来的价值系统如何融合在一起？这是熊十力无法解决的问题，也是其殚精竭虑构筑出来的新儒学体系的缺失所在①。

第二节　价值形而上学视域下的"返本开新"之反思②

当熊十力于后期以"天性之动"来称说"性之欲"时，他其实赋予了传统儒学中的"理""欲"之辨以新的诠释，他申言："欲者，天理动发之几也。克就欲上言，何有非天理者乎。"③ 在他看来，"理"发动而为"欲"，"欲"是"理"之显现，"理"与"欲"的关系即是体用不二的关系。这既是他对自己前期所持的"理""欲"关系的调整，亦是对宋明儒者在处理"理""欲"关系时存在的诸多偏颇的修正，而其更为深远的意义则在于他将与"欲"相关的"幸福"和与"理"相关的"德性"联系在了一起，并予以二者以体用不二的关联，从而将"德性"与"幸福"的配称问题以自己的方式提撕出来，尽管他本人可能更属意于"返本开新"的思考，而非孜孜以求于对德福配称问题的追问。

在孔孟那里，德福配称问题还以渊默的方式保持着圆融，虽无明确的界说，却也不曾直言要否弃"幸福"的价值。在孟子的义利之辨的论说中，对义的高举，毕竟是在"义""利"的"不可得兼"境况中的不得已的选择，这暗含着对幸福价值在常态生活中的肯定，然而这不得已的选择也将"德"性之维予以鲜明的凸显，显现出儒家的成德之教的底色。在孔孟这里，并不曾以德性来排斥幸福，同时幸福也并不曾作为与德性同等重

---

①　［美］史华慈：《严复与自由主义》，杨萧献译，载《近代中国思想人物论——自由主义》，（台北）台湾时报文化出版事业有限公司 1980 年版，第 68 页。

②　本书所说的价值形而上学是指黄克剑先生提出的价值形而上学，其具体论著参见《价值形而上学引论》（黄克剑：《黄克剑自选集》，广西师范大学出版社 1998 年版，第 342—367 页）和《人论（纲要）》（黄克剑主编：《问道》第一辑，福建教育出版社 2007 年版，第 3—46 页）。本书以下关于价值形而上学的解释和说明，参考了上述文献。

③　熊十力：《原儒》，《熊十力全集》第六卷，湖北教育出版社 2001 年版，第 666 页。

要的价值而被儒者刻意去追求。德福如何得以配称，在先儒这里还不曾真正予以解答，甚至对此问题也并未真正予以理会。

宋明儒者则将孔孟的渊默打破了，其在对心性之学的倡扬中，径直宣示"去人欲存天理"，从而以"天理"（道德）的名义将"人欲"（其与幸福不无关联）的价值否弃了。而此种偏执的价值择取，在此后的历史中显现出以下的弊端，首先是对满足人们幸福价值追求的事功的轻视，其次是道德日益他律化、教条化，从而流于缘饰和乡愿，反倒违离了宋明儒者真切的初衷。

熊十力对宋明儒者"理""欲"关系的修正，终是为了将科学、民主吸纳进儒学而做的铺垫。在他看来，西方的治化是立基于"欲"的，只有将"欲"归摄于"性"，才能由儒家之学开出科学、民主，从而实现其"返本开新"的设想。他在新时代的历史境域中重建儒学的意图便不可避免地涉及了"德福配称"的问题，尽管他并不曾对"德福配称"的"至善"有所提及。而其弟子牟宗三则在儒学和康德哲学的互释中，将对此问题的探讨推向了一个新的高度。正如黄克剑先生所说："'开新'意味着当代新儒家在近代西方文化刺激下对传统'外王'格局的扬弃，科学和民主由此按儒者的方式被重新归置。'返本开新'使当代新儒家处在某种'边缘'状态，他们为自己提出的是先秦以至宋明儒者未遑措意或依其教路无由发现的问题。"[①] 幸福，在熊十力所身处的时代已经成了一种人们自觉追求的价值目标，熊十力并不否弃幸福的价值，只是他要置其于儒家的德性之光的笼罩之下。在他对"性之欲"的解说中，在其"以性摄欲"的民主治制建构中，"欲"并未被轻视，只是"欲"终是要由"性"来厘定其合理性的。在"理"与"欲"体用不二的关系中，"理"之体（道德）显发为"欲"之用（幸福）；"欲"之用（幸福）显现着"理"之性（道德）。然而，正如康德所说，道德之学"并不是教人怎样谋求幸福的学说，乃是教人怎样才配享幸福的学说"[②]。并非谋求幸福的道德之学，如何开得出幸福之维？这里透现出熊十力返本开新之思的明显的扞格。

---

① 黄克剑：《挣扎中的儒学》，《黄克剑自选集》，广西师范大学出版社 1998 年版，第 254 页。
② 康德：《实践理性批判》，关文运译，商务印书馆 1960 年版，第 132 页。

　　我们倘若将熊十力"返本开新"的主张，衡之以价值形而上学便可以清楚地看出其破绽之所在。道德和幸福是两个向度上的价值，它们之间并不存在必然的因果关联。

　　黄克剑先生指出："人在一切'有情'中，是最堪称作自由存在物的存在物。"① 人不同于其他生物，人生活在自己创造的文化境域之中。这种文化境域包括人化的自然境域、历史境域和虚灵的精神境域。人和自然的关系不同于动物和自然的关系。动物受动于其生活的自然环境，人同样也受动于其生活的自然环境，然而人还有能动的一维。正是这能动的一维，将人和其他生物区别开来。受动而能动的人类活动，使得人与自然的关系成了这样：人受动于自然，因而不能不受制于自然环境；人也能动于自然，人不断地改造自然，使自然成为人化的自然。人对自然的能动之维，使得人类的境域不再囿于自然，从而使人类拥有了自己的文化境域。人将自己的"意向、欲求和为这意向欲求所促动的智识、美趣、能力"② 投向自然物，使自然物转化成了文化物，"人以文化物为存在对象因而以人与文化物的关系为存在境域使人的存在成为一种文化存在"③。人的文化存在，并不局限于人与物的关系之上，它还显现于人与人的伦理关系、社会治制，甚至更为虚灵的"语言、神话、宗教、艺术、科学、哲学等"④ 方面。因此，人的存在境域也可以一言以蔽之为"文化境域"。而这文化境域乃是在历史变迁中的存在，因此人亦是受动而能动于历史的。因着人之受动而能动的特性，人可以简括地概括为"文化存在物"。人之受动而能动的特性使人创设自己而成其为人，人遂因自己是自己的理由而为自由的存在物。当然，这里的自由亦是由其受动而能动的活动特性所决定了的，它不是纯然的为所欲为，而是"在自己是自己的存在方式的理由的意义上"的"功过自承"⑤。人也因着受动而能动的特性，不断地在扩展着自己的存在境域，而不断获得更为广阔的存在境域，使人更为自由。因此，自

---

　　① 黄克剑：《人论（纲要）》，《问道》第一辑，福建教育出版社 2007 年版，第 7 页。
　　② 同上书，第 6 页。
　　③ 同上。
　　④ 同上。
　　⑤ 同上书，第 7 页。

由不仅仅是人的存在特性，也成了人不断创造中的一种价值祈向。

　　人的受动而又能动的特性使人获得有待维度上的自由："在'对象化'或'受动——能动'的分际上贞定'自由'，被贞定的'自由'更大程度地显现于人的生命活动的有待性，——同存在对象相对待因而对存在境域不能无所依恃。"① 同时，自由还有它无待的一维，那便是人的"道德的自我完善，心灵的自我督责，人格的自我提升，境界的自我超越"②。无待的自由，是"人的独异的生命活动在反观自照的内心世界的展示。自由在这里体现为'自律'、'自得'、'自贞'的原则，人由此把自己和其他有生的物种最后区别开来"③。这样，自由就显现于有待和无待两个维度上。

　　就像无色的太阳光经过三棱镜的折射后，显现出红、橙、黄、绿、青、蓝、紫的光谱那样，无色的"自由"之光透过心灵祈向的三棱镜，折射出异彩纷呈的价值色调，"自由之光见之于价值的谱系则约略有'富强'、'正义'、'和谐'、'趣真'、'审美'、'向善'、'希圣'等不同格位或取向。'富'、'强'是人所祈求的可证诸物质的感性世界的价值，'和谐'、'正义'是人所祈求的可证诸人的伦理（包括人伦与天伦——人与自然之伦）、政治秩序的价值，'真'、'善'、'美'、'圣'等，则意味着人为着开拓自己的生命视野、陶养或润泽自己的心灵境界而对更虚灵的价值的祈求"④。与自由的有待、无待两个向度相关联，诸种价值又可分别辐辏于幸福和高尚两个维度，而幸福和高尚的配称一致，正是康德所谓的"至善"这一概念所要表达的内容。

　　上述诸种价值相互制约相互作用形成了文化创造活动的某种取向。诸种价值的不断创生，构成了人的文化境域，也构成了人的存在方式和存在境域。人类作为文化中的存在者，其具有多元的价值祈向。任何某种价值的一元化都可能妨碍其他价值的实现，从而最终不利于人所祈望的自由的真正实现。在诸多价值中，道德意义上的"善"在真正无待的向度上。它

----

① 黄克剑：《人文学论纲》，《黄克剑自选集》，广西师范大学出版社 1998 年版，第 373 页。
② 黄克剑：《人论（纲要）》，《问道》第一辑，福建教育出版社 2007 年版，第 9—10 页。
③ 黄克剑：《人文学论纲》，《黄克剑自选集》，广西师范大学出版社 1998 年版，第 373 页。
④ 同上书，第 374 页。

无所依待，不像其他价值的实现需要外在的环境、条件、对象等的具足，它仅仅有赖于人的自我反省和自我督责。正如黄克剑先生所说："道德意义上的'善'是人的价值祈向中对外在条件无所依待的价值，这无所依待性使它有别于'真'，也有别于'美'。没有认知对象，心灵不能自设价值之'真'；没有'表现性的形式'或'有意味的形式'，心灵也无从在失却必要的对象的情形下无可观审地审美。但德性的向'善'是对外一无所求的，它只须反观自审的心灵自作主宰。"①

有待和无待的两个价值向度是错落的。无待向度的价值无法开出有待向度的价值，因为自足的无待价值，无法为有待价值提供其所必需的外部环境、条件以及对象等。而有待向度上的价值亦不能开出无待向度上的价值，因为有待向度上的价值的实现并不意味着其价值主体的道德水平也因此得到了提高。

熊十力是看到了道德价值的"无待"的特点的。他常常以"无待""绝待""绝对"等称其本体，当然他所说的"无待"等的意义和本书所说的"无待"的意义并不是完全相同的。例如：

> 本体是绝对的，若有所待，便不名为一切行的本体了。②

> 一者，绝待也，虚无也，无在无不在也。自一而二，以之于三，皆称体起用之征符，至无而妙有也，至虚而善动也，是故拟之以象。自此以往，而数不胜纪，则有待之域，不可以见玄也。③

> 夫人之神明，炯然不昧，卓尔无倚，儒者所谓独体是也。今一意向外驰求，而不务凝然内敛，默然自识，以泯绝外驰之纷，则神明恒与物对，而不获伸。即失其卓尔无倚之独体。是则驰外之所获者虽多，而神明毕竟物化。人生不得离有对而入无待，故曰其失也物，此西洋人所不自知其失者也。④

---

① 黄克剑：《人论（纲要）》，《问道》第一辑，福建教育出版社2007年版，第30—31页。
② 熊十力：《新唯识论》，《熊十力全集》第三卷，湖北教育出版社2001年版，第94页。
③ 同上书，第10—11页。
④ 熊十力：《读经示要》，《熊十力全集》第三卷，湖北教育出版社2001年版，第579—580页。

　　《中庸》曰："诚者天之道也。诚之者，人之道也。"上句克就本体言，下句约工夫言。尽人所以合天，合天即超越小己，而会万物为一体。何以知然？未能合天，则执形而昧其性。即有小己与万物对立。能合天矣，即澈悟万物与我同性。故不见有小己，而万物皆吾一体。见性，则亡形碍故也。然则，离有对而入无待者，其至诚之谓欤？游无待者，无有我与物对。无有物与我对，彻体真实，灵通无间，是以成己成物，己立立人，己达达人，无有一物在己性外故也。故曰恕本于诚。诚则同己于物，故能推。不诚即物我对峙，未有能推者也。①

　　熊十力反复申言本体是"无待"的。上述第一段引言，说明本体是圆足的，不待外部条件成全的。这可以说他看到道德本体的无待特性。与本书无待的意义基本吻合。第二段引文是说，本体是一，当然这不是数量之一，而是指其独立无匹。而本体显现之用则是有待的，这里的有待包含数量上的纷繁复杂和物与物之间的相对。无待，在此处是指本体是独立无匹的，没有与其相对之物事。第三段引文是说，本体是自明的独体，无有能所的分别，其是在反观自照中实现自我体证的。无待，在此处说明了"善"（道德）不同于"真""美"，它不需要以特定对象的存在为前提。第四段引文从人生论的角度说明，人生的意义在于达至万物与我为一的无待之境，通达此至境的工夫在于能推己及万物，消除物我之对。无待，在此处是指道德的自由之境。由此可见，熊十力将道德的无待之性作为本体的根本特性，也将其视为人生的终极意义。熊十力以本心说本体，强调天人不二的工夫论在于致良知，这些都显示出其本体论的道德形而上学特性。

　　熊十力所建构的形而上学是道德一元论的。尽管他并不轻视"富强"、"真"（科学）、"正义"（民主）等价值，而且将其作为追求的目标；但是，他的中西文化融合策略，告诉我们科学（"真"）、民主（"正义"）都是由

────────────

　　① 熊十力：《读经示要》，《熊十力全集》第三卷，湖北教育出版社 2001 年版，第 584—585 页。

道德本体（"善"）推衍出来的，都是统驭于道德本体之下的"用"。

科学是对世界真相的探知。而"真"的价值的实现不能没有认知对象的存在，因此它亦是有待的，它有待于作为人的生存对象的世界的存在。熊十力在早期的宇宙论中以俗谛的方式将宇宙万物的真实性肯定下来，即是为了为科学寻得立足之处。后期，他"摄体归用"，将物质性赋予了本体，进而从本体的角度肯定了物质性的真实不虚。但是，在熊十力早期思想中，物是"翕"的势用的迹象而已，只是俗谛意义上的真实。在其后期思想中，当他肯定了本体具有物质性之后，又将"物"置于"心"的统驭之下，从而使得"物"的独立自足性大打折扣。"物"本身的独立价值不曾在他这里真正得以彰显，之所以如此，乃是因着他的道德形而上学中的道德一元论。他要从道德本体推出科学之用，即从"善"推出"真"，将"真"统驭于"善"，而这错置了的价值谱系常常使他陷入顾此失彼的窘境。例如，熊十力认为，传统儒学轻视物，因此很难发展出以物为研究对象的科学。为了纠正这一弊端，他必然要肯定物。这是为了满足开出科学的需要。然而从道德的角度出发，他又如同传统儒家一样，对物可能引发出过度欲望保持高度的警惕，因此他又常常将物看作是恶的来源（他视"随顺躯壳起念"为恶之根源），从而又轻视甚至否弃物。这样他对物的态度就是自相矛盾的。对于习心亦是如此。从科学的角度出发，习心是记忆，有助于理智形成对物的认知，是需要予以肯定的。而从道德的角度出发，习心是对本心的障蔽，必须予以清除。出于不同价值角度的考虑，他对物、习心做出了截然相反的判断。而这矛盾本身就说明了道德和科学其实处于错落开来的"善"与"真"两重价值之上的，并不能由道德之体（"善"）推出科学之用（"真"）。

此外，熊十力将"智"视为道德本体的发用，而且将"智"又视为科学知识形成的根源，这样他便将与道德意识相关的良知视为与科学认知相关的理智的根源。他的此种认识也是有问题的。确切地说，良知应该是心灵向内的省察与觉悟，理智应该是心灵向外的探索与认知，它们亦是错落开来的，而非体用的关系。熊十力出于道德一元论的立场，将良知误置于理智之上，将理智视为良知的发用也是不恰当的。

民主体现了社会正义的要求。它以个人权利意识觉醒为其思想基础。个人权利意识的觉醒必然涉及利益的权衡。同时，民主也意味着个人价值主体地位的确立，它强调人人都是平等、自由的，强调个人的价值优先于其组成的团体与国家，从而体现出一种基于个人价值的社会的正义。

熊十力以道德之体推出民主之用的方案是不妥的。民主属于权利范畴，它强调的是个体的独立价值，而这主要是从利益权衡的角度考虑的。儒家所讲的"内圣外王"中的"外王"，似乎是可以与西方的治制相对比的，然而，"外王"毕竟是一体于"内圣"的，它是"内圣"的径直推出，而不同于与权利密切相关的西方民主治制。"内圣外王"主要是对"治人者"而言的。即使对于"治人者"，它也不是对其应有权利的规定和限制，而毋宁说是从道德境界的维度对其当具有的资格的期盼。在君主制下，儒者只有通过"得君行道"的方式来实现自己的政治主张，而"君君，臣臣，父父，子子"所言说的内容，应该是包含了孔孟诸大儒对君上应有道德品操的要求和期盼在其中的。然而，它终究是一种贵贱、轻重、长幼有别的礼。正如黄克剑先生所说："儒者即'仁'而言'人'或即'人'而言'仁'，有'仁者，人也'之说。就'仁'是人所以为人的依凭而言，这界说对于君臣父子一类隶属性关系确有超越的一面，即所谓'人皆可以为尧舜'，但这超越是道德'境界'上的超越，它并不引发'权利'对列意义上的那种竟或潜在于人心的'人权'意识。"① 儒家学说所倡言的"人皆可以为尧舜"，是从人的道德境界而言的，人人皆可以达至尧舜那样至高的精神境界，而不是说人人都具有获得平等之政治地位的权利。儒家所言之"人皆可以为尧舜"，不是从权利的角度对社会中每个个体应有之人权的规定与允可。相反，儒家的道德形而上学由于是对道德价值的一元化，反倒可能轻视甚至遮蔽每个个体应得的利益。当人们孜孜以求道德境界的自我完善时，往往不会对自己应得的权力和利益多所计较，因此，道德一元论往往使人们不那么在乎自己应得的权利。

此外，权利终究需要法律的保护，熊十力关于法律的论说，也只是德

---

① 黄克剑：《百年新儒林》，中国青年出版社 2000 年版，第 312 页。

治的补充，它仅仅具有督责和惩罚不遵守德治者的功效，而没有保护人权的意识和功能。因此，熊十力从道德之体推出民主之用是无法成立的，因为它们是分属于不同向度的价值。道德是无待向度上的价值，正义是有待向度上的价值，它们是错落开来的两个向度中的不同价值。"道德的'善'不是通常为人们所称赏的'正义'的附庸。'正义'……乃是'给予每个人他应得部分的那种坚定而恒久的愿望'，而'给予每个人他应得部分'的要求属于'权利'范畴。对'权利'的当有分际的孜孜以求是'正义'的应有之义，它必致诉诸具有强制性的法律。道德的'善'的依据却并不在于利益求取的允当或幸福获致的合理，它对人生的成全主要在于人格的高尚或心灵的纯洁。'善'和'正义'各有其价值取向上独立的一维，这使得道德境界和权利意识不以因果或主从相属而仅成一错落关系。"①

对道德的看重，正是因为它的无所依待的特点，而正是道德的这一特点，使它有可能对其他价值施加更为深刻的影响，只是道德的"善"并非以直接的方式对其他价值施加影响，而是通过对人的品操的涵养去改变人在其他价值的择取过程中的态度和方式。一个勤勉而道德高尚的人，即使对富强价值不懈追求，也不会使其陷入私欲和权势欲的无限膨胀之中。一个品格低俗的人，在优美的艺术品上所发现的亦可能仅仅是一种媚美。因此，"善"具有其特殊的作用："'神圣'之境作为对人生诸多价值在超越意义上的收摄与融通，其收摄、融通的最切要的契机即在于道德上的'善'的祈向。"②

熊十力对价值谱系的错置，导致了其论证逻辑的不能自洽。熊十力"体用不二"的致思逻辑断裂于"性智"和"量智"之辨，在其治化论中则更为明显——无法真正实现"性"与"欲"的体用不二，由道德之体推出科学、民主。如果我们回溯其失误的根源，会发现熊十力最初设立的"体"便是有问题的。熊十力设立之"体"，是道德形而上学之体。尽管熊十力后期曾为了开出科学、民主之用，对"体"有所重新界定，赋予其以复杂性，然而"心"对"物"的统御说明其本体论依然是道德一元论的。

---

① 黄克剑：《人论（纲要）》，《问道》第一辑，福建教育出版社 2007 年版，第 32 页。
② 同上书，第 36 页。

熊十力之本体论的问题就出在这里，以道德之"善"统御"真"（科学）、"正义"（民主）、"富强"等价值，以人生的无待向度统驭人生的有待向度，因此其文化方案在推演的过程中就不可避免地出现了逻辑错位。

　　然而我们也应当看到，熊十力的"返本开新"最终是为了协调良知、科学、民主的关系。当近现代社会取得了科学进步、民主公平之后，人们还需要良知来做必要的督责，以使人类的自由不仅仅是拘囿于幸福这一有待的向度上，人类还需要德性的高尚，需要无待向度上的自由。尽管熊十力最终仍未能合理地处置好三者（道德、科学、民主）的关系，但是他把一个值得我们深思的问题启示给了我们。价值形而上学使我们能够看到熊十力道德形而上学的局限，进而把一个丰富的价值谱系展示在我们面前，也使我们认识到无待的价值和有待的价值是错落开的，彼此并不具备必然的联系。如何在现代科学技术不断发展的民主社会中安顿良知，这是熊十力开创的新儒学启示给我们的问题，也是我们今日亟待解决的问题。问题既然提出来了，那就会引发逼近真际的探讨，这或许是熊十力"返本开新"之学留给我们的最珍贵的遗产。

结　语

　　熊十力对中西文化的分辨，最终着眼于"本体"层面的不同。熊十力认为中国文化（主要指儒家之人文教化）的长处在于证会本体。儒家所证之体，寂静而刚健不息，无有佛家之体耽空溺寂之弊。他认为西方文化未曾真正证体，它们仅仅是凭理智构画出本体，而且其又超越于现象界之上，体与用为两重。在熊十力这里，儒家所谓体，即是仁体、性体，其在道德的维度上，所成就的是一种道德形而上学。西方文化重视人的欲望、崇尚理智，逐物不已，科学、民主是其所长。熊十力强调，中西文化离则两伤，合则两美，两者融合势在必行。

　　熊十力的中西文化融合策略可以概括为"返本开新"，此即恪守中国文化的核心价值，将西方的科学、民主纳入自己的以"性"为基的文化中，由中国文化之体（仁体）开示出经过改造的西方文化之用（以"性"为基的科学、民主）。

　　他前期以"性智""量智"的体用不二，来融合道德与科学。然而出现了问题，"量智"不可直接通达"性智"（即本体），需要有修养为其中介。后期，他将"智""仁""勇"视为本体之发用，认为三者名异而实为一体，以此说明"智"即是"仁"，即是道德。他强调知识的形成，终需"智"的舍己以从物为条件，这其实意味着道德无由直接统驭知识。他的尝试又失败了。他的失败其实显示出与认识相关的科学和与人格品操修养相关的道德二者不存在必然的联系。

　　他又以"性"和"欲"的体用不二，来融合仁体与民主。尽管后期他以天性之动来说"欲"，似乎达成了二者的体用关系。然而，"欲"的合理性终究是要裁决于"性"的，"欲"的独立价值并没有真正得以确立。既然熊十力认为西方的民主治制是立基于"欲"的，对"欲"的有所委屈，便终致民主无由合乎逻辑地生自他所标举的"性"。因而，以仁体统驭民主之用也出了问题。

后期，熊十力改变了他的致思路向，从前期的"举体成用"转变为后期的"摄体归用"，思考问题的始点和终点做了互换，以使推敲中的中西文化融合的设想更为通洽。而这也是其历贬群儒的真正原因。他肯定科学、民主之"用"而上溯其"体"应具之性，此时他所谓的本体已经具有了物质、生命、心灵等复杂性。对物质从本体层面的肯定是为了能够由体开出科学，对万物各个资取乾元以为体的称说，是为了凸显个体的主体地位，以为民主奠定思想基础。此外，在其后期所述说的本体论中，本体已不再是圆满自足的，其犹如种子，仅仅具有无限的可能性，最终是否能够实现其潜能尚有待万物自己的努力和相应的环境。这里透现出一种万物自主的精神，个体成了功过自承的主体，由此亦为民主奠定了思想基础。然而，心和物依然不是平等的。乾阳对坤阴的统驭，显现出其归本道德的价值宗趣并不曾有所改变。在对物的态度上的龃龉，显示出其逻辑底蕴的不足。当他肯定科学的价值时，他无疑要肯定物。但当他强调人应推扩本心之善几时，则又不得不警惕乃至否定物及物所引发的欲望。

这样，熊十力以道德统御科学、民主的种种尝试其实都可以说不曾真正取得成功。衡之以价值形而上学，我们可以发现其错误的根源乃在于将错落开来的两个价值向度生硬地合二为一了。他试图以道德价值统驭其他价值，然而，他不曾意识到道德是无待向度上的价值，科学、民主是有待向度上的价值，两个错落开的向度上的价值不存在必然的因果关系。正如，一个道德高尚的人，不必然就懂得高等数学；一个孜孜以求至高道德境界的人，反倒不会在自己的权利上多所措意。道德无法直接推出科学、民主；道德作为无待的价值，它仅仅依靠人的自律就能够实现，它往往能够使人"心有存主"，从而使人更为善良、正直、勤勉、坚毅、刻苦……乃至促使一个人更努力地去实现他的追求，但并不允诺必然有所收获。换句话说，道德对科学、民主的影响，仅仅是间接的影响，而非体用不二的直贯。真正说来，事实或许应当是这样，亦即将道德与科学、民主错落开来，将其分别辐辏于人的自由价值的提升。一如黄克剑先生所说：儒学"不必在万象森然的人文世界中事必躬亲，而只须让由它陶冶出的仁心内在而不耻于学的儒者去不懈努力。这正像基督教不必去过问高等数学而只让它的信徒牛顿、莱布尼茨去过问，不必去过问'人权'而只让它的信徒格劳秀斯、洛克等去过问一样"①。这意味着赋予道德、科学、民主这些价值以各自独立的意义，让它们统一于人的全面而自由的发展。

值得肯定的是，熊十力的确看到了道德价值的无待特性，但是他夸大了道德价值的作用。道德作为人类活动中的价值，仅仅是人类必需的一种价值，它无法统驭其他的价值。熊十力将一个重要的问题提了出来，即在现代科学日益发展而民主意识亦渐次深入人心的社会如何安顿人的良知？这是今日我们中华民族所面临的问题，也是世界性文化危机背景下整个人类所无从规避的问题。熊十力留给我们的是一份问题的遗产，这份遗产因着关涉民族与人类的命运而弥足珍贵。

---

① 黄克剑：《百年新儒林》，中国青年出版社 2000 年版，第 324—325 页。

主要参考文献

一 熊十力著作

1. 熊十力：《熊十力全集》，湖北教育出版社 2001 年版。

二 熊十力研究著作

2. 丁为祥：《熊十力学术思想评传》，北京图书馆出版社 1999 年版。

3. 郭美华：《熊十力本体论哲学研究》，巴蜀书社 2004 年版。

4. 郭齐勇：《熊十力及其哲学》，中国展望出版社 1985 年版。

5. 郭齐勇：《熊十力思想研究》，天津人民出版社 1993 年版。

6. 郭齐勇：《天地间一个读书人：熊十力传》，上海文艺出版社 1994 年版。

7. 郭齐勇：《熊十力学案》，中国社会科学出版社 1995 年版。

8. 郭齐勇：《熊十力学术文化随笔》，中国青年出版社 1999 年版。

9. 李清良：《熊十力陈寅恪钱钟书阐释思想研究》，中华书局 2007 年版。

10. 刘俊哲、段吉福、唐代兴：《熊十力唐君毅道德与文化思想研究》，巴蜀书社 2008 年版。

11. 宋志明：《熊十力评传》，百花洲文艺出版社 1993 年版。

12. 武汉大学中国传统文化研究中心编：《玄圃论学续集：熊十力与中国传统文化国际学术研讨会论文集》，湖北教育出版社 2003 年版。

13. 杨国荣：《王学通论：从王阳明到熊十力》，华东师范大学出版社 2003 年版。

14. 张光成：《中国现代哲学的创生原点：熊十力体用思想研究》，上海人民出版社 2002 年版。

15. 张庆熊：《熊十力的新唯识论与胡塞尔的现象学》，上海人民出版社 1995 年版。

16. 郑家栋：《本体与方法：从熊十力到牟宗三》，辽宁大学出版社 1992 年版。

17. 1985 年北大、武大两校发起纪念熊十力百年诞辰的大会编：《玄圃论学集》，生活·读书·新知三联书店 1990 年版。

18. 景海峰：《熊十力》，（台北）东大图书公司 1991 年版。

19. 李霜清、江勇振、吴寄萍：《中国历代思想家》，（台北）台湾商务印书馆股份有限公司 1999 年版。

20. 林安梧：《存有·意识与实践：熊十力体用哲学之诠释与重建》，（台北）东大图书公司 1993 年版。

21. 林世荣：《熊十力春秋外王学研究》，（台北）花木兰文化出版社 2008 年版。

22. 林世荣：《熊十力与"体用不二"论》，（台北）万卷楼图书股份有限公司 2008 年版。

23. 林世荣：《熊十力〈新唯识论〉研究》，（台北）花木兰文化出版社 2009 年版。

海外

24. ［日］岛田虔次：《熊十力与新儒家哲学》，徐水生译，（台北）明文书局 1992 年版。

三　当代新儒家研究著作

25. 蔡仁厚：《新儒家的精神方向》，（台北）台湾学生书局 1982 年版。

26. 蔡仁厚：《新儒家与新世纪》，（台北）台湾学生书局有限公司 2005 年版。

27. 柴文华：《现代新儒家文化观研究》，生活·读书·新知三联书店 2004 年版。

28. 陈鹏：《现代新儒家研究》，福建人民出版社 2006 年版。

29. 方克立、李锦全主编:《现代新儒家学案》,中国社会科学出版社 1995 年版。

30. 封祖盛:《当代新儒家》,生活·读书·新知三联书店 1989 年版。

31. 何信全:《儒学与现代民主——当代新儒家政治哲学研究》,中国社会科学出版社 2001 年版。

32. 胡伟希:《传统与人文——对港台新儒家的考察》,中华书局 1992 年版。

33. 黄克剑:《百年新儒林:当代新儒学八大家论略》,中国青年出版社 2000 年版。

34. 赖贤宗:《体用与心性:当代新儒家哲学新论》,(台北)台湾学生书局 2001 年版。

35. 李宪堂:《先秦儒家的专制主义精神——对话新儒家》,中国人民大学出版社 2003 年版。

36. 林安梧:《儒学革命论——后新儒家哲学的问题向度》,(台北)台湾学生书局 1998 年版。

37. 林安梧:《当代新儒家哲学史论》,(台北)文海学术思想研究发展文教基金会 1996 年版。

38. 龙佳解:《中国人文主义新论——评当代新儒家的传统文化诠释》,湖南大学出版社 2001 年版。

39. 罗义俊:《评新儒家》,上海人民出版社 1989 年版。

40. 罗义俊:《生命存在与文化意识:当代新儒家史论》,学林出版社 2009 年版。

41. 宋德宣:《新儒家》,(台北)扬智文化事业公司 1994 年版。

42. 宋志明:《现代新儒家研究》,中国人民大学出版社 1991 年版。

43. 汤忠钢:《德性与政治:牟宗三新儒家政治哲学研究》,中国言实出版社 2008 年版。

44. 武东生:《现代新儒家人生哲学研究》,辽宁大学出版社 1994 年版。

45. 吴圣正:《德性与民主:与现代新儒家谈政治哲学》,宁夏人民出版社 2009 年版。

46. 徐嘉:《现代新儒家与佛学》,宗教文化出版社 2007 年版。

47. 宇培峰：《新儒家、新儒学及其政治法律思想研究》，中国政法大学出版社 2006 年版。

48. 张祥浩：《复兴民族文化的探索——现代新儒家与传统文化》，江苏人民出版社 2003 年版。

49. 赵德志：《现代新儒家与西方哲学》，辽宁大学出版社 1994 年版。

50. 赵卫东：《分判与融通——当代新儒家德性与知识关系研究》，齐鲁书社 2006 年版。

51. 郑家栋、叶海烟主编：《新儒家评论》第一辑，中国广播电视出版社 1994 年版。

52. 郑家栋、叶海烟主编：《新儒家评论》第二辑，中国广播电视出版社 1995 年版。

四　其他

53. ［美］约瑟夫·列文森：《儒教中国及其现代命运》，郑大华、任菁译，广西师范大学出版社 2009 年版。

54. 成海鹰、成芳：《唯意志论哲学在中国》，首都师范大学出版社 2002 年版。

55. 郭湛波：《近五十年中国思想史》，山东人民出版社 1997 年版。

56. 贺麟：《德国三大哲人歌德黑格尔费希特的爱国主义》，商务印书馆 1989 年版。

57. 贺麟：《五十年来的中国哲学》，辽宁教育出版社 1989 年版。

58. 贺麟：《当代中国哲学》，上海书店 1991 年版。

59. 贺麟：《五十年来的中国哲学》，商务印书馆 2002 年版。

60. 胡伟希：《中国本土文化视野下的西方哲学》，首都师范大学出版社 2007 年版。

61. 黄见德：《20 世纪西方哲学东渐史导论》，首都师范大学出版社 2002 年版。

62. 黄克剑：《东方文化——两难中的抉择》，江西人民出版社 1992 年版。

63. 黄克剑：《挣扎中的儒学——论海峡彼岸的新儒学思想》，海峡文艺出版社 1995 年版。

64. 黄克剑：《黄克剑自选集》，广西师范大学出版社 1998 年版。

65. 黄克剑：《心蕴———一种对西方哲学的读解》，中国青年出版社 1999 年版。

66. 黄克剑：《美：眺望虚灵之真际———一种对德国古典美学的读解》，福建教育出版社 2004 年版。

67. 黄克剑：《由"命"而"道"———先秦诸子十讲》，线装书局 2006 年版。

68. 熊月之：《中国近代民主思想史论》，上海社会科学院出版社 2002 年版。

69. 杨河、邓安庆：《康德黑格尔哲学在中国》，首都师范大学出版社 2002 年版。

70. 余英时：《现代儒学的回顾与展望》，生活·读书·新知三联书店 2004 年版。

71. 余英时：《现代危机与思想人物》，生活·读书·新知三联书店 2005 年版。

72. 余英时：《现代学人与学术》，广西师范大学出版社 2006 年版。

73. 余英时：《民主制度与近代文明》，广西师范大学出版社 2006 年版。

74. 张君劢等：《科学与人生观》，山东人民出版社 1997 年版。

附　录

附录一　从礼乐文明看孔子的"仁"*

摘要：礼乐文明是中华民族远古文化的独特样态，是先秦诸子思想深厚的历史背景。从礼乐文明的视角审视轴心时代孔子"仁"的思想，可以找到孔子的思想基础，看清楚其在历史文化中的传承。周代是礼乐文明的成熟期，它标志着人的理性意识的觉醒，礼由天人之际向人人之际转换。孔子在"礼崩乐坏"的乱世，承继并发展了礼乐文明，赋予礼以仁的精神向度，使其由对命运的关注转向对人的精神境界的持守，从而为中华民族确立了一种教化——仁教，奠定了中华民族文化心理的基础。

关键词：礼乐文明　仁　境界

礼乐文明作为中华民族远古文化的独特样态，迥异于西方文化，同时它又和中国的轴心时代的文化有着千丝万缕的联系。无论是老子还是孔子，他们的思想都是针对"礼崩乐坏"的时代背景展开的。礼乐文明可以说是先秦诸子思想的深厚的历史背景，从礼乐文明的视角审视轴心时代孔子"仁"的思想，可以找到孔子的思想基础，看清楚其在历史文化中的传承。

一　礼乐文明

王国维先生《释礼》一文就礼字在殷墟卜辞中的多种字形做出了解

---

* 此文曾发表于《江汉大学学报》（人文科学版）2010 年第 3 期。

释:"此诸字皆象二玉在器之形。古者行礼以玉,故说文曰'豊,行礼之器',其说古矣。"① 由甲骨文的礼字来看,礼字意义与祭祀仪式有关。

杨向奎则将礼的初始含义解释为礼物:"原来的礼字只作礼物用,礼物重玉,无论对神对人皆如此,故即以盛玉器为礼。在'人际'关系中行礼有式是谓仪,表示行礼者之身份地位的豪华举动,谓之'威仪'。"② 这种说法与王国维之说大同小异,都说明了礼与仪式有关,杨先生这里的仪式也包括了人际之间的仪式。杨向奎进一步对礼乐做了如下的解释:"'礼'有广义、狭义之分。广义的礼,风俗信仰、礼仪制度无所不包;狭义的礼,包括有礼物、礼仪两部分。'乐'属于与'礼'结合在一起的'仪',所以我们往往是礼乐合称。"③

杨宽则将礼的起源追溯到没有文字之前更古远的时代。"'礼'的起源很早,远在原始氏族公社中,人们已经惯于把重要行动加上特殊的礼仪。原始人常以具有象征意义的物品,连同一系列的象征性动作,构成种种仪式,用来表达自己的感情和愿望。这些礼仪,不仅长期成为社会生活的传统习惯,而且常被用作维护社会秩序、巩固社会组织和加强部落之间联系的手段。进入阶级社会后,许多礼仪还被大家沿用着,其中部分礼仪往往被统治阶级所利用和改变,作为巩固统治阶级内部组织和统治人民的一种手段。我国西周以后贵族所推行的'周礼',就是属于这样的性质。西周时代贵族所推行的'周礼',是有其悠久的历史根源的,许多具体的礼文、仪式都是从周族氏族制末期的礼仪变化出来的。"④

上述学者从不同的角度对礼做出了自己的解释。王国维先生主要从文字学的角度予以阐释。杨向奎先生由于主要是考察周代的礼乐文明,并且他的定义是以周为时代背景的,而周代的礼已经开始由天人之际向人人之际过度了。杨宽先生的解释更具有历史感,大体勾勒了礼的发展历程。通过他们的论述,我们对礼似乎可以做出如下的判断:礼应该是与祭祀仪式

① 王国维:《观堂集林》(卷六)第一册,中华书局影印本 1991 年版,第 291 页。
② 杨向奎:《宗周社会与礼乐文明》,人民出版社 1992 年版,第 332 页。
③ 同上书,第 352 页。
④ 杨宽:《古史新探》,中华书局 1965 年版,第 234 页。

有关的，礼很可能是指祭祀仪式中使用的盛放美玉等祭物的器皿，由于它在祭祀仪式中具有举足轻重的作用，因此也被用来指代祭祀仪式本身。这种仪式最终演变为一种独具特色的文化——礼乐文明，并在周代达到了鼎盛。从孔子对春秋以来礼崩乐坏的感叹，以及殷承夏制、周承殷制的称说（子曰："殷因于夏礼，所损益可知也。周因于殷礼，所损益可知也。其或继周者，虽百世可知也。"《论语·为政》），我们可以判断夏商周应该属于礼乐文明的时代。从孔子对周礼的赞叹来看周代达到了礼乐文明的高峰。（子曰："周监于二代，郁郁乎文哉！吾从周。"《论语·八佾》）

二　周礼与人文意识的觉醒

周代是礼乐文明的鼎盛时期，其显著的特点是人的觉醒，理性精神的发展。延续数千年的礼乐文明在周代发展为制度与文化的建构，突破了祭祀礼仪的限制，发展出昭穆制度、祭祖制度等，以及丧、祭、射、御、冠、昏、朝、聘等人际之礼。人际之礼所占比重开始超过鬼神之礼。陈来先生就认为礼乐文明是一种理性化了的思想体系。"中国早期文化的理性化道路，也是先由巫觋活动转变为祈祷奉献，祈祷奉献的规范——礼由此产生，最终发展为理性化的规范体系周礼。商代宗教在整体上已不是巫术或萨满，上层文化与下层文化已经分离，上层宗教已经是祭司形态。夏以前是巫觋时代，商殷已是典型的祭祀时代，周代是礼乐时代。西周的信仰已不是多神论的自然宗教，最高存在与社会价值已建立了根本关联。""中国文化的理性化进程，它的价值理性的建立过程，是与对天神信仰的逐渐淡化和对人间性的文化和价值的关注增长联系在一起的。"[1]

许慎《说文解字》："礼，履也，所以祀神致福也。从示从丰，丰亦声。"徐灏《说文解字注笺》："礼之名起于事神，引申为凡礼仪之礼……丰本古礼字。"由此可见，礼是关涉祭祀的，具体而言，祭祀时的仪节即是礼。徐复观先生也曾指出："到了周公，才特别重视到这种仪节本身的意义。于是礼的观念始显著了出来。礼的观念的出现，乃说明在周初的宗

---

① 陈来：《古代宗教与伦理》，生活·读书·新知三联书店1996年版，第10、11页。

教活动中，已特注重到其中所含的人文因素。但此人文因素，是与祭祀不可分，这是礼的原始意义，而为周初文献所可证明的。"[①] 他的证据在于《礼记·表记》中的一段话："殷人尊神，率民以事鬼，先鬼而后礼……周人尊礼尚施，事鬼敬神而远之，近人而忠焉。"从这些文字中可以看到殷人和周人对待礼的不同态度，其中蕴含着周人的人文意识的觉醒。

这种人文意识的觉醒我们还可以从其祭祀的对象找到根据。殷商时期，人们已经有了确定的"帝"崇拜意识。"帝"是当时人们崇奉的至上神。帝，"像花蒂之形。……蒂落所而成果，即草木之所由生，枝叶之所由发。生物之始，与天合德，故帝足以配天"。（吴大澂《字说·帝字说》）帝崇拜，其实即是生命崇拜，由花蒂生子这一可感的经验，隐喻着崇拜者对生命的珍爱和对生命秘密的眷注。周取代殷后，帝崇拜被周人继承下来，但周人也发展出对天的崇敬。例如：在《诗经》中表现周人对天的崇拜的诗句很多："明明上天，照临下土""天生烝民，有物有则""天命降临，下民有则"。从商到周，由帝崇拜到天崇拜，昭示着天以自然概念而具有神的功能。这为先秦时代的天道宇宙观奠定了基础，是人的理性化觉所迈出的重要一步。这正如陈来在《古代宗教与伦理》一书中指出的："在西周思想中已可看到明显的理性化的进步。与殷人的一大不同特点是，周人的至上观念'天'是一个比较理性化了的绝对存在，具有'伦理位格'，是调控世界的'理性实在'。"[②]

在上述人文精神觉醒之下，人开始对自己的行为有了真正责任心，忧患意识开始形成。忧患意识是徐复观先生提出来的。"周人革掉了殷人的命（政权），成为新的胜利者；但通过周初文献所看出的，并不像一般民族战胜后的趾高气扬的气象，而是《易传》所说的'忧患'意识。忧患意识，不同于作为原始宗教动机的恐怖、绝望。……'忧患'与恐怖、绝望的最大不同之点，在于忧患心理的形成，乃是从当事者对吉凶成败的深思熟考而来的远见；在这种远见中，主要发现了吉凶成败与当事者行为的密切关系，及当事者在行为上所应负的责任。忧患正是由这种责任感而来的

要以己力突破困难而尚未突破时的心理状态。所以忧患意识，乃人类精神开始直接对事物发生责任感的表现，也即是精神上开始有了人的自觉的表现。"① 但是"天命"仍然是其行为成败的根源和保证，周代尚未达到人的真正的自觉。这点可以从《周易》对命的关注中看出。《周易》中"生生之谓易"的幽趣，仍然保留了帝崇拜中的生命崇拜，进而演示出一种宇宙论。"易有太极，是生两仪，两仪生四象，四象生八卦"，这是由一生多的过程，犹如花蒂化生许多种子一样，是一种生成的宇宙观，不同于西方寻找万物构成的始基的构成论宇宙观。《周易》在对"生"的溯源中，产生了"命"的观念。殷周之际，人们对生的崇拜，对天的敬畏，最终关涉的是对"命"的眷注。

三　孔子对礼乐文明的发展

伴随着西周的灭亡，原有的社会秩序被打乱了。东周的天子，只能靠各国诸侯的扶助、救济，才能勉强维持表面的"天下共主"的形象，原来和谐整齐的秩序被动荡的社会现实所取代。中国的轴心时代在"礼崩乐坏"的混乱中到来了。"过去那些无须思索的真理崩溃之后，人们不得不思索，过去那种神化时代的自信消失之后，人们不得不在理智的思索中重建自信，过去那些天地有序的观念倾斜之后，人们不得不在观察中重新修复宇宙的格局，在这一思想分裂的时代，人类才真的开始不完全依赖幻想的神明和自在的真理，而运用自己的理性，于是，在春秋末年到战国时代，也就是公元前六世纪到三世纪，中国的思想史进入了它自己的历程，这也许就是雅思贝斯所说的'轴心时代'：'发生在公元前八百至二百年间的这种精神的历程似乎构成了这样一个轴心，正是在那个年代，才形成了今天我们与之共同那个生活的这个'人'。我们就把这个时期称作'轴心时代'吧，非凡的事件都集中发生在这个时期。中国出现了孔子与老子，中国哲学中的全部流派都产生于此，接着是墨子、庄子以及诸子百家。'"② 任何一个文明发祥较早并且参与了人类文化创造的民族，都经历过这样的

---

① 徐复观：《中国人性论史》，华东师范大学出版社 2005 年版，第 14 页。
② 葛兆光：《中国思想史》第一卷，复旦大学出版社 2007 年版，第 69—70 页。

时代：它之前的时代似乎都在为它的到来做准备，它之后的时代又都一次次地回味于它，这时代就像一个轴心，被其前后的时代所环绕，这就是雅思贝斯所说的人类文化史上的轴心时代。孔子正是这一伟大时代中继承礼乐文明而又对其有所发展的思想家。

周代的礼乐秩序终崩坏了，老子和孔子是最早敏感到此并试图对其进行终极性思考的人。对于禀始于"天"的人说来，"礼乐"之"文"的意义何在？老子对此的回答是否定的，他回归自然之道，"复归于朴"。孔子秉持了老子对人性之朴的追求，但又不停留于此。礼乐之文，之所以先前具有生机，那是因为人的朴真的性情挺立于其中，这朴真的性情即是礼乐之文的"质"。礼乐中如果缺少了人的真性情，便仅仅是一种形式，"文胜质则史"；人的自然情性如果少了礼乐的导引，那也会流于"质胜文则野"，孔子则是主张文与质的相因相成，达到"文质彬彬"。孔子之道与老子之道相比，更需要人的一种自觉与努力，"人能弘道，非道弘人"。孔子显然有着不同于老子废弃礼乐文明的立场，"吾从周"表明了其坚定的维护立场。但是这不是简单的因袭，而是创造性的转换，将礼制转化成礼节，更进一步将礼节转化为礼义，使其成为一种"志于道"的精神境界。孔子作为中国轴心时代的圣哲，他把那个时代汇聚的精神陶炼为一种生命的智慧，为中华民族确立了一种人文教化——仁道。

四　仁道与教化

孔子的学说如果用一个字来概括那便是"仁"。在孔子看来，"仁"作为人成其为人的本始价值也是人的终极眷注所在，其根芽在于人的性情的真率自然处，其极致则是一种虚灵而真实的境界——"圣"的境界。

1. 仁有"生"意

明代方以智在《东西均·译诸名》："仁，人心也，犹核中之仁，中央谓之心，未发之大菱也。全树汁其全仁，'仁'为生意……凡核之仁必有二坯，故初发者二芽。"这是说：仁，本意为果核，有两坯组成，是植物的生命之所在，植物的生长由此二坯开始，发为两芽。孔子之仁，以此相喻对生的重视。

《礼记·乡饮酒义》："养之，长之，假之，仁也。"孔颖达疏："五行，春为仁，夏为礼，今春为圣，夏为仁者，春夏皆生养万物，具有仁恩之义，故此夏亦仁也。"这里将仁与春夏植物生长的季节联系在一起，以喻"仁"饱含爱生的意味。

2. 仁有"亲"意

《说文解字·人部》："仁，亲也。从人从二。"《孟子·尽心上》："亲亲，仁也。"由此，可见仁还有人与人之间的相亲和的意味，这是"生"意的进一步深化。由生而来，自然就有一种血缘之亲，此亲亲之情的推扩，便会油然而生"爱"意。

3. 仁有"爱"意

《论语·颜渊》："樊迟问仁，子曰：'爱人。'"《荀子·大略》："仁，爱也，故亲。"孔子讲仁爱，多被批评，因其是由亲亲推扩出去的。如由对自己父母之爱，而推扩到爱别人的父母。其实这正表明了孔子的仁爱有着质朴的真情。与墨子的兼爱论相比，孔子讲爱是由情出发的，对父母之爱是人之天性，由此推扩到他人，这是由情入理的过程。而墨子的兼爱则是在讲理，理应爱天下人，但是这也就缺少了一份发自内心的真切。

从上述由"生"而"亲"，由"亲"而"爱"，对仁意的解释我们可以看到孔子的思想与更早的礼乐文明有着相承续的一条线索。正如前面我们所说，孔子之前的礼乐文明也有着对生命的崇拜和对生的秘密的终极眷注。不过那还更多地停留于由生而命，更多的是由生命引发的对命运的思考和关注。孔子则由生而性，更关注生的内在价值，关注安身立命的内在焦灼。由此孔子提倡仁道，提倡道德的自我完善。例如，孔子之后的《周易》以致"道"为主导，重在启迪人的精神境界。在孔子之前神谋鬼谋的《周易》主要关注人的吉凶休咎。如乾卦"初九，潜龙。勿用。九二，见龙在田。利见大人。九三，君子终日乾乾，夕惕若。厉，无咎。九四，或跃在渊。吾咎。九五，飞龙在天。利见大人。上九，亢龙。有悔。用九，见群龙无首。吉"。吉凶休咎是其主题。孔子之后的《周易》则更多地是重在人的品德境界的诠说。如乾卦象辞："天行健，君子自强不息。"坤卦象辞："地势坤，君子以厚德载物。"

　　孔子以"仁"立教，重在人格的塑造和德性的高尚。孔子并不排斥人的"死生""富贵"这些与人的肉体生命相关的价值，但他更看重不借助外部条件就能实现的"仁"的德性人格，而将"生死""富贵"这些价值辐辏于"仁"的价值之下。"无求生以害仁，有杀身以成仁。"（《论语·卫灵公》）与德性的提升相比，生死富贵这些外在价值的实现是有待于外部条件的，而德性的完善则是无待的，每个人都可以做到的。对德性人格的重视，是孔子仁学的重心。"死生有命，富贵在天。"（《论语·颜渊》）正道出了孔子对死生富贵价值的洒脱，其真正所祈向的则是高尚的人生境界。

　　蕴于孔子仁道学说之中的是其强烈的忧道意识。这种忧道意识已经不同于周代的忧患意识。孔子有感当时的礼崩乐坏，有着强烈的忧患意识和担当精神。"德之不修，学之不讲，闻义不能徙，不善不能改，是吾忧也。"（《论语·述而》）"子畏于匡。曰：'文王既没，文不在兹乎？天之将丧斯文也，后死者不得与于斯文也；天之未丧斯文也，匡人其如予何？'"（《论语·子罕》）这里所忧患的不再是命运的得失，而是道的传续。孔子在这里表达的是对传承道的坚信，不是对人格神的崇奉。联系孔子"人能弘道，非道弘人"（人能弘大人的性分之内有其端倪的道，并非有某种存在于人之外的道能弘大人）的说法，我们可以看到孔子已经将一种无可推诿的德性修养的责任赋予了人自身。结合孟子极其相似的言说，我们可以更好地把握孔子这句话的旨趣。"仁也者，人也，合而言之，道也。"仁，在人性处有其根芽，这要靠人的发现和肯认。仁靠人的发现、提升才能实现，而在此过程中人也更趋于高尚的境界。仁和人，是相互成全的一个动态过程的两个方面。仁，即是孔子的道。孔子忧患的是道的失落，即人们不再在践履中成全道，也就失去了人之所以为人的精神境界，而不再是对自己命运得失的忧患。

　　孔子在此为中华民族确立了一种教化——仁教，即对人之所以为人的内在品性的看重。周代所达到的礼乐文明的高峰是人的理性自觉的开始，但这种自觉仍然笼罩于命的意识之下，人们仍然耿耿于心的是吉凶休咎。孔子则继承并对周礼予以创造性的发展，将礼发展到礼义，这集中体现于关于"仁"的思想中，从而为中华民族真正确立一种教化，即德性的境界是至高无上的。由对神意的猜度，到人对自己命运富有责任的忧患意识的开出，是人的理性意识的觉醒。由对命运得失的看重，转向人之为人德性的守护，这是人的精神重心内转。由此而将命运置于精神境界的笼罩之下，从而凸显了人之为人的高贵。"无求生以害仁，有杀身以成仁。"（《论语·卫灵公》）孔子将礼乐文明中的理性化精神进一步发展，从而确立了人以自己为重心的时代的到来。而不为吉凶所摇夺的仁的精神境界成了礼乐文化中新的脊髓，从而也为中华民族挺立起不弯的脊梁。

附录二　对新文化运动文化方案的考察[*]

摘要：新文化运动的功绩在于它唤起了国人个人价值意识的觉醒。它的反传统是作为评判标准的价值系统的转换，并非反对传统的一切。它提倡的西化，是充分现代化。它的缺失在于缺少了德性之维的倡导。新文化运动提醒我们，文化方案的设计应该有整全的人性根基——幸福和高尚，人的真正的自由不仅仅在于物质的富庶，还在于精神境界的高尚，"德福配称"才是真正的"自由"理想。

关键词：个人价值　反传统　西化　德福配称

当历史赋予了我们足够的时间距离，去审视新文化运动时，今日关于新文化运动的评说，亦愈趋于多元化。当我们回望那已成为过去的新文化运动，并对其进行褒贬时，我们或许获得了更为"理智"的视域，但是否缺失了民族存亡之际那份应有的紧迫感呢？在启蒙与救亡的张力下，"五四"主流知识分子们竭尽全力地展开了他们关于中西文化的思考，在探寻民族复兴的道路上踽踽而行。他们的文化思考应该是一份值得我们尊重的遗产。

一　作为价值主体的人的发现

作为价值主体的人的发现，可以说是新文化运动最为光辉的业绩。"'五四'或者果然是历史昭示给我们的某种开始。事后的更中庸的人们尽可以用'无知'、'偏颇'的砖石去为'摩罗'们的灵思筑起一座省去墓碑的坟，但这并不能改变这样一个事实：在中国，'人'——作为价值主体的富有自由意识的个人——是从这里昂起他那高贵的头颅的；往后的中国文化史永远避不开由它折转来的人性之光的辐射。"①

在传统的中国宗法社会里，个人隶属于家国，而个人在其中的出现并

---

*　此文曾发表于《船山学刊》2010 年第 2 期。
①　黄克剑：《东方文化》，江西人民出版社 1992 年版，第 142 页。

非以个人的身份，而是一种关系的角色（君、臣、父、子、夫、妇等），个人湮没在集体之中。而这正是"五四"主流知识分子们所极力反对的。他们呼唤个体价值意识的觉醒，重新确立价值主体。

例如，陈独秀在东西文化的比勘中，所衡以绳墨的标准正是个体的人的觉醒。在考察了西学东渐的不同时期特点后，他把国人的觉悟分为三个层次："学术的觉悟""政治的觉悟"和"伦理的觉悟"。国人的觉悟一层层走向深入，而在伦理层面的觉悟，是"彻底的觉悟"或所谓"最后觉悟之最后觉悟"。陈独秀以为："儒者三纲之说，为吾伦理政治之大原，共贯同条，莫可偏废。三纲之根本义，阶级制度是也。……近世西洋之道德政治，乃以自由平等独立之说为大原，与阶级制度极端相反。此东西文明之一大分水岭也。"① 在此，陈独秀宣说了东西文化在伦理层面的差异，指出在学术、政治差异的深层处，乃是此伦理层面的差异。对于当时的中国而言，比学习西方而建立共和立宪的政治形式更重要的是真正共和立宪精神的觉悟。陈独秀是公开提倡科学、民主的，但科学、民主的价值却不在它们自身，而在于人的生命意义的赋予——自由、平等、独立。中国人需要有"自由、平等、独立"的价值意识以后，才会有真正的科学和民主，政治结构的模仿才不会仅仅限于形式。由此我们似乎可以窥见陈独秀文化比勘的标准乃是文化价值系统的比较，具体而言即是由价值意识作主导的人的文化素质的比较。陈独秀曾有如下的说法："盖中国人性质，只争生死，不争荣辱，但求偷生苟活于世上，灭国为奴皆甘心受之。外国人性质，只争荣辱，不争生死，宁为国民而死，不为奴隶而生。"② "吾人首当一新其心血，以新人格；以新国家；以新社会；以新家庭；以新民族；必追民族更新，吾人之愿始偿，吾人始有与皙族周旋之价值，吾人始有食息此大地一隅之资格。"③ 在上述的文字中我们可以察觉，人的自由、平等、独立价值意识觉醒是启蒙和救亡的共同主题。在陈独秀关于国家的论说中我们可

---

① 陈独秀：《陈独秀著作选》第一卷，上海人民出版社 1984 年版，第 179 页。
② 陈独秀：《安徽爱国会演说》，《陈独秀著作选》第一卷，上海人民出版社 1984 年版，第 14—15 页。
③ 陈独秀：《陈独秀著作选》第一卷，上海人民出版社 1984 年版，第 171 页。

以更清晰地发现其对人的价值的提倡。1904 年，陈独秀认为国家的三要素为"一定的土地""一定的人民""一定的主权"，到 1914 年，他则写道："土地、人民、主权者，成立国家之形式耳。人民何故必建国家，其目的在保障权利，共谋幸福，斯为成立国家之精神。"① 国家已经不再是至高无上的，"人民"则从国家三要素之一升格为支配国家的主体。一个国家的合理与否，要看它是否能够保障个人的权利和幸福。个人的价值成了国家之上的更重要的价值衡量标准。

如果说陈独秀是在以"人民""国民性"名义申说着人的价值的觉醒，那么鲁迅、胡适、李大钊等人对个人价值的强调则更为旗帜鲜明。鲁迅曾有这样的议论："我告诉你们，是这个——世界上最强壮有力的人，就是那孤立的人。"② 胡适也曾指出："社会最爱专制，往往用强力摧折个人的人性，压制个人自由独立的精神；等到个人的个性都消减了，等到自由独立的精神都完了，社会自身也没有生气了，也不会进步了。"③ 李大钊也曾说过："我们现在所要求的，是个解放自由的我，和一个人人相爱的世界。介在我与世界之间的家国、阶级、族界，都是进化的障碍，生活的烦累，应该逐渐废除。"④ 他们对个人价值的强调，是强调个人对于社会群体的主位性的。个人是真正的价值主体，社会是满足个人发展的外在条件，因此他们主张为个人的发展去改造社会。"五四"主流知识分子们在面向西方寻找中国近代化的出路时，他们抓住了近现代文明的内在精神——个人自由发展之价值的自觉，他们要求打破以家国的名义对个人的束缚，积极争取个人独立的人格。即使在今天，这种深刻的见解也是十分值得称道的。

二　五四与反传统

个人价值的自觉是导源于"最后觉悟之最后觉悟"的，因而，"五四"

①　陈独秀：《陈独秀著作选》第一卷，上海人民出版社 1984 年版，第 114 页。
②　鲁迅：《鲁迅全集》第一卷，人民文学出版社 1981 年版，第 333 页。
③　胡适：《易卜生主义》，《胡适文集》第二集，北京大学出版社 1998 年版，第 481 页。
④　李大钊：《我与世界》，《李大钊文集》下册，人民出版社 1984 年版，第 23 页。

所关切的另一方面是对传统价值的重估。胡适在《新思潮的意义》一文中说道：“据我个人的观察，新思潮的根本意义只是一种新态度。这种新态度可叫做‘评判的态度’。”“评判的态度，简单说来，只是凡事要重新分别一个好与不好。”① 对习以为常的价值共识重新分别好坏，这主要是从文化意义上而言的，它的深层意味在于评判系统或价值系统的转换。在西学东渐的背景下，西方文化价值系统成为新的评判系统，因而获得了从传统文化之外来审视传统文化得失的视域。这种视域能够发现我们习以为常但又不符合人的自由发展的一些向度。这种评判系统的确立使我们能够更清楚地审视自己的固有文化。将这种转化批判为割断民族历史、打倒一切固有价值的“反传统”是不公允的。例如在文学方面的“重新估定一切价值”就不是如此的。鲁迅主张青年少读或者简直不读中国书，但是他于嵇康、阮籍、李贺等人却始终怀着钦敬和兴趣。胡适抨击骈文律诗，却称赞“施耐庵、曹雪芹、吴趼人皆文学正宗”，“庄周之文，渊明、老杜之诗，稼轩之词，施耐庵之小说”“夐绝千古”②。

即使对于孔子的批判，也是有所针对的。如李大钊曾说：“余之抨击孔子，非抨击孔子之本身，乃抨击孔子为历代君主所雕塑之偶像的权威也；非抨击孔子，乃抨击专制政治之灵魂也。”“孔子于其生存时代之社会，确是为其社会之中枢，确足为其时代之圣哲，其说亦确足以代表其社会其时代之道德”，“使孔子而生于今日，或且倡民权自由之大义，亦未可知。”③ 可以看出李大钊的评判是针对假孔子——被专制政治所利用的偶像化了的孔子，对于本然的孔子是充满敬意的。陈独秀对孔教的评价亦是如此，“孔教之为国粹之一，而影响于数千年来之社会心理及政治者最大，且为当时社会之名产，此均吾人所应绝对承认者”④。他们的评判是理智

① 胡适：《新思潮的意义》，《胡适文集》第二集，北京大学出版社 1998 年版，第 552 页。
② 胡适：《文学改良刍议》，《胡适文集》第二集，北京大学出版社 1998 年版，第 14、6—7 页。
③ 李大钊：《自然的伦理观与孔子》，《李大钊文集》上册，人民出版社 1984 年版，第 263—264 页。
④ 陈独秀：《四答常乃德》，《陈独秀著作选》第一卷，上海人民出版社 1984 年版，第 290 页。

的，是充满时代感的，是从当时社会需要出发的，而不是如今天的某些人所想象的那样全盘推翻。周作人就曾说："我们立论，应抱定'时代'这一观念，又将批评与主张，分作两事。批评古人的著作，便认定它们的时代，给他一个正直的评价，相应的位置。"① 在这种富有时代感的批判中，儒家的僵化腐朽的部分被洗刷得干干净净，但儒家的真精神依然挺立，并且赋予其时代的活力。"新文化运动的最大贡献在于破坏和扫除儒家的僵化部分的躯壳的形式末节，及束缚个性的传统腐化部分。它并没有打倒孔孟真精神、真意思、真学术，反而因其洗刷扫除的工夫，使得孔孟程朱的真面目更是显露出来。"②

三　"全盘西化"

"全盘西化"是新文化运动被后人诟病最多的一个问题。但历史的真相未必是我们所想象的那样。在"五四"主流知识分子中，胡适明确提出"全盘西化"的口号。但是他是在"充分世界化"意义上使用的。胡适也曾专门写文章为"全盘西化"的含义作解释："那一年（1929）'中国基督教年鉴'（Christian Yearbook）请我做一篇文字，我的题目是'中国今日的文化冲突'，我指出，中国人对于这个问题，曾有三派的主张。一是抵抗西洋文化；二是选择折中；三是充分西化。我说抵抗西化在今日已成过去，没有人主张了。但所谓'选择折中'的议论，看去非常有理，其实骨子里只是一种变相的保守论。所以我主张全盘的西化，一心一意的走上世界化的路。""'全盘西化'一个口号所以受了不少的批评，引起了不少的辩论，恐怕还是因为这个名词的确不免有一点语病。这点语病是因为严格说来，'全盘'含有百分之一百的意义，而百分之九十九还算不得'全盘'。其实陈序经先生的原意，并不这样，至少我可以说我自己的原意并不是这样。我赞成'全盘西化'，原意只是因为这个口号最近于我十几年来'充分'世界化的主张；我一时忘了潘光旦先生在几年前指出我用字的疏忽所以我不曾特别声明'全盘'的意义不过是'充分'而已，不应该拘

① 周作人：《人的文学》，见《艺术与生活》，上海文艺出版社 1999 年版，第 14 页。

② 贺麟：《儒家思想的新开展》，见《文化与人生》，商务印书馆 1988 年版，第 5 页。

泥作百分之百的数量的解释。"① 在这里"全盘西化"固然是一个容易引起人们误解的词语，但胡适的用意却是十分真切的，他是在强调现代化务必要充分，不可做折中的处理。他是在表示程度的"充分"意义上使用"全盘"这个词语的，而非表示范围的"全部"意义上去使用的。他的另一处的文字，则从中国文化建设的角度印证了这点。"我的愚见是这样的：中国的旧文化的惰性实在大得可怕，我们正可以不必替'中国本位'担忧。我们肯往前看的人们，应该虚心接受这个科学工艺的世界文化和它背后的精神文明，让那个世界文化和我们的老文化充分自由接触，自由切磋琢磨，借它的朝气锐气来打掉一点我们的老文化的惰性和暮气。将来文化大变动的结晶品，当然是一个中国本位的文化，那是毫无可疑的。如果我们的老文化里真有无价之宝，禁得起外来势力的洗涤冲击的，那一部分不可磨灭的文化将来自然会因这一番科学文化的淘洗而格外的发挥光大的。总之，在这个我们还只仅仅接受了这个世界的一点皮毛的时候，侈谈'创造'固是大言不惭，而妄谈折中也是适足为顽固势力添一种时髦的烟幕弹。"② 这里可以看到胡适关于文化建设的设想是用西方文化来冲击中国文化的惰性，在中西优秀文化的冲荡中建立中国本位的文化。而在另一处的文字中，胡适清晰地说明所谓的现代化就是科学化和民主化。"欧洲民族在这三百年中，受了环境的逼迫，赶上了几步，在征服环境方面的成绩比较其余各民族确是大的多多。……现在全世界大通了，当初鞭策欧洲人的环境和问题现在又来鞭策我们了。将来中国和印度的科学化与民治化，是无疑的。"③ 从上面胡适的文字来看，我们有理由将"全盘西化"解释为充分的民主化、科学化。这是对时代文明标准的认可，而不是毫无主见的崇洋媚外。

值得我们注意的是，"五四"时期的知识分子们在接受西方文化的时候，并非不加辨别地盲从。他们接受的是西方文化的内在真精神，同时也睿智地批判西方近现代文明的弊端。例如梁漱溟先生对于科学和民主的认识是作为一种时代的普遍性真理来接受的。"现在所谓科学和德谟克拉西

---

① 胡适：《胡适文集》第五集，北京大学出版社 1998 年版，第 454 页。
② 同上书，第 451—452 页。
③ 胡适：《胡适文集》第三集，北京大学出版社 1998 年版，第 196 页。

的精神是无论世界上那一地方人所不能自外的。"①

　　严复和鲁迅对西方文化的批判也可以看出当时知识分子原不是我们今日某些人所诟病的那样一味认同西方。

　　严复晚年面对第一次世界大战的惨况，思想发生了重要的转变。"鄙人行年将近古稀，窃尝究观哲理，以为耐久无弊，尚是孔子之书。四子（书）五经，故是最富矿藏，惟须改用新式机器发掘淘炼而已；其次则莫如读史，当留心观察古今社会异同之点。"②"不佞垂老，亲见脂那七年之民国与欧罗巴四年亘古未有之血战，觉彼族三百年之进化，只做到'利己杀人，寡廉鲜耻'八个字。回观孔孟之道，真量同天地，泽被寰区。"③ 这看似退守中国文化的言论，毋宁说是对西方文化的失望。

　　鲁迅先生也曾以"重其外，放其内，取其质，遗其神，林林众生，物欲来蔽"这样的话语来批判西方文明④。基于此，鲁迅渴望建设的新文化，则是要取今复古，别立新宗的。"明哲之士，必洞达世界之大势，权衡较量，去其偏颇，得其神明，施之中国，翕合无间，外之既不后于世界之思潮，内之仍弗失固有之血脉，取今复古，别立新宗，人生意义，致之深邃，则国人之自觉至，个性张，沙聚之邦，自是转为人国。"⑤

　　或许我们可以批评"五四"主流知识分子的偏激，但是我们不能忘却的是，他们的偏激正是为了实现自己那更为中正的目标的。梁漱溟的下面一段话可以说更为公允些。"当他倾全力于一点的时候，左边，右边，东面，西面，当然顾不到。然他的价值正出于此，要他面面图到，顾得周全，结果一无所就，不会再成有价值的东西。"⑥

　　新文化运动真正的弊端或许并不在某些枝节处，也并不在于其为了矫枉过正的偏执处。真正的弊端或许在于其效仿的西方近代文化本身的先天

---

① 梁漱溟：《答胡评东西文化及其哲学》，见《梁漱溟全集》第四卷，山东人民出版社 1989年版，第 741 页。
② 严复：《1916 年 8 月致熊纯如书》，《严复集》第三册，中华书局 1986 年版，第 668 页。
③ 同上书，第 692 页。
④ 鲁迅：《鲁迅全集》第一卷，人民文学出版社 1981 年版，第 53 页。
⑤ 同上书，第 56 页。
⑥ 梁漱溟：《答胡评东西文化及其哲学》，见《梁漱溟全集》第四卷，山东人民出版社 1989年版，第 739 页。

缺陷。正如严复、鲁迅等人批评的那样，西方近代文化缺失了神圣的德性祈向。西方近代文化是对中世纪神学的反动，它赋予人以神圣的地位，个人的价值的觉醒，带来了物质文化的发达。但是在其发展过程中，物质渐渐滞碍了人的发展，人的物化否定了人的自由，众人湮灭了个性，缺失了向上的德性一维。新儒家的文化思想恰恰可以构成对"五四"主流知识分子的补充。当然"五四"主流知识分子在解放人的情、欲方面的贡献是不可磨灭的，它提示出对幸福的追求是不可或缺的人性一维。传统儒教对德性的崇尚，虽不删除人的幸福的欲望，但义利之辨带来的义对利的统辖，却难免造成对幸福之维的轻视甚至放弃。但"德""福"毕竟不可互相替代，"五四"主流知识分子对幸福的提倡如果少了对德性高尚追求的维度，同样是不健全的。这正如新儒家也不可轻忽人生的幸福一样。所以新文化运动的功绩和缺失，都是值得我们认真思考的。新文化运动提醒我们，文化方案的设计应该有整全的人性根基——幸福和高尚，人的真正的自由不仅仅在于物质的富庶，还在于德性的高贵，做自己精神的主人，不奴役于外在的种种诱惑。"德福配称"才是真正的"自由"理想。

附录三　公孙龙名学思想研究三题[*]

摘要：《公孙龙子》一书其思想自成体系，"离"作为《公孙龙子》全书一以贯之的逻辑主脉，具有两层含义：一为概念与实存事物的离，一为概念与概念之间的离。前者指示出语言世界与实存世界的分离，以及我们的认知死角——我们的指认活动是以类名指示该类事物中的某一个体，它也构成公孙龙以"名"责"实"的名实论的前提。后者则指示出"与物之指"意义的生成方式。最后离的主题也指向了公孙龙学说的价值归趣。

关键词：公孙龙　离　以名责实

一　公孙龙的思想体系

公孙龙，战国时魏人，相传字子秉。具体生平事迹已不可详知。作为六国时著名的"辩士"，以"白马论"名世。从善辩的孟子和庄子都不曾被称为"辩士"来看，"辩士"是一个有着特殊含义的称谓。"辩士"所称说的是对言喻分际作某种分辨的人。公孙龙正是一位"疾名实之散乱""因资材之所长"，将"名实之辩"引向了语言本身的著名"辩士"。

公孙龙的著述，现在可稽考的最早也是最可信的版本为明英宗正统年间所刊的《道藏》版。今仅存六篇：《迹府》《白马论》《指物论》《通变论》《坚白论》《名实论》。黄克剑先生据公孙龙著述的内在旨趣，重新排序为：《迹府》《白马论》《坚白论》《通变论》《指物论》《名实论》，从而使公孙龙的思想体系更为显豁。

《迹府》是对公孙龙志业、学尚的绍述，公孙龙自己的论说始于《白马论》。在《迹府》中作者以"白马论"称说公孙龙的学说，除开"白马非马"是公孙龙最为著名的论题外，另外一个缘由则是由"白马非马"可以逻辑推衍出其后的《坚白论》《通变论》《指物论》《名实论》。

---

* 此文第二部分曾以"《公孙龙子》中'离'之辨析"为题发表于《理论界》2010 年第 10 期。

《白马论》中首先确定了公孙龙学说是对概念的言说，而非实存世界。"马者，所以命形也；白者，所以命色也。命色形非命形也。故曰：白马非马。"（《白马论》）"命"字指明"马"和"白马"在此均是概念，"马"是仅仅规定了形状的一个概念，而"白马"则是既规定了形状又规定了颜色的一个概念。"白马非马"，也正是从概念的意义上去称说的，既规定了形状又规定了颜色的"白马"这一概念不同于仅仅规定了形状的概念"马"。而《白马论》通篇所揭示的就是"马"和"白马"两个概念的内涵和外延的不同。公孙龙的论述是在主客问答中展开的，客方则总是从经验的实存世界出发去质疑。如"有白马不可谓无马""马之有色为非马""是相与以不相与为名"等。这些质疑在经验世界是成立的，但它们却是偏离了公孙龙的论说范围的。公孙龙的全部论说就是在概念世界或语言世界与实存世界的相互关联与相互离散之间展开的。牢记公孙龙的论说是针对概念或语言进行的，这也是我们理解公孙龙思想的关键。其次，在《白马论》中公孙龙已经触及"离"的主题。"曰：'白者不定所白'，忘之而可也。白马者，言白定所白也，定所白者非白也。"白色不限定在某一白色东西上，对此姑且不谈，白马这一称谓所说的白，是指（与马结合而）为马所限定了的白。被某一白色物体所限定了的白不再是纯然的白。这里已经点出概念可独立自在而离于具体事物，而这正是《坚白论》的主题。

沿着"定白者，非白也"的思路，公孙龙在《坚白论》中引出了"离坚白"的主题。"即'白'、'坚'对'定所白者'、'定所坚者'的相离；这'离'是公孙龙学说的根柢所在，它以儒、道全然不同的方式吐露了语言自觉的消息。"①公孙龙由"坚""白""石"三者不可同时被视觉或触觉所感知说起，进而说到白色、坚性并不限定在具体的某一事物上（"物白焉，不定其白；物坚焉，不定其所坚。不定者兼，恶乎其石也？"），最后在某种绝对意义上阐释了概念相互之间及其和一切实存事物的"离"。（"白固不能自白，恶能白石物乎？若白者必白，则不白石物而白焉。黄、黑与之然。石其无有，恶取坚白石乎？故离也。"）并提出"离也者天下，

---

① 黄克剑：《名家琦辞疏解》，中华书局 2010 年版，第 136 页。

故独而正"，为控名责实的"名实论"打下伏笔。

《通变论》继续深化着《白马论》《坚白论》的某种旨趣（或许为概念之间的相异相离具体情形的进一步申述）。"变"是其言说的主题，而"二无一"则是这"变"的典型论式。"二无一"所称说的是"当两个可结合的概念结合成一个概念后，其先前的意谓已经发生了变化，这'变'是由结合着的两概念的相互规定引起的"①。

《指物论》则在"物""指""指物""物指"的复杂关系中继续阐释指认"物"时的概念或共相与未指认物时"自藏"的同名概念或"共相"的差异（"物莫非指，而指非指"）。《指物论》指出：人的指认活动，连接了语言世界和实存世界，但二者仍然是相异相离的两个世界，因为与物之指改变了自在之指的含义后，仍然是和实存世界疏离的，仍然是以共相喻说千变万化中的某个具体事物。这仍然是在言说一种"变"，是一自在概念在与物之后其意谓的"变"。这又对《通变论》中概念的结合在相互限定中意谓的改变构成一种补充。"这里，论主由人的指认事物的活动（'指物'）把事物（'物'）关联于概念（'指'），把概念（'指'）关联于事物（'物'），并由这'物'和'指'的关联而道破了'与物'之'指'——不同于'指'的'物指'——和'自藏'之'指'同名却又相'离'的闭机。"②

《名实论》是《公孙龙子》的最后一篇，正如战国之后古人将序或绪论置于卷末的惯例，《白马论》是对公孙龙全部学说指归的道破。蕴于以"离"为主脉的逻辑推衍中的是"正名"："以其所正，正其所不正；不以其所不正，疑其所正。其正者，正其所实也；正其所实者，正其名也。"此种正名，乃是引名责实。正名所要达到的状态是一种"正态"。此种正态即是"天地与其所产焉，物也。物以物其所物而不过焉，实也。实以实其所实而不旷焉，位也。出其所位非位，位其所位焉，正也。"此种正态毋宁说是一种完满无缺的应然状态。这种理想的状态正是公孙龙所期望的天下的理想状态。"至矣哉，古之明王！审其名实，慎其所谓。至矣哉，

---

① 黄克剑：《名家琦辞疏解》，中华书局 2010 年版，第 158 页。
② 同上书，第 177 页。

古之明王!"将这种理想状态归之于古之明王,可见其最终的旨趣乃是关联着"先王之道""仁义之行"(《庄子·秋水》)的价值趣向。

对于《公孙龙子》的思想体系我们似乎可以作如下的概括:以离为主脉,揭示了概念世界与实存世界的离,可结合的概念在组合前后意谓的离,指认活动中与物之指和自藏之指的离,以及离的价值宗趣。

此外,《白马论》《坚白论》《通变论》《指物论》《名实论》这种排序的合理性还可以从公孙龙的论述方式和行文方式上得到证明。在论述方式方面,《白马论》《坚白论》《通变论》三篇均采用"假物取譬"的方式进行论述,由具体的事物为例子展开论说。而《指物论》《名实论》则不再采用此方式,而是直接进行思辨推理。在行文方式方面,《白马论》《坚白论》《通变论》三篇均采用主客问答,由客方发问开篇的形式。《指物论》虽然仍采用了主客问答的形式,但在开篇便明确提出了论点"物莫非指,而指非指"。《名实论》则不再用主客问答的方式行文,而采用了纯然论文的形式。《指物论》在行文方式上应该说是从主客问答形式向论文形式的过渡。因此,无论从论述方式还是行文方式来看,此种排序都更符合逻辑。

二 "离"的意谓

"离"作为《公孙龙子》全书一以贯之的逻辑主脉,具有两层含义。一为概念与实存事物的离,一为概念与概念之间的离。

(一) 概念与实存事物的离

对于概念与实存事物的"离",公孙龙是在《白马论》中首次点出的:"白者不定所白。"其具体论述则在《坚白论》中展开。"离"是通过"兼"来推出的。"物白焉,不定其所白;物坚焉,不定其所坚。不定者兼,恶乎其石也?"(《坚白论》)某物是白色的,但白色并不限定在这一物上而只"白"这一物;某物是坚硬的,坚硬并不限定在这一物上而只"坚"这一物。既然"白""坚"都不会只限定在某一物上,它们就必定为所有白色的物、坚硬的物所兼有。若是这样,却又为什么要把"坚""白"只限定在那块石头上去说呢?坚或白不仅可以用来指称这一事物,还可以指称别的事物，进而可以指称任何此类事物，这就是兼。正因为坚或白可以兼称此类任何事物，那就意味着坚或白可以离开任何此类具体的事物而独立存在。正是这"兼"说明了坚或白可以离开具体的事物而自己成其为坚或白，即可以离开具体的事物而独立自在。"兼"的过程，即是"离"的过程。如白可以指称马为白马，还可以不限定在此，而离开此去指称雪为白雪，这是兼称雪的过程，也是离开马去指称他物的过程。正因为白可以兼称任何事物，那也就是说白可以离开任何事物而独立存在。"兼"和"离"是一个过程的两个方面。这里的"离"具体而言即是概念和实存事物的分离。"白固不能自白，恶能白石物乎？若白者必白，则不白石物而白焉。""白"如果不能自身成其为白，它又如何能够让石或其他物白——用来形容白石或其他白物呢？倘若"白"必定是自身成其为"白"的，那它即使不与任何物结合或不用来形容任何物，它也成其为白。这样概念就可以离开实存世界而独立存在。

公孙龙对语言"离"于实存世界之外的自觉，使其发现了不同于实存世界的另一个"离"而"藏"的世界。离，这里指概念可以独立于现实世界之外，离开具体指称的事物而仍然有自己的意谓。这离开了具体事物的概念被公孙龙径直称为"藏"，即不可在实存世界中去把捉，而归藏于观念的世界——独立的概念世界。

1. 两个世界

这样人便拥有两个世界：一为离而藏的语言世界（"指也者，天下之所无也"），一为存在于时空中的森然万象（"物也者，天下之所有也"）。语言世界是自恰的，相对独立的存在。它不因外部世界的改变而改变自身。它又是指向实存世界的，离开了实存世界，它的自恰系统毫无意义。语言世界在指向实存世界过程中实现自己存在的意义。两个世界相离而又相系。相离指的是世界中的万有各各相异，语言王国的概念除专名外，却都只是不与任何个别存在对应的共相。相系之的是人的"指物"活动（指认活动）可以将两个世界联系在一起。

两个世界的分离警示于我们的是我们的指称不可能与实存世界完全相合，我们的指认无法达到物自身。这是我们的语言无法逾越的深渊。

2. 认知的死角

公孙龙在这里道出了一个不为我们常人所察识的认知的死角，我们在认识事物的时候，其实是在用一个共名来指称当下的事物，但是当下的事物的性状是各个差异的，通常我们会认为这指称就是该事物的当下性状的直接表达，其实不是，我们是在用共相来指称当下的事物，而事物的本身性状我们无法说清，我们只能用共相来予以指示。在《坚白论》中客方对此的毫无察知正好构成其对公孙龙质疑的基点。"其白也，其坚也，而石必得以相盈，其自藏奈何？"；"石之白，石之坚，见与不见，二与三，若广修而相盈也。其非举乎？"；"循石，非彼无石，非石无所取乎白石。不相离者，固乎然，其无已！"这里客方所坚守的正是概念是对实存的反映，概念与实存事物具有一一对应关系。

"且指者，天下之所兼"（《指物论》）指出名或概念可兼称天下之物。我们在指称事物时所使用的概念也是可以兼称同类事物的类名，也就是说我们是在用类名（共相）来指称此类事物中具体的某个个体。类名（共相）的特点是"兼"，不限定于实存的具体事物之中，因此与实存世界相离而独立，也才可用来称谓不同的事物。"白固不能自白，恶能白石物乎？若白者必白，则不白石物而白焉。黄、黑与之然。石其无有，恶取坚白石乎？故离也。"（《坚白论》）坚或白不仅可以用来指称这一事物，还可以指称别的事物，进而可以指称任何此类事物，这也就是类名的特点。而实存世界中的物体是独具个性的，各各差异的。这样概念与所指称的事物便无法一一对应。

用共相（类名）指称具体的个体这一认知的死角，从消极方面指示给我们的是我们永远无法认识物自身的悲观消息，从积极方面指示给我们的是作为类的"实质"体现的共相可以用来督责实存世界中的具体事物，使其不断趋近那共相指示的完满境地。

（二）概念与概念之间的离

概念与概念之间的离，又有两种情况：一是《通变论》中所阐释的是初始概念与定在化了的同名概念的离，二是《指物论》所阐释的与物之指与自在之指的离（"物莫非指，而指非指"）。前一种情况考察的是概念组合中概念意义发生的变化，后一种情况考察的是在指认活动中的概念意义发生的变化。指认活动离不开概念和概念的组合，我们是通过概念的组合来接近所指称事物的实际情形的。因此我们可以通过考察第一种情况来了解在指认活动中我们如何通过概念的组合产生新的意义，以用来指示当下的被指称事物。与物之指与自在之指的离则可以作为一个通则来理解，即在指认事物的具体语境下，指物概念不同于自在概念本身，这可以说是指认活动中概念意义毕竟会发生变化这一原则的申明。而其意义变化更为具体的情况可以从第一种概念意义的变化中得到解释。

人认识事物不能不凭借在语言系统中相互关联着的语词或概念。而语词的组合中会生成新的意义。这或许可以透露出"与物之指"意义生成的秘密。"二无一"是《通变论》称述"变"（同名概念意义）变化的典型论式。"二无一"指的是"两个可结合的概念结合成一个概念后，其先前的意谓已经发生了变化，这'变'是由结合着的两概念的相互规定引起的"①。例如，"白"和"马"相与为"白马"后，"白"和"马"的意谓都发生了变化，由于相互的限定，其内涵和外延已不同于未限定时的意谓。这种变化就是概念之间的相离，即"白马"之"白"是为"马"所定之"白"，这为"马"所定之"白"已不再是未被"马"所定之"白"。这样"白"与"白马"相离。对于认识来说，这是一种积极的"离"，在概念的相与中，彼此限定，从而缩小了彼此的内涵和外延，因而也就意味着结合后的新概念作为新的共相，已经是指称范围变小了的"类"，从而接近了实存世界中具体指称的物。这告诉我们语词在排列组合中确定其意谓：在语符或能指不变的情形下，语义或所指会因为它与其他语词搭配状况的不同而不同。

"白马"此例的构成为偏正关系，公孙龙还举了一种并列关系的概念的"相与"。"牛"和"羊"的概念相结合为"二"可得到"牲畜"的概念。"牲畜"的概念与结合前的"牛"和"羊"的概念不同，"牲畜"的内涵和外延要大于"牛"或"羊"的概念。这样便道出了人们通过语词认识世界的另一向度：概括。"羊合牛非马，牛合羊非鸡"，"羊"和"牛"的

---

① 黄克剑：《名家琦辞疏解》，中华书局 2010 年版，第 158 页。

概念相合为"二"可得到"有角牲畜"的概念，而"有角牲畜"的概念不同于"马"的概念。"牛"和"羊"的概念相合得到"牲畜"的概念，"牲畜"的概念不同于"鸡"的概念。"但为什么只能是'羊'和'牛'相结合或'牛'和'羊'相结合而不能是'羊'和'马'或'牛'和'鸡'的结合呢？论主并没有径直提出偶蹄、反刍等概念作解释，但他的近于烦冗细琐的说明终是隐隐指向家畜、家禽分类所当把握的某种尺度。"① 这种尺度在我看来即是对可并列组合的概念的归类所依据的准则。并列关系的概念组合生成的新概念是更大的"类名"，通过这种概念组合方式我们从而形成对实存世界的概括性把握。

"二无一"的论式揭示出概念在组合中意义发生了变化。偏正和并列是概念组合的两种方式，其产生的意义变化却是不一样的。偏正组合构成相互限定关系，因此组合后的概念是更小的类的共相，从而与被指称之物接近，成为一种描摹式的称述。并列组合的相互限定中指示出一个新的类的标准，从而构成一个更大的类的共相，成为一种归纳式的概括。这两种组合方式意义的变化也可以看作是我们在指认事物时，即通过语词组合命名事物时意义生成的方式。

三　公孙龙正名说的价值祁向

"离"是公孙龙学说的主脉，其价值祁向也由此展开。"神乎！是之谓离焉。离也者天下，故独而正。"（《坚白论》）这煞似神奇的"离"乃天下之通则，正是由于"离"，各个独立自藏的诸"名"（概念）才可以用来厘正与名不相符的实存事物。由"名"的离，而获得了一个绝对的衡量标准，以此标准——"名"匡正天下，即是控名责实。具体的申述在《名实论》中展开。

"天地与其所产焉，物也。物以物其所物而不过焉，实也。实以实其所实而不旷焉，位也。出其所位非位，位其所位焉，正也。"（《名实论》）天地及其所产生的一切都可称为物。某物如果体现了这类物所具有的实质

---

① 黄克剑：《名家琦辞疏解》，中华书局 2010 年版，第 160 页。

而没有偏差，可称为"实"。当"物以物其所物而不过"的"实"完满到它应有的程度而没有欠缺时，公孙龙称其为"位"。越出这位置，不当其位，处于这完满的无缺的程度，就是正。

这里的"实"的概念直接关涉对公孙龙正名说的理解。此"实"不是指事物的实际状况，而是指事物体现该类事物实质的状况。正如我们上面所说，概念除专名外，都是类名，即是不与任何个别存在物对应的共相。我们在用概念指称事物的时候，是以类名称呼该类事物中的某一物。用体现一类事物实质的概念称呼该类事物中的某一物，便会出现相应与否的问题，一个事物如果能够充分体现该类事物的实质，那就是"名""实"相符。这样，共相所指称的类的实质，在被指称的事物得到了充分体现，"名"与"实"不相抵牾而相符。如果被指称的事物不能体现该类事物的实质，"名"和"实"便是不相应的，因此"名""实"不相符。由此可见，共相与被指称事物的"离"，是公孙龙正名说的前提。这样，由离而产生的"独而正"的标准"位"因此也可能指向绝对的领域。

"位"的含义须由"实"来切入，当"物以物其所物而不过"的"实"完满到它所应有的程度而没有缺欠时，公孙龙称其为"位"。"位"所表示的是以某名称谓个体事物时其与同一名所指称的此类事物共相契合无间而至为完满的那种情形。"位"是"实"的完满境地或绝对境地，确立了位的观念也就确立了用以衡量"实其所实"达到怎样程度的一个具有绝对性的标准。位，指示一种虚灵而不委迹于经验事物的标准。

这虚灵而绝对的标准，可以借助苏格拉底对美本身的论述来进行理解。位所体现的完满状态正是自在概念所指称的共相。因此我们可以从苏格拉底对"美"这一概念的称说来理解位所指示的虚灵而绝对的标准。当希腊哲学家从外在的事物寻找万物的始基的时候，是缺乏明证性的，如"万物的始基是火""万物的始基是水"等，这样的命题均是一种假设，不同的哲学家可以有不同的假设，而无法予以证明。苏格拉底的言说转向人的自身体认，这便具有了明证性，因为我们人人都可以以自己的体认去证明或验证苏格拉底所说是否和我们自己的切身感受相同。苏格拉底说，人人都有爱美之心，而我们每一个个体对美的认识都是不完善的，我们基于这种不完善的美去设想一种完满无缺的美，那就是后来柏拉图所说的美本身。由此可见，美这一概念的设定并非如我们所想象的那样是对众多的美的事物的一种抽象，在这设定的过程中有我们人的主动性在其中，即对现实缺陷的不满足，对完满无缺状态的祈望。将概念视为对万物共有属性的抽象事实上是不可能实现的。正如惠施所揭示的那样，世界中的万物是在流变中的，刹那刹那都在改变着，"存在而又不存在"，刚说它存在，它已经在说的时候刹那间改变了，所以说它又不存在。同一物体在不同瞬间在改变着，前一刹那不同于此一刹那，后一刹那不同于此一刹那，瞬息万变的个体归纳出一个共相本身就是很难的，更不用说不同物体之间的某一属性的差异之大了。所以概念的设定即是一个完满而不变的标准的设定，这是无法通过简单的抽象和反映来实现的。我们对外界的认识是充满主动性的，即如康德所说"知性为自然立法"。

公孙龙正是由这虚灵而绝对的标准"名"去督责现实中存在的具体事物的。孔子的"正名"也已经意识到"名"即是一种虚灵而绝对的共相。也自觉到共相指称个别对象时，则可能出现疏离。但是他的正名局限于伦理的范围，也更看重践履的意义。"君君、臣臣、父父、子子"所称述的是伦理范围内对自己名分应达到的标准的践履。蕴于其虚灵而真实的标准背后的是"依于仁"所指向的可能达至的形而上境地的"道"。因此，孔子正名说是一种道德理想主义的表述。而公孙龙的正名说，是基于语言的自觉，其范围所至即为语言的范围所至。"物莫非指"，语言所及的范围是天下所有的物。公孙龙正名说所及的范围也是如此——天下所有的物（"天地与其所产焉，物也"）。公孙龙以完满而虚灵的绝对标准来匡正天下事物，以期实现一种理想的状态。他将这种"正名"托始于"古之明王"，也和"先王之道""仁义之行"相关联，可以看出其价值趣尚与孔子的相似处。但其基于语言分析和逻辑推求而正名，则使他成为逻辑的理想主义者。

附录四　美:来自天人之际的消息
——中国审美形态刍议*

摘要: 中国文化孕育出迥异于西方的审美形态。中国文化的中心议题是对生命的安顿和超越。人作为宇宙生命的一部分,对自己生命安顿的谈论往往关涉着天道。天道是生命安顿的最终依据,生命是天道的显现和实现。究问天的消息,终究是为了本己生命的安顿。这样的文化讯息,带来的审美体验具有这样的特点:在天人之际的回环往复中,实现自己的形上体验,而不仅仅是感官的愉悦。儒释道三家的审美理想和形态都具有此特点。

关键词: 审美形态　中国文化　形上体验

中国文化的主流包括三大分支:儒、道、释。三个分支互相影响,互相融合共同构筑出中华文明。生命是中国文化的关键词。中国文化的中心议题就是对生命的安顿和超越。"中国哲学,从它那个通孔所发展出来的主要课题是生命,就是我们所说的生命的学问。它是以生命为它的对象,主要的用心在于如何来调节我们的生命,来运转我们的生命、安顿我们的生命。这就不同于希腊那些自然哲学家,他们的对象是自然,是以自然界作为主要课题。"① 中国人以生命的视野观照宇宙万物,天地万物便也具有生命。我们生活在生气流注的宇宙中,强调以自己的生命感通宇宙的大生命。

人作为宇宙生命的一部分,对自己生命的安顿的谈论往往关涉着天道。天道是生命安顿的最终依据,生命是天道的显现和实现。究问天的消息,终究是为了本己生命的安顿。这样的文化讯息,带来的审美体验具有这样的特点:在天人之际的回环往复中,实现自己的形上体验,而不仅仅是感官的愉悦。例如:中国艺术中注重对香的感受和传达,那是因为"香

---

　*　此文曾发表于《河北师范大学学报》(哲学社会科学版) 2009 年第 6 期。
　①　牟宗三:《中国哲学十九讲》,上海古籍出版社 2005 年版,第 12 页。

具有超越有形世界的特点，尤其是那淡淡的幽香，似有若无，氤氲流荡，可以成为具象世界之外境界气象的象征"①。缥缈无形的气味将感官世界和虚灵的形而上的世界联系在一起，从而将审美体验引领到对形上的精神境界的默契冥会。中国传统的审美体验从不仅仅停留于感官愉悦的层面，而要真正展开于超验的世界。"在中国美学中，人们感兴趣的不是外在美的知识，也不是经由外在对象'审美'所产生的心理现实，它所重视的是返归内心，由对知识的涤荡进而体验万物，通于天地，融自我和万物为一体，从而获得灵魂的适意。中国美学是一种生命安顿之学。"②

中国美学中对生命觉解的方式不是逻辑的知，而是悟——非知解的觉悟。中国文化不重言辨，不重理性的反思，而是强调生命的默契冥会和践履。它不关涉知识，而是发觉人的生命的内在灵明。在儒家这灵明与寂然创生的本体相通，在道家这灵明通于宇宙的虚静，在禅宗这灵明是觉悟的佛性。美即是生命的体现，也是这灵明的觉解的表现。中国美学由灵明出发，重视证会和践履，指向一种形上的超越境界，从而获得深层的生命的安慰。因此，中国美学是一种关注生命和生命超越的境界形态。中国文化孕育出独特的迥异于西方的审美形态。下面我们从天人的关系处着手分别谈谈儒家、道家、禅宗的审美理想及形态。

一 儒家之和

儒家的天，是大化流行之天。在儒家看来，天不是造物主，不是理念世界，而是创生万物的本体。对天的特性，儒家多以"维天之命，于穆不已"来称颂。这句话出自《诗·周颂·维天之命》。新儒家最具原创性的哲学家熊十力是这样对其予以阐释的："我国古诗有云：'维天之命，于穆不已。'这里所谓天，不是宗教家所谓神或帝的意思，而是用为最极的真实之代语。命者，流行义。于穆者，深远义。不已者，生灭灭生，恒相续起，无有断绝也。此言真实的力用之流行，恒是生灭相续，无有已止，所以叹其兴远也。一切物生灭相续者，实际上元是真实的力用之流行。这种

---

① 朱良志：《曲院风荷》，安徽教育出版社 2003 年版，第 2—3 页。
② 朱良志：《中国美学十五讲》，北京大学出版社 2008 年版，第 2 页。

流行，是庄子所谓'运而无所积'的。运者，犹言流行。无所积者，刹那刹那，都是才生即灭，没有一丝儿旧的东西滞积着。大化之行，是至刚至健的，所以，刹那刹那，灭故生新。"①

天的特性是生生不息的创化，它体现了生命的根本精神。在我们中国人看来，生命是人与宇宙同具之本体。天地万物都有生命，都处于灭故生新的迁变中。这里的生命不是生物学意义上的生命，而是一种贯彻天地万物的精神，即是一种创新不已的进取精神。宇宙万物有了此种精神，便有了生命。即使是石头也时时处于大化的迁变之中，因此它也可以有生命。"生命一词，直就吾人所以生之理而言，换句话说，即是吾人与万物同体的大生命。盖吾人的生命，与宇宙的大生命，实非有二也。故此言生命是绝对的真实而言。"②

儒家的核心思想是孔子提出的仁。孔子谈"仁"其实也是关涉着天道来讲的。虽然论语中有这样的记载："夫子之文章，可得而闻也；夫子之言性与天道，不可得而闻也"③，但是这并不表明孔子对天道观念的否弃，而恰恰表明的是其对此问题的慎重，他不愿意客观地空谈，他以仁的价值祈向指引学生去践仁成圣，在践履中去契悟天道。

在孔子看来，"仁"作为人成其为人的本始价值也是人的终极眷注所在，其根芽在于人的性情的真率自然处，其极致则是一种虚灵而真实的境界——"圣"的境界。仁，首先是对人之所以为人的生命本己状态的觉解。正如孟子在阐释四端说（四端为恻隐之心、辞让之心、是非之心、羞恶之心）时所举的"今人乍见孺子将入于井"的例子所表明的，仁的根芽——不忍之心，是在人这里普遍存在的自然而然的情愫，是人人天生而有，不证自明的。当人们突然看到一个小孩子将要掉到井里时，心里会油然而生一种惊骇感、恻隐之情。这就是不忍人之心，是人生而具有的仁的端倪。孟子从人性的自然处出发，指出将不忍人之心护持、发扬到应然理想的状态，便是践仁成圣的过程。这里所表明的是，仁其实是一种

① 熊十力：《熊十力全集》第三卷，湖北教育出版社 2001 年版，第 130—131 页。
② 同上书，第 259 页。
③ 《论语·公冶长》。

觉，是对人之所以为人的本己生命状态的觉悟。"一个人可能在财货利方面有很强烈的知觉或感觉，但他仍可能是麻木不仁的，尽管他有多么厉害的聪明才智。那是因为'觉'是指点道德心灵的，有此觉才感到四端之心。"① 而儒家的道德，其根源也在于天，是天创生不已的德行在人这里的落实。因此，仁可以说是对人之本性的觉解，这觉解也是对天道的觉悟，对生命精神的领悟。儒家的成德之教由此展开。仁，可以说是对人之本性（也可以说是人的天性）的觉解，这本性自然而然地存在于我们心灵的根底处。其次，仁是健行不息的。"《易经》言：'天行健，君子以自强不息。'所谓'天行健'可说是'维天之命，于穆不已'的另一种表示方式。君子看到天地的健行不息，觉悟到自己亦要效法天道的健行不息。这表示我们的生命，应通过觉以表现健，或者说，要像天一样，表现创造性，因为天的德（本质）就是创造性的本身。"② 仁是对人之所以为人的本性的觉悟，而这觉悟，来自自然而然的情愫，因此，仁可以说代表了我们真实的生命。我们真实的生命是天道的显现，仁可以说就是对健行不息创生不已的天道的印证。在这里我们可以看到，孔子所代表的儒家是以契合天道的创化不已为依据，强调人应该效法天，刚健不息。在天人关系中，儒家强调个人生命应该和宇宙生命融合无间。儒家思想并不停留在天道本身，而是落在天人相因相成，强调"人能弘道"的责任。

"仁"的最高境界是"圣"，"仁"和"圣"都不是确然可以解释的实体，而是一种价值祈向，即生命真实而完满状态的提醒。由人生命中自然的"仁"的端倪提升到完满无缺的"圣"境，孔子指点给我们的通途是"中庸"的道路。"'中庸'意味着一种极致，一种没有止境的完满，它不可能坐实到经验生活中来，但它凭着觉悟到这一点的人向着它的努力，能够把人的价值追求引向一种理想的境地。依孔子的本意，'中庸'的'中'指示的是一种毫不含糊的'分际'，一种不可稍有苟且的'度'。它可以用'恰当'、'恰好'、'恰如其分'一类辞藻作形容或描摹，但它毕竟不是人们经验世界中最终能够企及的。孔子的中庸追求是在由'仁'而'圣'的

---

① 牟宗三：《中国哲学的特质》，上海古籍出版社 2008 年版，第 27 页。
② 同上。

德行向度上，正是因为它，道德的形而上境界才得以开出，儒家的道德形而上学也才能成立。"① 中庸，不是圆滑的折中主义，相反，它指示的是不差毫厘的切中目标的理想状态。中庸将不存在于现实时空的形而上的标准启示给我们，尽管我们无法实现，但它指示给我们衡量自己生命修养的一个完满的尺度。

作为方法和途径的"中庸"，"即是所谓'执两用中'。'执两'指抓住两端，一端是'过'，一端是'不及'；'用中'是指尽可能地缩短'过'与'不及'的距离以趋于'中'的理想"②。因此，"执两用中"的"中"并不是对立两端的中点，而是过与不及的提示下切中目标的动态过程。

儒家注重人能弘道的责任，注重涵养发扬自己的"仁"的天性，去应和生生不已的天道。因此，儒家美学追求一种天人合一的生命和谐。基于儒家上述的哲学观点，儒家的美学理想和形态可以用"中和"来概括。

中是和之体，和是中之用。中是和成立的前提。"喜怒哀乐之未发，谓之中。发而皆中节，谓之和。中也者，天下之大本也；和也者，天下之达道也。致中和，天地位焉，万物育焉。"③ 中，在儒家被视为天下万物的本体。正如我们上面对中庸的解析那样，中乃是形而上的完满无缺的切中天道，因此，中也可以说成是天地之性。正如朱熹对此句话的解释，"中"是未发之性，因此无所偏倚，恰如其分，所以叫作中。这未发的"中"便是道体，是天地之性。程伊川说："若致中和，则是达天理，便见得天尊地卑、万物化育之道，只是致知也。"④ "和"则是已发之情和于天道，不偏不倚，是为"中"体之用。若以不偏不倚的"和"化育天下，可使万物各得其位，无所不顺。儒家的中和思想是以人的心灵的合于天道为前提的。

孔子对曾点的志向的认同，正透露出儒家中和之美正是合于天道的意味。孔子曾让子路、曾晢（名点）、冉有、公西华各言其志。"子路、曾

---

① 黄克剑：《由命而道——先秦诸子十讲》，线装书局2006年版，第74页。
② 同上书，第75页。
③ 《礼记·中庸》。
④ 《河南程氏遗书》卷十五，《伊川先生语》（一）。

皙、冉有、公西华侍坐，子曰：'以吾一日长乎尔，毋吾以也。居则曰：不吾知也。如或知尔，则何以哉？'子路率尔对曰：'千乘之国，摄乎大国之间，加之以师旅，因之以饥馑，由也为之，比及三年，可使有勇，且知方也。'夫子哂之：'求，尔何如？'对曰：'方六七十，如五六十，求也为之，比及三年，可使足民。如其礼乐，以俟君子。''赤，尔何如？'对曰：'非曰能之，愿学焉。宗庙之事，如会同，端章甫，愿为小相焉。''点，尔何如？'鼓瑟希，铿尔，舍瑟而作，对曰：'异乎三子者之撰。'子曰：'何伤乎？亦各言其志也。'曰：'莫春者，春服既成，冠者五六人，童子六七人，浴乎沂，风乎舞雩，咏而归。'夫子喟然叹曰：'吾与点也。'"① 孔子对点的认同，透露出其内心的最高旨趣。"盥洗于沂水之滨，沐风于雩台之上，可以说没有任何实用意义的，然而在'浴'、'风'、'咏'的'无用'处，性情的舒达恰好就是礼乐的尽致。孔子从来就不是囿于事功的人，那种天人浑化、亦人亦天而从心所欲不逾矩的境地才是孔子心神所寄而努力求取的境地。"② 性情的舒展合于天道，才是孔子心中最终的旨趣，也是这次颇具美学意味的谈话传达出的孔子关于审美理想的信息。

对天道生生不息的生命精神的肯认，是以自己的生命感通天地之大生命，大化的创化不已流注于个人的生命体验，这是有限生命与宇宙无限生命的融通，与此体验相伴随的是融于天道的无限感和与天道合一的道义感。自己仿佛与天地一体，有无限的力量，不停住，不懈怠，生化不已，自强不息。这种形上的愉悦体验，是一种壮丽之美。与此相伴的是不可推诿的道义担当。儒家对事功的推崇或许与此有关，以天下为己任，舍生取义，杀身成仁，都在所不惜。儒家最具入世情怀，其学说有对政治的关切，由仁德推出的圣王是堪以中正相称的，其政治也是如此。而政治毕竟不是孔子的最终目的，在与学生的谈志话语中透露出的是一种自由潇洒的无拘无束的状态的期许，这是儒家的道境，不囿于事功的超越维度，才是其最终的祈向。子在川上，曰："逝者如斯夫！不舍昼夜。"③ 即是孔子对

---

① 《论语·先进》。
② 黄克剑：《〈论语〉解读》，中国人民大学出版社 2008 年版，第 244 页。
③ 《论语·子罕》。

生化不已的天道本体的直观感悟，子曰："天何言哉？四时行焉，百物生焉，天何言哉？"① 这是与天道合于一体的契会冥证。我们从中可以感受到孔子那刚健的气魄和伟岸的人格。

中和，是要合于天道，而非静态的守持，达成此目标的过程，是中庸之道，在过与不及之间的调整，但中庸之中，我们毋宁理解为切中之中，是动词。丝毫不差地切中标准，才是"中和"之"中"的真实含义。儒家以天道自强不息为生命之根本，强调以自己的觉悟和自律，上达于天道，恢宏自己的生命气度，与天道合一。正是这种中和的审美理想，使得儒者具有了"为天地立心，为生民立命，为往圣继绝学，为万世开太平"② 的博大胸襟，也使得儒家文化中的忧患意识、自强不息的进取精神、当仁不让的道义担当精神，化作了儒家种种艺术形式的精神支柱。也正因如此，当天下不平、不和之时，便有了不平则鸣的诗篇，出现了狂狷之士。"诗可以怨""发愤著书""不平则鸣""诗穷而后工"也因此成了"中和之美"的题中应有之义。

二　道家之妙

"道"是道家哲学的诗眼，道家的所有学说都根据于此。老子是第一个对"道"作了形而上的升华的人，他赋予"道"以深刻的哲理内涵。道，是道路的升华。道路在行走中存在，指引某种方向，因此道也隐含了"导"的意味。这意味告诉我们"道"在人生践履中存在，对其不可作实体化、静态化的把握。道所导引给我们的是一种虚灵动势——自自然然。"故道大，天大，地大，王亦大。域中有四大，而王居其一焉。人法地，地法天，天法道，道法自然。"③ 这里的自然，不是指自然万物，而是指森然万象中存在的那种自是其是、自然而然的虚灵的天趣。这"法自然"之"道"是玄妙难言的。"道可道，非常道；名可名，非常名。无名天地之始；有名，万物之母。故常无欲以观其妙，常有欲以观其徼。此两者，同

---

① 《论语·阳货》。
② 张载：《张子语录》。
③ 《老子》第二十五章。

出而异名，同谓之玄。玄之又玄，众妙之门。"[①] 有无相生，正是道之玄妙所在。道有"有"的一面，天道生生不息成全万物；道有"无"的一面，对万物无所求取，无有刻意安排，让万物自己显现自己。"有"和"无"同时存在，构成了道的玄性。我们可以通过道的"有"的性向，体会万物的生生不已；我们可以通过其"无"的性向，感受道的深奥。有无同体关涉着万物的生，生乃老子之道的关注所在。这也意味着老子的天道也是关涉人生来谈的，而不仅仅是一种抽象的形而上的冥想。由此我们也可以看出老子之道归根结底是对"生"之导。与儒家对生生不已的天道的认取不同，道家还发现了天道"无为"的一面，天道是有无相生的。而且道家的价值取向更偏重于"无"。"天下万物生于有，有生于无。"[②] 天下万物的生生不已显现着道的"有"的性向，而这有乃无所刻意，无所求取的"无为"之有，终究来说它还是无。这里昭示出道家之天道与儒家之天道的迥异之处。

基于对无的崇尚，道家追求朴真的天趣，而这"复归于朴"的追求是通过舍弃人为的作意来实现的。这又与儒家天人相因、人能弘道的主张不同。如果说儒家是以人弘道的话，道家则是以天和天。天趣盈盈的朴真境地才是道家的最终祈望。而这复归，是要通过文明意欲的消解来实现的。"为无为"是道家指示给我们的与天道相合的路径。具体而言就是老子的"为道日损"和庄子的"相忘乎道术"。"损""忘"共通的意趣在于对人的妄为的打落。由此进入虚、静的境地，进而与道相合，实现自由无待的"逍遥游"。

老子和庄子对人生的哲思，为中国美学提供了丰富的理论资源，也为中国艺术提供了一则标准：以表现道的玄妙为艺术的最高追求。因此，道家的审美理想可以用"妙"来概括。在无待的逍遥游里，体会与道相合的至乐，体会那玄妙无言的道体。

妙首先是道体之美的显现。老子说，"大音希声"。大音是指体现道的

---

① 《老子》第一章。
② 《老子》第四十章。

音乐，是至乐。"听之不闻名曰希"①，希声就是听而不闻其声。由此看来，至乐在音声之外，是超越于音声的。有声的音乐是具体的，超越音声的音乐才是本体的音乐。"大道无声，而众音由是而出，乃音之大者也。"② 这里强调大音具有本体性。正如道生万物一样，大音也产生那具体多样的有声之乐。道是为而不有的，大音也是如此。"天地有大美而不言"③，这本体的美，是超越言说。命名言说意味着人对浑整的天道的破坏，言是人的意欲、知识、功力计算的代称，无言之美乃是超越人的感官欲望、理性分辨的美。大音乃自然天成之天籁，无所作意，自自然然，无有机心、巧智。对此种美的欣赏，是需要去除意欲、机巧之心，以及一切人为的作意，需要用回归朴真无为的生命去体悟，体悟那契合于道之妙。

其次，妙是道性的表现，即有无相生的玄妙。如中国的水墨画，仅以黑白设色。黑白相对于缤纷的五彩可以说是至简的无色，然而透过那浓淡相宜的墨色，我们却可以感觉到比有形的五彩更为绚烂的色彩，颇具"有无相生""有生于无"的玄妙。"荆浩在《笔记法》中提出'绘画六要'（气、韵、思、景、笔、墨），用'墨'取代了谢赫'六法'中的'随类赋彩'，并称赞项容'用墨独得玄门'。这也表明，在荆浩看来，水墨的颜色是符合自然的本性的颜色。"④ 再如齐白石画的虾，只画两三小虾，虽不画水，却让人感觉满纸是流动清澈之水，顿生妙趣。宗白华曾说："庄子曰：'瞻彼阕（空处）者，虚室生白。'这个虚白不是几何学的空间间架，死的空间，所谓顽空，而是创化万物的永恒运行着的道。这'白'是'道'的吉祥之光。"⑤ "中国画中的虚空不是死的物理的空间间架，物质能在里面移动，反而是最活泼的生命源泉。一切物象的纷纭节奏从他里面流出来。"⑥ "无"，相对于"有"有更为重要的地位，空白中"荡漾着'视之不

---

① 《老子》第十四章。

② 《老子道德经古本集注》，《续古逸丛书》景宋刊本。

③ 《庄子·外篇·知北游》。

④ 叶朗：《中国美学史大纲》，上海人民出版社1985年版，第246页。

⑤ 宗白华：《艺境》，北京大学出版社1987年版，第215页。

⑥ 同上书，第216页。

见、听之不闻、搏之不得'的'道',老子名之为'夷'、'希'、'微'"①。另外,中国独特的美学范畴意境对"象外之象"的追求,也是如此。有无相生正如清初画家笪重光在《画筌》中所说:"空本难图,实景清而空景现。神无可绘,真境逼而神境生。位置相戾,有画处多属赘疣。虚实相生,无画处皆成妙境。"在有与无交错中,一个灵动的世界显现出来,正是这有无的相辅相成,共同构成了一个意趣勃勃的妙的世界。

最后,妙还是道境的表现。道体玄远,实现和道体的合一,意味着生命境界的提升。通过"心斋""坐忘",我们将欲望、功力一一淡去,"致虚极,守静笃",达到"天地与我并生,万物与我为一"的人生境界,即入道境,也就进入了"与造化同其逍遥"的"游"境。"若夫乘天地之正,而御六气之辩,以游无穷者,彼且恶乎待哉。"②这逍遥之游,始于"物化"——以物观物,不再有人为的知识分辨,万物自是其是,逍遥而无所依待。人的生命因此复归于纯白本真之境,获得无待的自由。与此道境相伴而生的是"游乎尘垢之外"的"天乐":"与人和者,谓之人乐;与天和者,谓之天乐。"③这至乐乃无乐之乐,它不是人的情感意味上的快乐,而是以纯然之心融入世界,以自在之心与万物相融获得的"忘适之适",相忘于道术的"优游"之乐。濠梁之上,庄惠在争论着鱼之乐否。庄子所说的鱼之乐,并不是将自己快乐的情绪投向水中之鱼,而是以天地之情去言说鱼的快乐。庄子的妻子去世了,庄子鼓盆而歌,他说由生入死正如四季交替,妻子的生命由自然之气而生,现在只不过又回归自然之气而已,为什么要哭呢?这就是他所持的天地之情。这天地之情是因顺自然之道的情感,而非人类的偏私之情。情,乃是一种倾向,人类之情必局守于同类,乃是一己私怀。泯除物我的界限,以道观物,融入世界,在世界中与万物相优游,这才是天地之情。因此,"庄子游鱼之乐,并非'移情于物',而是'忘情融物'。因为在庄子看来,忘己忘物始能入于天,入于天,就是

---

① 宗白华:《艺境》,北京大学出版社1987年版,第162页。
② 《庄子·逍遥游》。
③ 《庄子·天道》。

融于物，就是'物物'；在'物物'的境界中，人方自在、自由"①。此种乐趣，乃无乐之乐，是在纯然物化中对天真的笃守。

三　禅宗之空灵

佛家以空寂为本体，以超脱生死、超脱轮回之苦为务。面对生生不已大化流行，佛家不同于儒道两家认同"生"的意趣，而是抓住了"生一灭一生一灭"的大化之流中的寂灭一维，以"空寂"为追求的旨归。在佛家看来一切皆为虚幻，皆为心之幻象，"万法唯识"，世间万象皆为心所变现。心有本心、习心之别。本心，乃自然之心，乃佛心。习心，乃被后天欲望熏染之心，乃虚妄之心。去除杂染、归复本心之明，才是成佛之道。禅宗是佛家思想和儒道思想融合生成的佛家的一支。

禅宗最大特点是主张顿悟，见性成佛，不同于其他宗派渐修的主张。顿悟的特点首先在于超越理性，不落言诠。"禅宗主流标榜不立文字，教外别传，直指人心，见性成佛。"② 理性是分别心的表现。理性意味着生活在世界中的人以与世界对立的立场来看世界。此时人眼中的世界已经不是其本然的状态，是被人的妄识遮蔽的世界。语言是理性分辨的工具，对事物的命名，其实就是人为地对世界万物的分类和条理化。语言不能传达世界本然的状态，相反，它妨碍世界本然状态的呈现。因此，禅宗中的顿悟反对理性知解和言诠，它是超越理性、超越语言的。"禅宗在传法时讲'以心传心'，即师父不依经论，离开语言文字直接面授弟子，以禅法大义使弟子自悟自解，这称传佛'心印'。"③ 对理性知解、言诠的超越，最突出的表现是对分别智的超越。慧能临终之时曾传授宗旨的"秘诀"："若有人问汝义，问有将无对，问无将有对，问凡以圣对，问圣以凡对。二道相因，生中道义。"④ 有无、圣凡等均是人的理性的简别，慧能要求以问答中语言自身的尖锐矛盾来取消被启悟者对分别心的执着。问无偏言有，问圣

---

① 朱良志：《中国美学十五讲》，北京大学出版社 2006 年版，第 18 页。
② 方立天：《中国佛教散论》，宗教文化出版社 2003 年版，第 189 页。
③ 同上书，第 190 页。
④ 《坛经付嘱品第十》。

偏言凡，以此刺激对方，使其领悟超越对立的中道，领悟那无始无终、超越理性之上的世界本身。对中道的看重，意味着对现象—本质、主体—客体思维模式以及理性本身的否弃。

其次，顿悟是依靠自己的觉悟，如人饮水，冷暖自知。禅宗认为依靠共通的理性法则是无法悟道的，只有依靠自己的亲身体验、感受才能实现对生死的参透，才能理解领悟无上的佛性。禅宗接受了道家自然的思想，用"自然"的观念去诠释人的本性、佛性。"'僧家自然者，众生本性也'。（《菏泽神会禅师语录》）禅宗认为，'自然'就是众生本性，也就是佛性。这也就是把佛性界定为自足完满、纯真朴实的生命本然。人的本性既然是自然的，也就是内在的，是内涵于人身的本质性存在，既非外在的神灵所赋予，又非通过超越经验、违背人性的作为所获得的，同时也是各种外在因素所不能消灭的。人的内在自性是生命的主体、成佛的根据。"① 因此，成佛就是自己对自己本性的觉悟，而不是依靠自己生命之外的力量。这外部力量甚至包括圣人，乃至佛祖。如下一些记载就说明了这点："……于慧林寺遇天大寒，师取木佛烧火。"② "这里无佛无祖，达摩是老骚胡，释迦老子是干屎橛，文殊普贤是担屎汉……"③ 佛祖菩萨都被如此对待，还有什么外部力量可以依靠呢？唯有循由自己的本性去体悟了。

最后，顿悟是一种不脱离感性的超越。对理性的不信任注定了禅宗的顿悟必然求助于直觉体验。这种感悟往往是在普遍的日常生活中，通过独特的个体性的直觉方式去获得。如："（智闲）一日芟除草木，偶抛瓦砾、击竹作声，忽然省悟。"④ 这是自然而然的事情，不是刻意为之，在日常感性的生活实践中不经意间获得。这种顿悟颇为奇妙，其究竟含有怎样的深意呢？顿悟是对自性的觉解，这觉解表现为对瞬间永恒的体会。正如"万里长空，一朝风月"所说，在某一特定的瞬间，你仿佛与无尽的永恒融为一体，时间凝固了，未来、现在、过去仿佛凝成一个整体，物我的对立也

---

① 方立天：《中国佛教散论》，宗教文化出版社 2003 年版，第 193 页。
② 《五灯会元卷 5·青原·天然禅师》。
③ 《五灯会元卷 7·天皇·德山宣鉴禅师》。
④ 《五灯会元卷 9·沩仰·香岩智闲禅师》。

消解了，你不去分辨什么，也无须分辨什么，你也凝入这无边无尽的永恒之中，达到了本体自身。超越了时空、因果，此时的"我"便是真我，亦即佛性的呈露；此时的"我"不是屈从于佛、信仰于佛，而是与佛一体，我即佛，佛即我。顿悟后的世界依然如是，仍然是山自青山水自流，我们却在这自性世界中获得了一片空灵的禅境。世界清明起来，显现着自性。没有分别，没有妄识，没有执着，没有"有"与"空"的对立，万物以自性呈现，清宁安详。日本诗人松尾芭蕉最著名的俳句，将这顿悟解说得恰到好处："古老一池塘。一蛙跳在水中央。扑通一声响！""诗人笔下的池子，是亘古如斯的静静古池，青蛙的一跃，打破了千年的宁静。这一跃，就是一个顿悟，一个此在此顷的顿悟。在短暂的片刻，撕破世俗的时间之网，进入绝对的无时间的永恒中。这一跃中的惊悟，是活泼的，在涟漪的荡漾中，将现在的鲜活揉入到过去的幽深中去了。那布满青苔的古池，就是万古长空，那清新的蛙跃声，就是一朝之风月。"[1]　就在那顿悟的刹那间，"整个宇宙的神秘迷雾，都在那只青蛙扑通一声跳落水中的那一瞬间顿然在他眼前烟消云散了"[2]。

　　这奇妙的禅境，这独特的顿悟方式，本身就具有某种美学特质。禅境、禅意也因此成了艺术家表现的主题。禅宗美学的审美理想和形态大体可以概括为空灵。

　　空灵之空，并非空无一物之空，这个空便和有对，还是理性的分别。禅宗的空非顽空，其中有生机。（毕竟佛家也看到大化流行乃生灭灭生的交替，只不过认为生生不住，终归虚幻。生仍是大化之机。）空是自性显现的世界，空去的是人的执着和妄识。神秀的名句"时时勤拂拭，不使惹尘埃"就是对佛性的执着，将其视为一个实体去追求。肯定虚无即是将虚无视作为实体，这仍是虚妄的。只能以自性之心融入万物自性兴现的世界去体会那"空不异色、色不异空"的空灵。空灵在艺术表现中往往表现为静、清等特点。如宋代梁楷的《秋柳双鸦图》。此画表现的是王维的绝句《鸟鸣涧》的诗意，此诗写道："人闲桂花落，夜静春山空。月出惊山鸟，

<hr>

① 　朱良志：《中国美学十五讲》，北京大学出版社 2006 年版，第 156 页。
② 　［日］铃木大拙等：《禅与艺术》，北方文艺出版社 1988 年版，第 52 页。

时鸣春涧中。"春山月夜一片寂静，以至于那明亮的月光竟然惊动了安息的鸟。以动写静，幽静中有生气，更烘托了无边的寂静。梁楷的画中一节断裂的枯柳，三两枝条兀然矗立而又轻轻拂下，大片空白处，以淡墨渲染出轻薄雾气笼罩的春夜和月影，给空谷春山平添了几分神秘。升起的月亮惊起了两只山鸟环绕柳枝飞行、啼鸣，打破了春山寂静。柳条虽发自枯枝，却坚韧地挺拔着，又软软地垂下，其中有自然生命的搏动。静谧的禅意，荡漾纸面。正如宗白华先生所说："禅是动中的极静，也是静中的极动，寂而常照，照而常寂，动静不二，直探生命的本原。……静穆的观照和飞跃的生命构成艺术的两元，也是构成'禅'的心灵状态。"①

空灵是一种淡远的形上之美。当我们跟随艺术家的笔触进入禅境时，我们在这空灵的世界里感受到了从纷扰的世事中解放出来的自由和解脱。这种感受平宁、安静而淡远。正是这种宁静淡远的心境引领我们去融合、领悟宇宙、存在、永恒之谜……"世尊在灵山会上，拈花示众，是时众皆默然。唯迦叶尊者破颜微笑。世尊曰：吾有正法眼藏，涅槃妙心，实相无相，微妙法门，不立文字，教外别传，付嘱摩诃迦叶。"② 拈花微笑、道体心传。迦叶轻扬的嘴角，淡淡的笑意，引领我们融入无边的佛境，宁静、悠远……再如王维的名句："行到水穷处，坐看云起时。"这幽静的画面中，有一种悠然的随缘，在不执着的空境里，隐隐升起大化运行之真几，玄远、安宁。

中国文化中的美，是来自天人之际的消息。天道是美衍生的根源，人对天道的觉解是美的灿然微笑，在人与天道的同合过程中，我们超越了有限的感性生命，超越了理性的知解，超越了智识言语的分辨，在与万物一体的融合中，体悟到玄远而切近的生命的消息。我们生命得以安顿，我们找寻到生命价值的皋地，生命因此充实、安详、美丽……这生命的美丽之光照亮我们的人生方向，指引我们将生命契接于宇宙生命精神，化作我们日常生命的践履。美在天人之际生成。

---

① 宗白华：《艺境》，北京大学出版社 1987 年版，第 156 页。
② 《五灯会元卷 1·佛祖》。

附录五　民国小品文中的佛学思想与
中国文学现代性研究
——以白马湖派小品文为例*

摘要：学界对于中国文学现代性问题的研究已经突破了西方冲击论的范式，开始关注中国传统文化对于现代性发生的作用。佛学思想作为传统文化的重要组成部分，它在中国文学现代性发生过程中起到了怎样的作用？目前学界尚少论及。本文以白马湖派作家群创作的小品文为具体研究对象，从闲适、童心、时间三个方面考察他们笔下的现代性体验的特点，分析佛学思想与现代性体验之间的关系，试图以此方式来回答该问题。

关键词：民国　小品文　现代性　佛学思想　白马湖派

目前，学界对于中国现代性的研究已经突破了西方文化冲击论的范式，注意到中国现代性的发生不仅仅是对西方现代文化的吸收与回应，也是基于中国历史文化的自我发展，它具有自己的特点。佛学思想作为中国传统文化的重要组成部分，对于中国文学现代性的发展具有怎样的影响？这是一个值得研究的问题。美国弗吉尼亚大学罗福林（Charles A. Laughlin）教授在《休闲文学与中国现代性》一书中指出民国时期的休闲文学发展就与佛教思想传统有关，他说："休闲文学或许也受到了佛学思想的影响，尤其是在欲望与超越的辩证关系方面。"① 罗福林教授将佛学思想视为影响休闲文学发展的一种文化传统。他对白马湖派小品文与中国现代性关系的分析很有启发性。他通过对休闲小品文中所描写的既具有传统意味又具有现代性特征的休闲方式的分析，阐明当时的休闲方式在继承传统的同时又悄悄地发生着富有时代特征的变化。王德威在《抒情传统与中国现代性》一书中，也指出儒家的诗教、庄子的逍遥、"禅宗所启发出

＊　此文曾发表于《中国语言文学研究》，2016 年秋之卷。

①　Charles A. Laughlin，*The Literature of Leisure and Chinese Modernity*，University of Hawaii Press，2008，p. 2.

的羚羊挂角，天机自现，都代表表述抒情的不同意识形态面向"①。他们二人的研究都将佛学思想作为影响中国现代性发生的重要文化传统，然而他们的研究并未聚焦于此问题。杨联芬在《晚清至五四：中国文学现代性的发生》一书中指出：中国的现代化进程是被迫的，伴随着此过程的是中西民族之间的不平等关系，以及中国传统文化与制度的复杂性，这些都决定了中国的现代性既是向西方学习的，同时又具有自身的复杂性。她指出了中国现代性发生具有自身的特点，也看到了中国传统文化对于现代性发生的影响②。王一川在《中国现代性体验的发生》一书中认为，学界在研究中国文学现代性问题时存在着一个根本性的缺失，即重视精英言论而忽视了民众生活，因此强调研究应该回到鲜活的生命体验上来。指出："中国文学的现代性，归根结底要表现为体验的现代性。"③ 这一研究思路，非常具有启发性。

《白马湖文学研究》④ 一书收录了关于白马湖文学的一些论文，其中有对此文学流派存在与否的争论情况的介绍，有对此流派艺术风格的分析，也涉及了丰子恺等作家艺术思想中的佛学思想的研究，但多是从佛学思想对艺术创作影响的角度来谈的，并未涉及佛学思想与文学现代性关系问题。吴承学在《晚明小品研究》一书中，曾分析了晚明作家受到了佛学思想的影响，并且指出晚明小品对于民国小品的影响，强调了民国小品创作在现代文学史中取得的成就是与继承晚明小品创作传统分不开的。小品文成为独立的文体始于晚明，而"小品"一词就源自佛家。吴承学在《晚明小品研究》中指出："'小品'之名，本于佛学……'小品'的原意是与'大品'相举而言的，小品是佛经的节文。小品佛经因为简短约略，便于诵读、理解和传播，故颇受人们的喜爱。"⑤ 此外，晚明时期禅学思想盛行，著名作家李贽、汤显祖、三袁兄弟等都受到禅宗思想影响，但他们参禅方式灵活，"使他们可以灵活地处理精神解脱和生活享乐的关系，心身

---

① 王德威：《抒情传统与中国现代性》，生活·读书·新知三联书店 2010 年版，第 4 页。
② 杨联芬：《晚清至五四：中国文学现代性的发生》，北京大学出版社 2003 年版。
③ 王一川：《中国现代性体验的发生》，北京师范大学出版社 2001 年版，第 3 页。
④ 王建华、王晓初主编：《"白马湖文学"研究》，上海三联书店 2007 年版。
⑤ 吴承学：《晚明小品研究》，江苏古籍出版社 1999 年版，第 5 页。

俱适：既享受世俗的物质生活，而又不过于执着；既向往高远的精神境界，而又不脱离俗世的享乐"①。他们主要吸取了禅宗呵祖骂佛的反传统精神，张扬个性，追求人间的幸福。佛学思想对他们的人格和文学创作都有深远的影响。由此，我们可以看出晚明时期的小品文与佛学有着密切联系。

民国时期小品文取得了巨大的成绩，这也与继承晚明小品文传统有关。林语堂在《人间世》的《发刊词》中说："十四年来中国现代文学唯一之成功，小品文之成功也。"吴小如在《历代小品大观序》中也指出："现代散文的发展历程同现代诗歌、现代小说和现代戏剧并不完全一样。"这主要是因为现代散文更多地继承了古典文学的传统，尤其是晚明小品文对其有较大的影响，不同于现代诗歌等主要受到西方文化的影响，在形态上有了非常明显的改变。白马湖派作家群创作的散文就是民国小品文的一个典型代表。

台湾学者杨牧最早提出"白马湖派散文"的观点，并将夏丏尊和朱自清（此外还包括丰子恺、叶圣陶、俞平伯等人）视为这一流派的领袖。此后大陆学者朱惠民将这一作家群称为"白马湖派"，陈星则认为以"白马湖作家群"相称更为合理，钱理群等在《中国现代文学三十年》中称之为"立达派"（后因分歧，1925年"立达学园"在上海成立，夏丏尊、丰子恺等都到此校任教，因此得名），有人亦称之为"开明派"（1928年夏丏尊、丰子恺等人又在"开明书店"工作，因此得名）。目前，学界大都以"白马湖派"称呼此作家群。此作家群成员大多与弘一大师（李叔同）关系密切，因而都对佛学有所研究。夏丏尊、叶圣陶是李叔同在浙江第一师范学校时的同事，他们都研读过佛经，受到佛学思想的影响。丰子恺则是李叔同的学生，他最后皈依佛教，其小品文中所蕴含的佛学思想最为浓厚。此派作家可以说是现代文学流派中最具佛缘的一个流派。

中国文学现代性问题研究是学界研究的一个热点问题，目前从佛学思想角度进行研究的学术成果尚未见到。现代性是一个含义颇丰的概念，本文更加认同吉登斯（Anthony Giddens）的观点："现代性是指一种社会生

---

① 吴承学：《晚明小品研究》，江苏古籍出版社1999年版，第36页。

活或社会组织模式，它最初出现在大约 17 世纪欧洲，后来其影响或多或少地遍及世界范围。"① 然而，中国的现代性具有自己的特点，它是参照西方现代性来进行建构的，同时自己的文化传统也起着作用，例如佛学思想。在对中国文学现代性问题研究时，本文运用了舍勒的研究方法。刘小枫这样来概括这一方法："舍勒的一个基本论点是：心态（体验结构）的现代转型比历史的社会政治经济制度的转型更为根本……就现代学的任务来讲，重要的是，从知识学的角度审视心态的形式结构。"② 白马湖派作家的小品文多是对生活片段的细腻感受的书写，这其中包含着现代性的"体验"，同时这些体验又具有传统文化的色彩，对这些具体体验展开研究来发现佛学思想对中国文学现代性的影响，可以使研究更为具体、可靠。本文从白马湖派散文的文本分析中归纳出与佛学思想和现代性相关的种种体验，例如闲适、童心、时间等，透视其中包含的佛学思想与现代性因素的关系，从而进一步归纳佛学思想在中国文学现代性发生过程中所起的作用。

一 闲适：心境的悠闲自由

闲适是传统文人对生活状态的一种追求。同样，在他们这里闲适不仅仅是时间上的空闲，更重要的是指一种心境的悠闲、自由，是一种生命的快意与顺畅。这可以说是一种审美的心胸，是超脱尘俗名利之累的自由。这也可以说是佛家的一种心灵境界与生命境界，即超脱尘俗束缚的安闲心境。这可以从他们的一些癖好中清楚地看到。例如，丰子恺有烧香的癖好，爱看袅袅的香烟的形态，喜爱古雅的香气，并认为这是超越于实用的一种美的享受。当然，在他们的散文创作中以闲为题的文章亦体现了这一点。

丰子恺在散文《闲居》的开篇便写道："闲居，在生活上人都说是不幸的，但在情趣上我觉得是最快适的了。假如国民政府新定一条法律：'闲居必须整天禁锢在自己的房间里'，我也不愿出去干事，宁可闲居而被

---

① Anthony Giddens, *The Consequences of Modernity*, Stanford University Press, 1990, p. 1.
② 刘小枫：《中译本导言》，见舍勒《资本主义的未来》，生活·读书·新知三联书店 1997年版，第 3 页。

禁锢。"① 丰子恺强调，闲居的意义在于情趣上的快适。接下来他以自己所擅长的画画、音乐来谱写自己闲居时的快适。从空间上，他以摆布家具为乐事，这犹如画图的布局安排。从时间上，他以音乐譬喻一日闲居的各种情趣。当他按照自己的想法把家具巧妙地布置好之后，他得到了莫大的快乐。他这样描述此种快适："这样妥帖之后，人在里面，精神自然安定、集中，而快适。这是谁都懂得，谁都可以自由取乐的事。虽然有的人不讲究自己的房间的布置，然走进一间布置很妥帖的房间，一定谁也觉得快适。这可见人都会鉴赏，鉴赏就是被动的创作，故可说这是谁也懂得，谁也可以自由取乐的事。"② 在他看来，这样自由、安定的快乐，正是闲居修身养性的乐趣。当他以音乐来譬喻一日的闲居时，还特别指出："试看无论甚么机关里，团体里，做无论甚么事务的人，在阴雨的天气，办事一定不及在晴天的起劲、高兴、积极。如果有不论天气，天天照常办事的人，这一定不是人，是一朵机器。"③ 情绪对人工作效率的影响毋庸置疑。透过这样的文字，我们可以感受到丰子恺对于人的精神自由、情绪快适的肯定。

丰子恺有饮酒的习惯，在他的笔下饮酒充满了美趣，是其闲适生活的重要一面。在《湖畔夜饮》中他开篇写道："前天晚上，四位来西湖游春的朋友，在我的湖畔小屋里饮酒。夜阑人散，皓月当空。湖水如镜，花影满堤。我送客出门，舍不得这湖上的春月，也向湖畔散步去了。"这是怎样闲适的心情！随性而动，无拘无束。第二天又是朋友来访，丰子恺虽已自酌，但见到朋友便立刻酒醒，再与朋对饮。佐酒的除了酱鸭、酱肉、皮蛋和花生米之外，还有贴在墙上的数学家苏步青的诗："草草杯盘共一欢，莫因柴米话辛酸。春风已绿门前草，且耐余寒放眼看。"文人雅趣跃然纸上。此外，更耐人寻味的是另一种酒肴——话旧。他们阔别十载，人各天涯，如今相聚，不胜感叹。朋友见了丰子恺的孩子们都已成人，生疏起来，竟以"大小姐""三小姐"相称。丰子恺想起二十年前与朋友饮酒的

---

① 杨牧编：《丰子恺文选》第一卷，洪范书店 1982 年版，第 17 页。
② 同上。
③ 同上书，第 19—20 页。

旧事，朋友邀约饮酒却忘记带钱，借了丰子恺五元结账，转过头来竟拿来十元相还，从中可见朋友的真率与诚恳。令丰子恺无限感慨的是，旧时共同饮酒的朋友，有的已然过世，有的失去了联系。今与朋友相聚是多么难得的事。在此文中，我们可以看到丰子恺随性而行的真率与沉浸在日常快乐的美趣，更有"有朋自远方来"的快乐与对世事无常的伤感。这都是他闲适生活的丰富感受。

丰子恺毕竟生活于现代社会，此时的"闲"有了负面的意义。丰子恺在散文《闲》中就指出："'闲'在过去时代是一个可爱的字眼，在现代变成了一个可恶的字眼。例如失业者的'赋闲'，不劳而食者的'有闲'，都被视为现代社会的病态。"① 在此文中丰子恺强调："人的生活大半是由兴味维持的；儿童的生活则完全以兴味为原动力。热衷于赌博的成人，输了还是要输。热衷于游戏的儿童，常常忘餐废寝。于此可见人类对于兴味的要求，有时比衣食更加热烈。"② 但是在现代社会中穷人的无奈境遇使得"闲"成为了他们等死时的笑乐，丰子恺沉重地写道："不过这种种玩笑乐实比号哭与饿死更加悲惨！"③ 文中流露出丰子恺对有闲阶级的厌恶和对劳苦大众的悲悯与同情。

丰子恺是反对无所事事的"闲"的，他在《吃瓜子》一文中，就在文末指出："试看糖食店、南货店里的瓜子的畅销，试看茶楼、酒店、家庭中满地的瓜子壳，便可想见中国人在'格，呸'、'的，的'的声音中消磨去的时间，每年统计起来为数一定可惊。将来此道发展起来，恐怕是全中国也可消灭在'格，呸'、'的，的'的声音中呢。"④ 这种有闲的消遣，是丰子恺深恶痛绝的。在丰子恺看来，这种"闲"是在消磨时间，消磨意志，消磨生命，甚至是在消灭当时的中国。

夏丏尊的散文《长闲》也从知识分子的角度反思'闲'。午睡到傍晚方起，起来又寄希望于夜晚才工作，便流连光景起来。文中细细地将妻

① 杨牧编：《丰子恺文选》第二卷，洪范书店1982年版，第67页。
② 同上书，第70页。
③ 同上书，第78页。
④ 同上书，第85页。

子、女仆劝勉与批评的话——记下。也记下"他"的无言以对，但终究在夜晚"他"还是重蹈昨日的覆辙，连弘一大师的"勇猛精进"的题额也忘于脑后，继续去庭院中欣赏美丽的月色去了。文中的自省与自我批判真实而深切，写出了闲居而不务正业的种种心理感受。从反面凸显出"闲"应该具有的真正意义，和对佛家"勇猛精进"的人生态度的赞许。夏丏尊在文中写道："'勇猛精进！'他坐下椅子去默念着看了一会，复取了一张空白稿子，大书'勤靡余劳心有常闲'八字，用图画钉钉在横幅之下。这是他在午睡前在《陶集》中看到的句子。'是的，要勤靡余劳，才能心有常闲。我现在是身安逸而心忙乱啊！'他大彻大悟似地默想。"①这是文中点题的句子，理想中的"闲"指心的安静、从容，即使身体处于劳烦之中，心亦可安闲平静。闲，并非终日无所事事，主要是指心性的闲适与从容。这种解释可以看出，夏丏尊、丰子恺等虽身处现代社会的劳碌之中，亦渴望保持一份传统文化中的安闲心境。他们认同"勇猛精进"的佛教人生态度，并以心性的闲适，来安顿自我的心灵于现代社会的劳碌之中。

二　童心：本真的生命状态

叶圣陶、丰子恺都创作过童话，可以看出他们对于儿童的重视。朱自清和丰子恺曾同时创作过同名散文《儿女》，但表现出极大的差异。朱自清在文中表现出对于儿女的不耐烦，与之相反，丰子恺则在文中站在儿女的立场批判大人的无理与野蛮。丰子恺在《儿女》一文中曾经写道："近来我的心为四事所占据了：天上的神明与星辰，人间的艺术与儿童，这小燕子似的一群儿女，是在人世间与我因缘最深的儿童，他们在我心中占有与神明、星辰、艺术同等的地位。"②丰子恺将儿童视为自己精神生活的重要部分，由此可见他对于儿童的喜爱。更为重要的是他真诚地赞美儿童、赞美童心。他创作的关于儿童的散文有《阿难》《忆儿时》《给我的孩子们》《儿女》《送阿宝出黄金时代》等。

在丰子恺看来，童心是生命的本真状态。他在《儿女》一文中写道：

---

① 夏丏尊：《平屋杂文》，台湾开明书店1966年版，第38页。
② 杨牧编：《丰子恺文选》第一卷，洪范书店1982年版，第155页。

"回想过去四个月的悠闲宁静的独居生活，在我也颇觉得可恋，又可感谢。然而一旦回到故乡的平屋里，被围在一群儿女的中间的时候，我又不禁自伤了。因为我那种生活，或枯坐，默想，或钻研，搜求，或敷衍，应酬，比较起他们的天真、健全、活跃的生活来，明明是变态的，病的，残废的。"① 在《给我的儿女们》一文中，他又写道："瞻瞻！你尤其可佩服，你是身心全部公开的真人。你什么事体都像拼命地用全幅精力去对付。"② "我在世间，永没有逢到像你们样出肺肝相示的人。世间的人群结合，永没有像你们样的彻底地真实而纯洁。"③

天真烂漫的童心，在丰子恺看来是最健全、最活跃的生命，是宇宙大生命的显现。与之形成对比的是大人计较的、应酬的、敷衍的种种行为。他常常称说成年的自己是个残废者。他在《儿女》一文中曾写道："天地间最健全的心眼，只是孩子们的所有物，世间事物的真相，只有孩子们最明确、最完全地见到。我比起他们来，真的心眼已经被世智尘劳所蒙蔽，所斫丧，是一个可怜的残废者了。我实在不敢受他们'父亲'的称呼，倘然'父亲'是尊崇的。"④

基于对童心的礼赞，丰子恺对于人与人之间的关系有了自己的解说："我以为世间人与人的关系，最自然最合理的莫如朋友。君臣、父子、昆弟、夫妇之情，在十分自然合理的时候都不外乎是一种广义的友谊。"⑤ 这显然具有突破封建的君尊臣卑、父尊子卑的色彩。在丰子恺看来，符合生命本真的关系应该是平等的朋友关系，即使是父子关系亦应如此。他强调理想的人与人的关系应该是："并育于大地的人，都是同类的朋友，共为大自然的儿女。"⑥ 这是符合现代社会人与人关系的要求的。丰子恺对此种关系的认同，是由情及理的体悟，不是引用西方的现代思想理论来论说一种道理，是从自己与儿女的关系中，从对童心的憧憬中油然而生的，且显

---

① 杨牧编：《丰子恺文选》第一卷，洪范书店 1982 年版，第 152 页。
② 同上书，第 145 页。
③ 同上书，第 148 页。
④ 同上书，第 153 页。
⑤ 同上书，第 155 页。
⑥ 同上。

然是受到了佛家思想的影响。他在《阿难》一文中礼赞因小产而仅仅一跳而结束了生命的自己的孩子阿难，赞颂他的清净无染、天真明慧，反思自己"迷塞了心眼"、隐蔽真我的本性。在文末更是慨叹："宇宙间人的生灭，犹如大海中的波涛的起伏。大波小波，无非海的变幻，无不归元于海；世间一切现象，皆是宇宙的大生命的显示。"[1]波涛与大海的譬喻，是佛经中常常出现的关于一与多、现象与本体关系解说的譬喻，即一即多，即现象即本体，这是佛家的观点。而将宇宙本体视为大生命的观点亦是一种佛学思想观点。丰子恺在这里融佛教思想于具体的感性描述中，真切深刻而感人，毫无掉书袋之感。

他在《送阿宝出黄金时代》回忆自己曾在《给我的孩子们》一文中写到这样一段话："我的孩子们！我憧憬于你们的生活，每天不止一次！我想委曲地说出来，使你们自己晓得。可惜到你们懂得我的话的意思的时候，你们将不复是可以使我憧憬的人了。这是何等可悲哀的事啊！"[2]此时的他，无限感慨，他深长地感喟道："写这些话时的情景还历历在目，而现在你果然已经'懂得我的话'了！果然也要'走这条路'了！无常迅速，念此又安得不结中肠啊！"[3]儿童，是人生的一个阶段。世事变幻，儿童终究成长为大人，丧失了童心。此时丰子恺只有无奈地感叹世事无常了。

丰子恺尤其注重对童心的赞美，在他这里童心具有佛学思想的意蕴。童心，天真无邪，正是佛教本心的一种体现：无染，纯净，自然，本真。虽然，此时杜威的以儿童为中心的教育思想已经传入中国，但是我们仍然可以明显地看到丰子恺不仅仅是要以儿童为中心，在教育中呵护儿童，而更是将童心作为一种理想，一种人生应有的态度，这使得他的童心说更具有传统文化的意味。他的童心说是对李贽童心说的延续与继承。

三　刹那：体验中的时间

朱自清在春晖中学首次演讲的题目就是《刹那》，提倡人生的价值就

---

[1]　杨牧编：《丰子恺文选》第一卷，洪范书店 1982 年版，第 15—16 页。
[2]　同上书，第 145 页。
[3]　同上书，第 162 页。

在于"当下"这一刹那。他还曾经用佛家的观念来阐述文艺的功能，强调文艺能够使人去除我执，进入没有利害争执的平静、自由的境地。这是短暂的一瞬，却是圆满的境界，在此刻我们可以体会与自然万物融合为一的佛境。

在《刹那》一文中，朱自清首先指出："我所谓'刹那'，指'极短的现在'而言。"[①] 刹那，本源于佛教语言，指极短的时间。朱自清在这里借用它来表明一种人生的态度：把握当下。与现在相对的是过去与未来。在朱自清看来无论是回想过去，还是等待未来，都是"虚无的虚无"，只有把握"极短的现在"才可以实现人生的意义与价值。他还借用佛典《金刚经》中的偈子"一切有为法，如梦幻泡影，如露亦如电，应作如是观"来说明"刹那"的真实性。他写道："您若说人生如电光泡影，则刹那便是光的一闪，影的一现。这光影虽是暂时的存在，但是有不是无，是实在不是空虚；这一闪一现便是实现，也便是发展——也便是历程的满足。"[②] 朱自清在这里运用了佛教的智慧来谈人生意义与价值的实现。人生与时间密切相关，对于人生的把握就是对于时间的把握。他将把握当下作为实现人生价值与意义的方法，并在演讲中告诫春晖中学的学生。他说道："相信我的，不要再想，赶快去做你今晚的事吧；不相信的，也不要再想，赶快去做你今晚的事吧！"[③] 可以说是朱自清对于佛学思想的一种运用，他借用佛家智慧来教育学生们努力把握当下，实现自己的人生价值。他的散文名篇《匆匆》亦是揭示时间易逝之佳作。

丰子恺在散文《渐》中，对此种佛家的时间观念亦有形象的表述，认为一些觉悟的人可以将无限的时空收入于自己的心中。丰子恺首先指出："使人生圆滑进行的微妙的要素，莫如'渐'；造物主骗人的手段，也莫如'渐'。"[④] 时间渐渐地流逝，改变了世上的一切事物，世间万物无所停驻，本是无常。这种切己而深刻的体验是符合佛家思想的无常观的。丰子恺以

---

① 朱自清：《朱自清全集》第四卷，时代文艺出版社 2000 年版，第 1292 页。
② 同上书，第 1295 页。
③ 同上。
④ 杨牧编：《丰子恺文选》第一卷，洪范书店 1982 年版，第 1 页。

身边的具体鲜活的例子将这种深刻的佛家思想活灵活现地表现出来。无论是富家子弟渐渐沦为乞丐，还是抱着牛犊每天跳来跳去的农夫，无论是窗下看书至天黑而不觉的读者，还是不为父母察觉的渐渐长大的儿女，这些都是为我们日常所熟知而不觉的现象。丰子恺却用他们揭示了造物主骗人的手段，呵醒了贪恋人生而不觉无常的人们。这是一种对佛教无常观的觉悟，是对人生无常的悲凉与无奈的清醒看破。值得我们注意的是，在这样一篇颇富佛学思想色彩的散文中，出现了钟表、火车等现代社会中的事物，而且是极具象征意味的意象。丰子恺将钟表看作是人生的象征，他说道："我觉得时辰钟是人生的最好的象征了。时辰钟的针，平常一看总觉得是'不动'的，其实人造物中最常动的无过于时辰钟的针了。日常生活中的人生也如此，刻刻觉得我是我，似乎这'我'永远不变，实则与时辰钟的针一样地无常！一息尚存，总觉得我仍是我，我没有变，还是留连着我的生，可怜受尽'渐'的欺骗。"① 在丰子恺看来，时辰钟的针看上去的不动与实际上的常动，正如人生看似不变，与实则的无常一样，时辰钟揭示了人生无常的真相。

　　在《两个?》一文中，丰子恺又写道："我在自己的呼吸中窥探时间的流动痕迹，一个个的呼吸鱼贯的翻进'过去'的深渊中，无论如何不可挽留，我害怕起来，屏住了呼吸，但自鸣钟仍在'的格，的格'地告诉我时间的流逝。"② 在丰子恺这里，自鸣钟是时间流逝的见证者，提醒着人们时间的一去不返。钟表意象之所以被丰子恺重视，其中原因大概如此。钟表还常常是丰子恺漫画中的重要意象，在《卧看牵牛织女星》、《夜半》、《蜻蜓》、《除夜》系列、《办公室》、《听》等漫画中都有钟表的意象。钟表在丰子恺这里是对人生无常的提醒，是对时间渐渐消失的揭示。钟表作为现代的计时工具，在丰子恺这里被赋予了佛学思想的深度，它成了人生无常的提醒者。通过钟表，佛学思想和现代性体验融合为一体。

　　火车在丰子恺的笔下亦是人生的象征。他在《渐》中写道："试看乘火车的旅客中，常有明达的人，有的宁牺牲暂时的安乐而让其座于弱者，

---

① 杨牧编：《丰子恺文选》第一卷，洪范书店 1982 年版，第 3 页。
② 同上书，第 131 页。

以求心的太平（或博暂时的美誉）；有的见众人争先下车，而退在后面，或高呼'勿要轧，总有得下去的！''大家都要下去的！'然而在乘'社会'或'世界'的大火车的'人生'的长期的旅客中，就少有这样的明达之人。"① 在丰子恺看来，人生的历程犹如乘火车的过程。然而乘火车的旅程是短暂的，人们可以明达地把握这段时间，而互相谦让。但人生百年太长了，人们无法把握，而常常迷于局部而无法顾及整体。丰子恺最后在《渐》中指出："然人类中也有几个能胜任百年的或千古的寿命的人。那是'大人格'，'大人生'。他们能不为'渐'所迷，不为造物所欺，而收缩无限的时间并空间于方寸的心中。"② 这种具有"大人格""大人生"的人，他们能于刹那间见永恒，即"一时间里便是永劫"。这是一种佛教的时间观，一是一切，一切是一。这种时间体验赋予了丰子恺散文的思想深度，同时也使得火车这一现代运输工具，成了人生时间维度的又一个象征。

　　丰子恺在散文《两个？》中，对于时间与空间的追问，追到无穷而不可知，最后点明直到信仰了佛教，才真正对时间与空间有了理解。丰子恺天性聪颖，自幼年时便被时间与空间的无限性与不可把握性所困扰。随着不断地学习，自私塾至学校，再至师范学校，由地理知识至天文知识，由历史知识至进化论，丰子恺对时空问题的困惑，不断明晰也不断地被更高层次的疑问所困惑，直至信仰了佛教。然而，在文中丰子恺并未谈及自己信仰了佛教之后对于时空问题的理解是怎样的。我们从丰子恺对于时空问题的追问中，可以看到现代教育对于丰子恺人生体验的影响。他姐姐曾告诉他：天笼罩着地，天是地的尽头。这仍是中国传统文化中的宇宙观。他进了学校，从地理老师那里学到地球知识，他以为从前的疑问豁然而解了。但当他的姐姐问他地球外面是什么时，他又困惑了。进化论也终究没有解释得了他对时间的困惑。丰子恺对于身处其中的时空充满了疑问，这种疑问从幼年的体验而来，从自己对于空间的感受不断扩展而来。幼小的他以为自己居住的屋子就是整个世界，直到有一天，一个小朋友从墙缝中伸进一根鸡毛。丰子恺对于空间的认识被拓展了……这种追问的方式是中

① 杨牧编：《丰子恺文选》第一卷，洪范书店 1982 年版，第 4 页。
② 同上。

国传统的体悟的方式，同时也受到西方现代知识的影响，然而终究得以解决于佛学思想。我们有理由推论，在丰子恺看来佛教智慧对于时空的解释才是根本的觉解。

无论是朱自清，还是丰子恺，对于时间的把握都是从人生的价值与意义的角度来着手的。人生是时间的历程，犹如乘火车，时间的单向性与无限性，使得朱自清与丰子恺都强调"刹那"的意义。这是他们身处现代社会中的深切感受与体验，亦是他们借鉴佛家智慧安顿自己的生命于当下的经验总结。

如上所述，在白马湖派作家群创作的散文中，佛学思想色彩浓郁。无论是在劳碌的现代社会中勇猛精进的他们对于心性安闲的追求，还是他们容万古于一瞬的时间体验；无论是他们对于生命本真状态的追寻，还是他们面对生命无常的感喟，都是发生在现代社会中的。他们的体验既是现代社会中的体验，更是佛学思想烛照下的体验。他们用佛学思想安顿自己的生命于当下。他们用悲悯的佛教情怀平等对待众生，同情劳苦大众，渴望实现平等正义。钟表、火车等现代文明的产物成为他们笔下的重要意象。这些意象融现代文明与佛学思想于一体，成为中国现代文学史中生动的意象。在他们佛学思想的彩衣下面，是他们关注社会现实、批判人间丑恶、悲悯有情众生的热切的现实关注。他们以佛教的世界观审视现代文明，批判现代文明，推动现代文明。佛学思想是他们介入现实的思想利器，亦是他们文学书写的亮丽底色。他们的小品文创作是中国文学现代性书写的一部分，佛学思想是他们创作中最耀眼的地方。他们的文学创作亦使佛学思想转化为鲜活的现代性体验。在他们这里佛学思想与现代性体验是合二为一的，是相互促成的。他们用深刻的佛学思想化解现代社会带来的种种烦扰，赋予现代性体验以佛学色彩，这是他们的体验，亦是中国文学现代性的一种体验。

附录六　知识生产视域中的现代新儒家文化诗学研究*

摘要：现代新儒学是萌生于 20 世纪 20 年代的一个重要学派。他们关于文学的论述既不同于西方文学理论，也不同于传统的诗文评，具有独特的学术史价值。从知识生产视域审视这一问题，我们可以发现现代新儒家学者将文学视为中国传统文化的一部分，强调道德对于知识的统御、多种价值的圆融一体以及理想对于知识的价值引导。他们的知识生产方式是生命化的体验。

关键词：现代新儒学　知识生产　文化诗学

现代新儒学是萌生于 20 世纪 20 年代的一个重要学派。中国传统文化本位立场与中西文化比较的视角，使得他们有关文学的论述颇具民族个性和时代高度。他们对文学的论述，既不同于传统诗文评，也不同于当下的文学理论体系，具有难以替代的学术史价值。

值得注意的是，对于现代新儒学学术史价值的评判是近年来学者们探讨的一个重要问题。侯敏在《现代新儒家美学论衡》《有根的诗学——现代新儒家文化诗学研究》等著述中梳理了现代新儒家建构的诗学体系，肯定了现代新儒家学者运用现代学术话语阐释中国传统美学范畴的贡献。胡晓明在《重建中国文学的思想世界如何可能》一文中指出：现代新儒家学术思想与现代性存在着合与不合的复杂性。现代新儒家学者以中国传统文化为内在的"认知图式"是合乎现代知识学要求的，但就现代新儒学整体思维范式而言还是具有更多的传统文化色彩。李翔海在《从后现代视野看现代新儒家理论特质》《论现代新儒学与后现代主义》两文中指出，现代新儒家与后现代主义在处理宗教、哲学和科学的整体关系问题上，给予了两种截然不同的回答。海外学者、现代新儒学传人成中英在《美的深处》

---

* 此文曾发表于《学习与探索》2017 年第 5 期。

一书中则认为儒家美学是本体美学，是基于对本体——生命的认识，它对西方后现代文化语境中光怪陆离的问题美学具有启迪价值。

诸位学者从现代和后现代视野对于现代新儒家学术价值的分辨，对于厘清现代新儒家的学术个性和评判其学术史价值是颇富启发意义的。在现代性与后现代性杂糅的当下语境中，我们如何评判、吸收现代新儒家学者的学术智慧，成为一个难题。如果我们从知识生产的角度审视现代新儒学文学思想，或许可以将对此问题的探讨进一步深化。现代新儒学知识体系具有自己鲜明的独特性。它是生命的学问，更是经世治国的文化方案，还具有人文教化的功能。它不仅仅是大学里教授的知识，迥异于西方现代知识体系。现代新儒家学者关于文学的论述超越学科划分，他们立足于中国传统儒家文化的心性之学，又与西方文学理论在所讨论问题的根本处相融通。他们的文学知识生产方式颇具中国传统文化的特点。

现代新儒家学者的认知图式受到了中国传统文化和现代西方文化思想的双重影响。他们以现代的知识表述方式来重新阐释传统儒学思想，使之具有阐释当下的理论效力，呈现为富有系统的知识体系。这可以说是迥异于传统儒学的"现代"儒学。与此同时，由于以"返本开新"为旨归，现代新儒家学者的认知图式受到了传统文化的更深刻影响，这使得他们的知识生产具有浓厚的中国传统文化色彩。透过他们的论述，我们可以看到一种颇具个性的文学知识生产方式。他们以传统儒家思想为理论生长点，吸收西方文化思想，用现代学术表述方式阐发新儒学，创造出一种具有中国文化特点的知识形态。这一特点鲜明地体现在第一、第二代现代新儒家学者（熊十力、梁漱溟、牟宗三、唐君毅、方东美、徐复观）的有关论述中。例如：徐复观的《中国文学精神》《中国艺术精神》，唐君毅的《文学意识之本性》《中国文学与哲学》《文学的宇宙与艺术的宇宙》《中国文学精神》等篇章，方东美的《中国人的艺术理想》《生命情调与美感》《生命悲剧之二重奏》等篇章以及熊十力、梁漱溟对于文学的零散论述和牟宗三的文学评论。他们生产出的是生命化的文学知识，迥异于西方文化中的知识形态。他们采用的是一种源于心性、注重体悟的生命化知识生产方式。

一 现代新儒学视域中的"文学"

现代新儒家学者将文学视为修身成德和经世致用的一条途径。他们从心性论出发来探究文学，认为文学是人之性情的自然流露。唐君毅认为：中国"艺术文学之精神，乃人之内心之情调，直接客观化于自然与感觉性之声色，及文字符号之中"①，"中国文学家、艺术家恒不以文学艺术之目的在表现客观之真美，或通接于上帝，亦不在尽量表现自己之生命力与精神，恒以文学、艺术为人生之余事（余乃充余之义），为人之性情胸襟之自然流露"②。在唐君毅看来，包括文学在内的中国各种艺术重在表现作者的性情。值得注意的是，在现代新儒家学者这里，性情乃是出自天性之情，性情关涉宇宙本体与人生修养，不同于我们平时所说的情感。熊十力于《新唯识论》中倡导：本体即是本心。他认为本体不是离人而独在的。正如每一沤都直接显现着大海水的全体之性，每一个人也都蕴含着整全的本体之性。万物的本源即是人之本性。他认为本体不是超然存在于宇宙万物之上的，万物即是本体的发用，是本体的呈现。熊十力曾说："本心即是性，但随义异名耳。以其主乎身，曰心；以其为吾人所以生之理，曰性；以其为万有之大原，曰天。故'尽心则知性知天'，以三名所表，实是一事，但取义不一而名有三耳。"③ 在他看来，"心""性""天"虽因取义之侧重点不同而有三名，其实三名所指称的是一，即本体。"心"与"性"的称谓取义侧重于本体在人类身上的显现，"天"称说的则是人之本心与万物之本原其实是一。"心""性""天"异名而一体，道出了"天人不二"的最终理据。人是宇宙中的存在，人同万物一样都具有整全的宇宙精神，人是与宇宙大生命相通的。由此可见，"性情"是符合儒家中庸之道的情感，也可以说就是一种生命化了的道德情感。因为道德在现代新儒家学者这里具有本体的意义。这样道德便成了现代新儒家学者论述文学的关键词。但道德在他们那里的含义不同于今日我们所谓的道德，更多的是

---

① 唐君毅：《中国文化之精神价值》，广西师范大学出版社 2005 年版，第 213 页。
② 同上书，第 231 页。
③ 熊十力：《新唯识论》，《熊十力全集》第三卷，湖北教育出版社 2001 年版，第 19 页。

指内在自我觉悟所达到的精神境界。

现代新儒家学者所讨论的"道德"是与他们的本体论、宇宙论、心性论密切相关的，是其学术思想的基石。

熊十力对于"德"之内涵作了这样的解说："德字义训曰：德者得也。若言白物具白德，则以白者，物之所以得成为是物也。今于本体而言真常等等万德，则真常等等者，是乃本体之所以得成为宇宙本体者也。"① 熊十力认为：德，指称的是一事物之所以成其为此的根据，我们可以将其理解为事物的根本性质。在熊十力看来，本体之德是本体之所以成为本体的根本性质。他还认为宇宙万物即是本体显发的大用流行，即用即体，所以宇宙万物便也具有本体真实不虚的恒常之德。人作为宇宙中的万物之一，亦是如此。这样人之道德便也具有了本体论的依据，不再仅仅是一种对人的外在的要求与约束，而成了人之所以为人的内在根据。道德也就成了人的最重要、最根本的属性。因此在熊十力看来，人之道德才是人的生命之本真。被视为"成德之教"的儒家其之所以重视德性，由此得到了本体论意义上的说明。同时，儒家"天人不二"的主张（此也是熊十力的主张），亦由"德"贯通天人而得以说明。人之德与本体之德是相通而一体的，人之德与万物之德亦是相通而一体的。这样，我们又可以以人之德去体会本体之德，也便可以理解熊十力所说：本体不是外在于我们而独在的形上实体，其即内在于我们的生命。熊十力"体用不二"的本体论最终的命意即是：道德既是宇宙本体之根本性质，又是内在于我们的真实不虚的人之为人的性质。我们可以结合孟子关于人禽之辨的话语，由体会人之德而去体会本体之德的意味。人区别于禽兽成其为人的那点良知即是人之德，即人之为人的根据，而且人之德正如本体之德是无待外求的。梁漱溟曾在《朝话》中说道："'德者得也'，正谓有得于己，正谓有以自得。自得之乐，无待于外面的什么条件，所以其味永，其味深。"② 由此可见，在梁漱溟看来，人之道德的端倪是生而即有的，非由外铄的。

在现代新儒家学者这里，"道德"其实就是"得道"，就是天道在人这

---

① 熊十力：《新唯识论》，《熊十力全集》第三卷，湖北教育出版社 2001 年版，第 279 页。
② 梁漱溟：《朝话》，《梁漱溟全集》第二卷，山东人民出版社 2005 年版，第 90 页。

里的显现，是对人生意义的贞定：即人生要实现天道之创化不息的刚健精神。梁漱溟更多的是从自己的生命体验中来谈道德的，他认为道德乃是"好好色、恶恶臭"的一种情感力量，是安顿人心的内在力量。在他看来生命的特点亦是创造。唐君毅更是将道德视为文学创造的根本推动力，他认为：不能"志道据德依仁"，则创造精神会先自淤塞。总而言之，现代新儒家学者对于道德的谈论是从安身立命的角度来谈的，是关涉宇宙本体的，道德所体现的是在人生践履中对"天人合一"本体至境的追求。在他们那里道德不是外在的规约，而是生命和谐的艺术。他们关于道德的论述，本身就具有审美的意味在其中。

在此笔者要指出的是，现代新儒家学者关于文学的论述也是关涉宇宙本体论、人生意义诸多层面的。当我们以道德一元论来对现代新儒家文学观念予以批判时，我们恰恰忽视了他们关于道德的认识是不同于我们的，在他们那里道德可以说是真、善、美创造的生命动力。他们关于文学的论述是关涉儒家文化的根荄的。文学担负着人文教化与道德自我完善的使命，是从生命根底处生发出的性情书写。

二　现代新儒学文学知识形态特征

徐复观、唐君毅、方东美都有较为系统的关于中国艺术精神和文学精神的论述，牟宗三对于《红楼梦》《水浒传》《金瓶梅》等名著的评述独树一帜。这些具体的论述为我们提供了现代新儒家文学知识的具体形态。这样的知识形态具有迥异于西方现代知识的特点。

现代新儒家学者对于道德的重视，在文学思想中集中体现为美与善的统一。

（一）道德之知

在现代新儒家学者那里知识是被价值判断统御其中的。他们关于文学的论述强调美与善的统一。道德在新儒家学者这里其实是生命本体的自觉，是与生俱来的灵明，智慧的产生亦源于此。道德是统御于知识之中的。熊十力强调"转仁成智"，在他看来知识要有道德统御其中。徐复观在《中国艺术精神》一书中指出：艺术与道德在根源之地实现了统一。在方东美看来，艺术思维方式渗透在中国文化的各个领域，即美内化在真与善之中而圆融一体。这样的观点，使得他们关于文学的知识，具有道德统帅其中的特点。

对于美与善在文学艺术中如何实现统一，徐复观在《中国艺术精神》中为我们做出了回答。徐复观对于中国艺术精神的论说是基于传统文化中的心性论的。他所谓的根底处即是指此：心性。众所周知，儒家有以孟子为代表的性善论和以荀子为代表的性恶论两种人性论。徐复观对此的论述兼及二者。他指出，在荀子看来，"性"是恶的，与"性"息息相关的"情"便也是恶的。"性"与"情"是"人的生命根源之地"①，也是"人生命中的一股强大力量"②。"性"与"情"往往以声音动静的方式表现出来，音乐通过赋予声音动静以艺术性的旋律，把其中的盲目性予以澄汰和节制，从而"足以感发人的善心"③。在徐复观看来，艺术正是因为它的美的形式，才具有了对于性情中盲目性的冲动的克服作用。这是美对于善的促成。

如果从性善论的角度来看，孟子所谓的"仁之端也"的"恻隐之心"，便是生命的根底处。徐复观认为艺术也是由此根源处涌现出来的。在情的涌现过程中，情与根源处的良心相凑泊而化生出美与善相统一的音乐。乐由心而发，其发出的情感"本多偏于情欲的一面"④，但情欲与道德良心在根源之地的融和，使二者都得到了安顿，"此时情欲与道德，圆融不分，于是道德便以情绪的形态而流出"⑤。因此，道德与欲望的冲突被消解，道德不再是外在的规约，而成为一种情绪的享受、一种快乐。这也是艺术对于道德力量的助成。

在美与善相统一的艺术最高境界中，仁与乐、道德与艺术是相得益彰的。这意味着艺术的最高境界的达成，需要道德（"人格的不断完成"）的支持。由此，艺术境界实现的快乐，便成为"精神'上下与天地同流'的

---

① 徐复观：《中国艺术精神》，华东师范大学出版社 2001 年版，第 13 页。
② 同上。
③ 同上书，第 14 页。
④ 同上书，第 17 页。
⑤ 同上。

大自由，大解放的乐"①。这种快乐其实就是道德对于情感的提升的结果。徐复观在这里虽然是论述中国艺术精神，但对于我们理解现代新儒家学者对于文学的认识是有帮助的。

（二）圆融之知

现代新儒家的思想可以说是一切从心性出发，心性是天道在人这里的显现，是"体仁成圣"的根基。现代新儒家的理想是"天人合一"，即与道合一。文学亦是此修养过程中的一环。心性作为人之为人的最终也是最初的依据，由此而发的文学便是包含着心性之所有信息与价值取向的。美与善在中国文学这里是圆融一体的，我们甚至可以说以真、善、美为代表的诸种人生价值其实就圆融一体地存在于心性之中。由心性发展而来的文学，便也是圆融一体的诸种价值实现的载体。这使得新儒家关于中国文学的知识其实是圆融之知，超越学科的界限，超越诸种价值的独立之上而为圆融一体。

我们从现代新儒家学者关于文学的论述中不难发现，文学在他们这里其实依然保存着中国传统文化的色彩。文学是文化的一部分。他们对于文学的论述并不像今日专业化的学者的论述那样具有明确的学科归属和划分。文学独立成为一种学科，是西方现代化进程的一部分。伴随着西方现代化的进展，分化现象日趋明显。艺术亦分化为文学、音乐、美术等多种门类。分化的过程亦是学科独立意识确立的过程。然而中国传统文化中的文学并未经历这样的过程，现代新儒家学者从传统文化出发对于文学的论述也并不具有明确的学科独立意识。牟宗三对文学作品的评论具有很强的哲学性，或者说他是在用他的哲学修养来解读文学作品。熊十力、梁漱溟对文学的论述，亦多是从人格修养的角度来予以论述的。

（三）理想之知

现代新儒家学者认为中国文学精神毫不逊色于西方，最重要的原因就是从道德理性出发的文学作品具有理想性，不是单纯的对外物的客观描摹，而是基于生命体验的一种理想祈望。现代新儒家学者将文学视为传统

---

① 徐复观：《中国艺术精神》，华东师范大学出版社 2001 年版，第 18 页。

文化的一部分，将文学视为性情之书写。他们又将心性视为宇宙之本体、人之本性，将提升人格修养作为自己的目标，通过将自己的人格境界提升到与道同一的境界的方式，来参与到"参赞化育"的过程，从而实现自己的理想价值。文学作为心性之抒发，亦是如此。在现代新儒家学者看来，文学不仅仅是照镜子似的对象的客观反映，而是具有理想色彩的对现实的批判与提升。徐复观认为中国文学所采用的是"反省性"的反映。方东美先生也认为文学是对现实的一种"点化"。这些主张都显现出这样的特点。

徐复观在《中国艺术精神》一书中指出："艺术是反映时代、社会的。但艺术的反映，常采取两种不同的方向。一种是顺承性的反应；一种是反省性的反映。顺承性的反映，对于它所反映的现实，会发生推动、助成的作用。因而它的意义，常决定于被反映的现实的意义……如由达达主义所开始的现代艺术，它是顺承两次世界大战及西班牙内战的残酷、混乱、孤危、绝望的精神状态而来的。看了这一连串的作品——达达主义、超现实主义、抽象主义、破布主义、光学艺术等等作品，更增加观者精神上残酷、混乱、孤危、绝望的感觉。"① 在徐复观看来，西方现代艺术是对现实的"顺承性"反映，这是一种对现实的揭示，是对现实的摹写。这种反映不具有理想性，主要是立足于当下的实际情况，犹如火上浇油般地加深现实的痛苦，并不能让人升起对理想之境的期盼。在徐复观看来，中国的艺术则重在反省性的反映，他说："中国的山水画，则是在长期专制政治的压迫，及一般士大夫的利欲熏心的现实之下，想超越社会，向自然中去，以获得精神的自由，保持精神的纯洁，恢复生命的疲困而成立的，这是反省性的反映。"② 在徐复观看来"反省性"反映是对现实的反思，是对理想的坚守，是以理想来衡量现实、超越现实，具有明显的价值导向。犹如炎夏的清凉饮料，它不是简单的对于现实的"顺承性"反映，而是以理想之境来比勘现实，疗救现实的苦痛，导引人们祈望理想之境。理想照耀现实，诸种理想价值导引现实走出困境。

---

① 徐复观：《中国艺术精神·自序》，华东师范大学出版社 2001 年版，第 5 页。
② 同上。

方东美先生从道德的角度指出："道德是生命的本质，也是生命价值的具体体现。我们本着中国人酷爱生命、尊重生命的民族性，不愿把生命只看作盲目的本能冲动，所以先要慎重地选择高尚理想，并且奋发努力，促使这些高尚理想一层一层地完成实现。"① 方东美强调中国传统文化重视道德，与此相关，我们中国人对于生命有着高尚的理想追求。艺术的表现也不仅仅是对现实的描摹，而是理想境界的一种呈现。他指出："不管是儒家也好，道家也好，或者是先秦的墨家也好，都是透过中国人共同的才情来点化宇宙，这个共同的才情是什么呢？就是艺术的才能。以艺术的才情，把有限的宇宙点化为无穷的境界。"② 在他看来，艺术的力量就在于对于现实的"点化"，这意味着对现实的超越，是以精神点染色相，是以价值导引现实世界。值得我们注意的是，他对文学的点化作用也有深刻的论述："在文学上也含有神妙的点化作用，特别是诗，更有高度人文教化的妙用，不论写景或抒情，情都可以陶冶波澜雄浑的情蕴，培养气脉幽深的心性，透过神妙之美而提升生命精神。"③ 在方东美看来，文学艺术创造的过程就是艺术家以自己高卓的生命精神、伟大的艺术才情点染现实世界的过程，而我们欣赏文学艺术的过程亦是透过奇幻的文学世界涵养心性，提升自我精神境界，点化自我的过程。方东美认为，文学艺术不再是对现实的模仿，而是超拔于现实之上，以自己充沛的创造力点化现实所完成的精神成就。文学艺术是对伟大的生命精神的表现，是对理想世界的瞩望。

通过徐复观和方东美的以上论述，我们不难发现，他们强调的理想亦是立基于心性之学的理想，是对理想人格境界的追求。由此可见，他们关于文学的论述都是从自我修养这个基点辐射出去的。在他们看来，生命与生命意义的实现是人生中最重要的事情。与此相关，他们的论述都是从人格修养的方面来展开。这和西方的文学理论中重视对现实的模仿的思想有很大的不同。透过人的心性，来展示世界；对于世界的展示，又是自我心性修养境界的呈现。透过这种思路，我们也可以发现现代新儒家学者独特

---

① 方东美：《中国人生哲学》，中华书局 2012 年版，第 180 页。
② 方东美：《原始儒家道家哲学》，中华书局 2012 年版，第 170 页。
③ 方东美：《生生之美》，北京大学出版社 2009 年版，第 107 页。

的知识生产方式。

三　现代新儒家文学知识的生产

儒家文化中生命化的道德观念，使得中国文学家对于外在世界的感知是同情性的了解，而非主客观相对立的认识。这种生命化的方法，使得他们关于文学的论述具有主客一体，以身体之、以心验之的特点。生命的体悟成为现代新儒家文学知识生产的独特方式。

（一）"学""效""觉"

现代新儒家学者继承儒家学统，强调"学"乃"效"也，即后"觉"效仿先"觉"。儒家之学的旨趣即在于"求仁"。熊十力就曾以"觉"来解说求仁之学的"学"，如他说："学者觉义，于觉而识仁体焉。学之究竟在是也。不仁谓之麻木。麻木者，不觉也。不觉即仁体梏亡。"① "觉"意味着心灵有所省察、触动，是对一种价值归趣的认可。我们从《论语》的记载中可以知道，孔子对仁很少有直接的辨析，而更多的是予以提问者有针对性的指点。这亦是为了引发提问者生命的共感，以产生切己的生命体悟和省觉。现代新儒家学者继承了这种为学之道，他们关于文学知识生产，亦是从生命之觉与悟而来。

（二）生命化的知识生产

现代新儒家学者关于文学知识生产，强调知行合一，知从生命实践中来，是生命之"觉"。

在熊十力看来，没有本心的明睿，就没有知识可言。知识是源自"本心之明"对外物的感应和认知。知识终究是要统御于道德之下的。因此，他强调："悟道，即知识亦不离道。不悟道，则知识只是知识。"② 熊十力明确指出："修养以立其本，则闻见之知壹皆德性之发用。而知识自非修养以外之事，智周万物，即物我通为一体，不于物以为外诱而绝之，亦不

---

① 熊十力：《新唯识论》，《熊十力全集》第三卷，湖北教育出版社 2001 年版，第 399—400 页。

② 熊十力：《明心篇》，《熊十力全集》第七卷，湖北教育出版社 2001 年版，第 245 页。

于物以为外慕而逐之也。孔孟之精粹，乃在是耳。"① 在熊十力看来，关于客观事物的知识，也是源自人的修养，是德性之发用。这种知识是主客合一后而产生的，是生命主体与宇宙万物合而为一后的感悟。他甚至认为："理性、知能、真理、实相、生命，直是同一物事而异其名。"② 生命是理智、是知能，甚至就是宇宙本身，这种主客圆融的境界下产生的知识，是生命的知识，是以善之价值为主导的。那么关于作为人之性情书写的文学的知识，更是如此了。

徐复观就曾明确指出："人性论是以人格为中心的探讨。人性论中所出现的抽象名词，不是以推理为根据，而是以先哲们，在自己生命、生活中，体验所得的为根据。"③ 儒家之学为心性之学，现代新儒家学者视域中的文学是性情胸襟的书写。他们关于文学的论述，亦是由生命体验中来，而非运用推理求得。徐复观所标举的文学艺术独特的研究方法——"追体验"就很好地印证了这一点。

徐复观强调："要以'追体验'来进入形象的世界，进入感情的世界，以与作者的精神相往来，因而把握到文学艺术的本质。"④ 在徐复观看来，文学与人格修养境界关系密切："真正好的诗，它所涉及的客观对象，必定是先摄取在诗人的灵魂之中，经过诗人感情的熔铸、酝酿，而构成他灵魂的一部分，然后再挟带着诗人的血肉（在过去，称之为'气'）以表达出来，于是诗的字句都是诗人的生命，字句的节律也是生命的节律。这才是真正的诗，亦即是所谓性情之诗，亦即是所谓有个性之诗。"⑤ 徐复观指出了文学是性情的表达，而性情即是诗人的生命与灵魂。这不是可以用科学的测量、推理来研究的对象，而只能通过切己的体认来予以同情理解。基于此，中国传统文学思想多是感兴时的点评，然而这正是生命化的随机表达，这正是中国文学思想的独特之处。正如徐复观所说："中国著作的

---

① 熊十力：《十力语要》，上海书店 2007 年版，第 62 页。
② 同上书，第 60 页。
③ 徐复观：《中国人性论史先秦篇·再版序》，载李维武编《徐复观文集》第三卷，2002 年版，第 12 页。
④ 徐复观：《中国文学精神·自序三》，上海书店出版社 2006 年版，第 2 页。
⑤ 徐复观：《中国文学精神》，上海书店出版社 2006 年版，第 1—2 页。

传统，很少将基本概念，下集中的定义，而只作触机随缘式的表达。这种表达，常限于基本概念某一方面或某一层次的意义，必须由完善周密的归纳，虚心平气的体会，切问近思的印证，始有得其全、得其真的可能性。否则或仅能涉及文学周边的若干故事，而不能涉及文学自身，一涉及文学的自身，辄支离叛涣，放弃自己的立场反成翳蔽，甚至把自己的意思去代替古人的意思。"① 徐复观强调，在传统文学论述中涣散的只言片语之间是有着内在的联系的，这是先哲们整体生命的立体呈现。因此，将这些零散的论述集合起来，用追体验的方法，发现内在的联系，重新予以组织架构，才能真正理解传统文学思想。如果用西方的逻辑的认知推理来研究中国文学思想，那所得到的不是鲜活的生命体验，而是没有生命气息的只鳞片爪。这样的研究方法是与中国传统文学思想格格不入的。这种方法注重的是自己生命的体认。这种共同的体认，可以重复验证的体验，也是此种知识得以成为知识的依据与根本。

四　现代新儒家文学知识生产方式的当代意义

现代新儒家学者关于文学的知识生产是颇具中国传统文化色彩的。这种独特性正是他们为我们留下的宝贵学术智慧。他们从中国传统文化出发，将文学视为中国传统文化的有机组成部分，由此而展开对于文学的论述。中国传统文化的核心是心性之学，文学亦是立基于此。儒学乃成德之教、为己之学，其旨趣在于提高自身的人格境界，达到天人合一之境，体道而与之为一，融入大道流行之境，参赞化育，实现自我的生命价值。文学是与人格修养息息相关的。正如唐君毅所说："文学、艺术为人生之余事。"② 此处之余乃充余之意，而非多余之意。只有生命力益然充沛，才能将性情化为文学作品。如果我们剔除了这样的文化背景，将文学孤立出来研究，这是有违中国文学本身特点的。这样的研究见木而不见林，且此木实乃是死木。现代新儒家学者从传统文化来谈论文学，这使得文学获得了它本己的生命。文学在中国传统文化中是生命的学问。

---

① 徐复观：《中国文学精神·自序三》，上海书店出版社 2006 年版，第 4 页。
② 唐君毅：《中国文化之精神价值》，广西师范大学出版社 2005 年版，第 231 页。

现代新儒家的文学知识生产启发我们从文化角度来审视文学，我们会发现中国文学有着自己的独特性。新儒家学者论述中的文学，甚至不是具有独立学科意识的文学，但是这对于我们发掘中国文学自身的特点依然是非常重要的。他们的论述是符合中国文学自身特点的。我们与其用西方的文学理论来削足适履地整理研究我们的固有文学思想，倒不如像现代新儒家学者这样从文化的深处发掘我们文学的民族性。在现代文学史上，一批作家依然坚持着中国文学自身的民族性与特性。例如，傅雷先生就在给儿子傅聪的家书中，表明自己对儒家思想的服膺，并以儒者自居。他翻译的文学作品都是为人生的文学作品。他推荐傅聪和儿媳阅读自己翻译的丹纳的《艺术哲学》，他认为这是一本可以改善人的精神气质的书。此种观点和现代新儒家学者关于文学的论述如出一辙。再有颇具佛缘的作家丰子恺，他优美的散文不正是书写他自己那灿烂的童心吗？他的性情胸襟在他的作品中跃然纸上。这些现代文学史上的作家的创作实践、翻译家的翻译实践，不也说明了传统文学思想在现代社会的活力与生机吗？

当我们的社会已经完成现代化进程，甚至有人声言这个世纪将是我们中国为主导的世纪时，我们开始迫切地反思自己的民族特性何在。在这样的语境下，现代新儒家学者的文学知识生产为我们提供了范本，提供了一条走入传统文化，走入中国文学自身民族性的文化之路。

后 记

本书是在我的博士论文基础上修改而成，并收录了攻读博士学位以来本人发表的论文数篇。所收录的论文多与中国传统文化相关，记录了我这段时间的思考历程。

兹录博士论文后记于下，以纪念那段难忘的求学经历。

当我惶恐地在论文的开端写下其所具有的创新性时，心里响起的是另一个更清晰的声音，它告诉我："你论文的语言还缺乏个性。而更为重要的是它还缺乏足够的生命厚度。"这使我更加惴惴不安。导师黄克剑先生曾在我做开题报告时、论文写作过程中多次正告我这些不足。但今日看来，我虽不断努力而这些积弊仍未能消除尽净，这不能不说是一大遗憾。但转念之间，我又暗自阿Q般地安慰自己，对这些缺点的认识，不亦是一个进步吗？

当我要为这篇学位论文写下最后的话语时，回首三年来的求学历程，确有一种井底之蛙得以跃出井口之感。天资驽钝、个性拘谨的我，得以窥见更为广阔的学术天空，审视自己的狭隘与孤陋。这是我莫大的收获。

我在此要郑重地感谢黄克剑老师！

还记得，2007年秋，我第一次见到黄老师的情形。黄老师更多地谈到的是，要心有存主、不随波逐流，要有生命的强度。而这些话语对于当时的我而言，有一种新奇的触动感，而且其中更多的深意我还不能体会。渐渐地，从黄老师那掷地有声、抑扬顿挫的授课声中，从黄老师坚毅的眼神中，我慢慢有了更深的体会。我也在黄老师的引领下，走进了新儒家学者熊十力的世界。

黄老师的语言是颇富个性的，这不仅仅是文字的优美。它具有直击读者心灵深处、引起其共鸣的穿透力。在他的文句的背后，可以感受到一种生命的厚度。他以他的生命投入哲学思考，他的文字传递出的正是他这诗意的生命。而这种文字诱使我审视自己的生命。

记得有一次，我去办公室问黄老师问题，他坐在书桌后面，我走过去，提出问题，当我仔细聆听黄老师的解答时，无意间发现黄老师不知什么时候站了起来。我猛然间回忆起，以前很多次都是如此。此后，我留心观察，发现不管是谁，只要对方是站着来谈话的，黄老师总会很自然地站起来。他的这一动作极其自然，往往不会引起对方的注意。

正是在黄老师的言传身教的影响下，我意识到了学问不仅仅是智识之学，更应该和自己的生命相结合。知识不是外在的负累，应该转化成生命的智慧，更要涵养一份生命的真切。

黄老师一直强调做学术要有天职的观念。他犹如泰坦尼克号即将沉没时坚持演奏的乐者，守护着学术的良心和师者的尊严。从黄老师对我论文一字一句的修改中，从黄老师对我论文观点的谬误的严厉批评中，我对此深有所感。

感谢黄老师对我学术视野的拓展和生命方向的指引！

感谢黄朴民老师和梁涛老师在我论文写作过程中给予的宝贵意见！

感谢我的硕士导师邢建昌先生长久以来给予我的无私帮助和教诲。每当我遇到工作和生活上的困难时，我总是首先想到求助于邢老师，而邢老师也总是不厌其烦地帮我一一解决。

感谢为我提供编外床铺的诸多舍友！因是在职读博，除第一学年外校方不提供宿舍，此后的两个学年，我辗转于品园 3 号楼、静园 14 楼、静园 19 楼之间，终于坚持在校完成了学业。而这都得益于刘建辉、肖映朝、周兴禄、魏忠强、李俊、王猛、马彦、李波、姜坤等同学提供的鼎力帮助。

感谢我的妻子和女儿！准备考博和读博的日子相加已经五年有余，我没有能够真正尽到做丈夫和父亲的责任。多少个家人团聚的日子，我都不在她们的身边陪伴。

感谢我年迈的父母，一直以来对我无私的支持！